Philipp Traun

Alles im Fluss

Philipp Traun

Alles im Fluss

Roman einer Kindheit

Amalthea

Für Nini, Maxi, Anna und Veronika

bm:uk

Besuchen Sie uns im Internet unter:
www.amalthea.at

Umschlaggestaltung: Kurt Hamtil, verlagsbüro wien
Umschlagmotiv: Selina Traun
Herstellung und Satz: VerlagsService Dr. Helmut Neuberger
& Karl Schaumann GmbH, Heimstetten
Gesetzt aus der 11,5/15,6 Punkt Bembo
Druck und Bindung: CPI Moravia Books GmbH
Printed in the EU
ISBN 978-3-85002-733-5

29. Mai 1983

1

Am 1. August 1976, um 4 Uhr 43, im Augenblick des Einsturzes der Reichsbrücke in Wien, wurde ich geboren. Irgendwann später las ich in einer Chronik über Österreich, dass ein gewisser Karl Kretschmer, 22 Jahre alt, im Moment meiner Geburt, auf dem Weg von einer Diskothek nach Hause, die Reichsbrücke überqueren wollte und mit den einstürzenden Brückentrümmern in der Donau versank.

In diesem Moment jener Nacht tat sich einwohnertechnisch also nichts.

Die Donau fließt ostwärts, durch Bratislava, Budapest, Belgrad und so weiter, und mündet in Rumänien ins Schwarze Meer, doch weit davor, ungefähr vierzig Kilometer östlich von Wien wälzt sich der Fluss durch die dichten Auen eines kleinen Dorfes, das Carnuntum heißt. Um circa 7000 vor Christus siedelten sich in diesem Gebiet nahe der Donau in der Sicherheit fruchtbarer Erde die ersten Jungsteinzeitmenschen an, bastelten an primitiver Gerätschaft und kultivierten den Boden. Hier führte später die Bernsteinstraße durch. Hier errichteten die Römer im Zuge der Ausdehnung ihres Reiches eines der meist gesicherten Bollwerke gegen die Germanen, die am anderen Ufer lagerten, und unter Kaiser Hadrian erlangte Carnuntum das Stadtrecht. Hier lebten im Jahre 210 nach Christus 25 000

Menschen. Hier schrieb Marc Aurel den zweiten Teil seiner »Selbstbetrachtungen«.

In Carnuntum könnte jeder Spatenstich zum Fund einer römischen Therme, eines Amphitheaters oder eines Legionslagers führen, und die Einwohner hüten sich, ihre geplanten Fertigteilpools oder Weinkeller von den zuständigen Behörden genehmigen zu lassen, denn die Vergangenheit liegt samt Enteignungsbescheid nur wenige Meter unter der Erde.

Mit der Völkerwanderung und den eindringenden Hunnen war Carnuntum für die Römer nicht mehr haltbar und versank in der sogenannten Bedeutungslosigkeit. Bis heute.

Hier hat meine Familie seit 1649 ihr Zuhause. Durch Einheirat gelangte ein gewisser Ernst Graf von Lichtenperg, einer meiner Vorfahren, an die gesamten Besitzungen, das Schloss, den Boden und die Wälder, dieses personell ausgedünnten Dorfes. Hier leben heute an die 1200 Menschen, und hier, in einem Haus, das man den Gutshof Nummer 5 nennt, und das nur einen kurzen Spaziergang vom Schloss entfernt liegt, lebte ich, und hier wuchs ich auf.

Die Nachmittage meiner frühen Kindheit verbrachte ich mit Petar oder bei meinem Großvater, der am Tag meiner Geburt den Verstand verlor. Mein Vater äußerte immer wieder den Verdacht, dass der bloße Anblick meines entstellten Äußeren seinen Vater um die Geisteskraft gebracht hatte, und gab während seiner zyklisch wiederkehrenden, cholerischen Anfälle immer wieder mir die Schuld an der intellektuellen Kapitulation seines Erzeugers, doch in Wahrheit, so hatte mir Onkel Otto später einmal erklärt, war Vater froh, dass mein Großvater den Geist aufgegeben hatte, denn, so hatte Onkel Otto weiter erklärt, es enthob ihn mit sofortiger Wirkung aus seiner zum absoluten Stillstand geratenen Vater-Sohn-Beziehung.

Wie auch immer, auf Fotos, die kurz nach meiner Freisetzung aufgenommen wurden, sieht man mich mit einer Art Doppelkopf, und auf den Polaroids scheint es, als hätte ich auf dem Hinterkopf einen zweiten Kopf, der aber glücklicherweise nicht mit Sinnesorganen ausgestattet war. Glücklicherweise, denn das Ausmaß des dann zu erwartenden familiären Wahnsinns wäre unabsehbar gewesen, hätte ich eine zweite Nase, insgesamt vier Augen oder zwei unterschiedliche Gehirne. Mein Vater beschuldigte mich, die Erwartungen seines Vaters in den Stammhalter der Familie dermaßen enttäuscht zu haben, dass sich diese in Anbetracht meines unkonventionellen Aussehens in lebenslängliche Umnachtung auflösten. Ungefähr eine Woche nach meiner Geburt war der Doppelkopf verschwunden, und nur meine familieninternen Decknamen »siamesischer Einling« oder nur »Einling« erinnern heute noch an diese Angelegenheit.

Nachdem also mein Großvater, den ich bei seinem Vornamen Franz nannte, den Verstand verloren hatte, teilte er sich, abgesehen von plötzlichen und unzusammenhängenden Kommentaren, ausschließlich durch Sprichwörter und leicht fahrige Gestik und Mimik mit. Darüber hinaus hatte er bis zum Ende seines aufrechten Gangs die Angewohnheit, beidseitig zu humpeln, und später, im Sterbebett, auf den Tod wartend, verunsicherte Franz seine betretenen Besucher mit Vogelbewegungen.

Sonst tat er wenig. Nur selten, wenn er sich abrupt und mit dem Wort »Doppeladler« aufraffte, um dann stundenlang durch die Weiten seiner Besitzungen und im Kreis durch den rosenbewachsenen Hof seines Frühbarockschlosses und durch das Dorf zu wandern, kam Leben in ihn, und er begann zu sprechen. Es war unverständliches Zeug, das er vor sich hin redete, das sich aber bei genauerem Hinhören als Jugoslawisch entpuppte. Ich konnte das beurteilen, da in den land- und forstwirtschaftlichen Betrieben, die nach meiner Geburt und einer Blitzentmündigung des quasi unmündigen Großvaters, meinem zeugungsunfähigen Onkel Johannes, dem ältesten Bruder meines Vaters, übergeben worden waren, fast ausschließlich Kroaten und Bosnier beschäftigt waren. Johannes begann, nachdem er die land- und forstwirtschaftlichen Betriebe übernommen hatte, Mauern und Zäune um sein Betriebsgelände zu errichten, und er sagte, dass er keine Gäste wünsche, doch ich durfte ihn von Zeit zu Zeit besuchen. Nicht jedoch ohne mich vorher im Gräflich Lichtenpergschen Betriebssekretariat angemeldet zu haben. Als ich einmal ohne Anmeldung auf das Gelände spazierte, stand mein Onkel mit Schrotflinte an einem Fenster seiner Villa, feuerte in die Luft und schrie: »Glück gehabt!« und, er habe mich im letzten Moment doch noch erkannt. Seitdem betrat ich sein Gelände nie mehr ohne Voranmeldung.

Manchmal begleitete ich meinen Großvater bei seinen Ausmärschen und lief ihm mit kurzen Schritten hinterher und bewunderte ihn stolz. Obwohl er mir in Anbetracht der anderen Großväter, die da im Dorf unter Bäumen saßen und Rotwein tranken, abwegig erschien. Wenn mein Großvater und ich an diesen anderen Großvätern vorbeispazierten, erhoben und verbeugten sie sich, lüfteten den Hut und sagten: »Herr Graf!«, und auch in meine Richtung senkten sie den Kopf. Überall im Dorf wurden die Gespräche unterbrochen, wenn wir kamen, und alles schien für einen Moment außer Kraft gesetzt, und ich hatte das Gefühl von Überlegenheit und Einsamkeit, bis mich eines Tages der taube und stumme Sohn des Tischlers verprügelte und sich das Gefühl umkehrte.

Mein bester Freund Petar, der von einem Tag auf den anderen plötzlich aufgetaucht und in ein kleines Angestelltenhaus ganz in unsere Nähe gezogen war, hatte keinen Großvater.

»Komisch, dass du keinen Großvater hast«, sagte ich einmal.

»Ich komme aus Kroatien«, antwortete Petar.

Es war das Einzige, was er in den ersten Monaten sagte, und ich fragte mich, wie man in diesem Land ohne Großväter die längerfristige Fortpflanzung regelte, denn woher kamen die Väter, wenn es keine Großväter gab?

Aber er war Kroate und somit in der Lage, Großvater zu verstehen, wenn dieser wieder einen seiner Monologe durchleben sollte. So beschloss ich eines Samstags im Juni, Petar am nächsten Tag mit zu meinem Großvater zu nehmen, und hoffte darauf, dass sich Großvater aufraffen und zu sprechen beginnen würde.

Das Außergewöhnliche an Petar war, dass er über sein Kroatendasein hinaus eine Augenklappe trug, die es ihm schwermachte, seine Umgebung räumlich korrekt wahrzunehmen, und so rannte er oft und ohne mit der Wimper zu zucken gegen einen gerade eingepflanzten Obstbaum im Garten meiner Mutter oder verfehlte eine ihm gereichte Hand um unglaubliche Distanzen. Petar wirkte dem Status quo entgegen, indem er versuchte, sich seine unter Verwendung stehende Welt genauestens einzuprägen. Doch meine Mutter war eine rastlose Gartenarchitektin, und außerdem gab es viele andere, nicht einkalkulierbare Raumfaktoren, an denen Petar immer wieder schmerzvoll scheiterte. Im Großen und Ganzen war Petar ein Spektakel.

An jenem Sonntag erwachte ich im Morgengrauen. Ich schlug die Augen auf und blickte mich Halt suchend um, und da waren die Pfeiler des Stockbetts und der Lattenrost über mir, mit den Smiley-Aufklebern, die alle mit Zigarette im Mund auf mich heruntergrinsten und über eine Sprechblase die Worte »Das Leben ist hart, nimm es leicht!« zu sprechen vorgaben. Meine Kindheit lang, lag ich jeden Morgen unter diesem Lattenrost und fragte mich, was all das zu bedeuten hatte? »Das Leben ist hart.« Da waren das vergitterte Fenster und die riesige Kastanie, die jetzt blühte, und da war mein kleiner Körper, der zur allmorgendlichen Wiederankoppelung verstreut um mich herum lag.

»Nimm es leicht!«, sagte ich leise.

Und da war vor allem mein kleines steifes Glied, das mich seit einigen Wochen in Anspruch nahm. Nicht nur weil es eben seit einigen Wochen jeden Morgen steif und eigensinnig gegen die Bettdecke drückte, sondern auch deswegen, weil unsere kroatische Haushälterin Ianica und auch meine Mutter daran Interesse hatten und in den unpassendsten Momenten danach griffen, und es schmerzte einerseits und tat doch wohl. Überhaupt fand ich, dass alles an mir, sobald es in Berührung mit der Welt kam, gleichzeitig schmerzte und wohltat.

Mein Penis jedoch war mir im Ganzen eher suspekt, denn erstens, warum wurde danach gegriffen, zweitens, warum konnte sich dieses Ding unter meiner Decke so wichtig machen, und drittens, warum hing er sonst so unnötig vom Körper.

Ich wartete, bis mein Penis erschlaffte, starrte auf den Lattenrost und fand, dass in meiner Geburt eine gewisse Dringlichkeit lag, durch die sich in jedem Moment ein Kreis im Hier und Jetzt schloss und im nächsten Augenblick wieder auflöste. Auf kurze Sicht, so fand ich, ergab es einen Sinn, im Großen war ich überfragt.

Einmal fragte uns der Lehrer, der gleichzeitig der Dorfpfarrer war, was wir, wenn wir einmal groß wären, wohl gerne werden würden? Und er hob seinen Arm, streckte den fleischigen Zeigefinger und deutete auf Manfred, den Schüler ganz rechts in der ersten Reihe. Ich hatte mir niemals Gedanken über mein späteres Berufsleben gemacht, und ich fing jetzt gar nicht erst damit an, denn auch diesmal zweifelte ich daran, gefragt zu werden. Ich saß weit hinten links, neben mir Petar, der sich seinerseits nicht besonders für die Betriebsamkeit dort vorne interessierte, er saß einfach nur da und tapste durch die Luft.

»Traktorfahrer!«, sagte Manfred so nebenbei und selbstverständlich, als hätte er diesen Auftritt jahrelang geprobt, zur Perfektion gebracht und auf diesen kurzen Moment gewartet. Ich wusste nicht einmal, dass »Traktorfahren« ein Beruf war, geschweige denn, was überhaupt ein Beruf war. Mein Vater zum Beispiel sagte über sich, dass er Golfspieler sei, doch wer, überlegte ich, wollte schon Golfspieler werden und kleine weiße Bälle durch die Luft schlagen? Meine Mutter hatte zu diesem Thema erst recht nichts zu sagen, außer man bezeichnet regelmäßiges Watschenausteilen als seriösen

Broterwerb. Aber wenn ich mir die Geschichten meiner Dorffreunde und deren nicht berufstätigen Müttern anhörte, konnte ich von Glück reden, dass ich immer wieder unverletzt davonkam. Aber ich redete nicht von Glück.

Manfreds stotternder Zwillingsbruder Herbert hingegen winkte, nachdem er nach einigen Versuchen nur den Buchstaben »P« herausgebracht hatte, wieder ab, begann zu weinen und seinen Kopf solange verzweifelt gegen den Tisch zu schlagen, bis ihm der Pfarrer seinen Sitzpolster zwischen Kopf und Tischplatte schob und sagte: »Besser für den Tisch.«

Ich erfuhr niemals, was Manfred damals werden wollte.

»Friseurin«, sagte Silke. »Polizist«, sagte Hermann.

Der Zeigefinger des Pfarrers wanderte langsam aber eisern über die Köpfe der Schüler, von einem zum anderen, und ich begann auf meinem Stuhl hin und her zu rutschen und mir nun doch grobe Gedanken zu machen: Das Wort »Sessellehne« fiel mir ein, »Teppichklopfer«, »Regenrinne«, »Rasenmäher«, alles keine Berufe, wie ich überzeugt war. »Pürierstab«, ein Wort, das meine Großmutter einmal erwähnt hatte, und mit dem Überraschungseinfall »Untertasse« gab ich mich vollständig meiner Verzweiflung hin.

»Weltraumastronaut«, meinte Reinhard und zeigte durch das Klassenzimmer.

»Hoch hinaus«, sagte der Pfarrer.

»Ich komme aus Kroatien«, antwortete Petar und lehnte sich grinsend zurück. Der Pfarrer meinte nur: »Das kennen wir schon.«

Nun hatte meine Stunde geschlagen, der dicke Zeigefinger, der für immer mein Leben besiegeln würde, deutete mir direkt zwischen die Augen.

»Und du Paul?«, fragte der Pfarrer.

»Koch!«, sagte ich, wartete auf eine Reaktion, die nicht kam, und brüllte dann: »Nein! Doch lieber …«

»Pause!«, sagte der Pfarrer und schloss die Stunde.

Mein Leben als sorgenfreies Kind war zu Ende. Als ich meiner Mutter zu Hause erzählte, dass ich heute und wohl überhaupt andere Pläne hätte, als mich jetzt um meine Hausübung zu kümmern, und ihr die Geschichte vom schnellen Ende meiner kurzen Kindheit und meiner beschwerlichen Zukunft als Koch erzählte, lachte sie kurz auf und sagte, dass ich keine Angst haben solle, denn meine Kindheit wäre noch lange nicht vorbei. Und das beunruhigte mich noch mehr. Dann schickte sie mich zum Hausübung machen in mein Zimmer.

Mein Leben als Kind bestand aus den von meiner Mutter zur Verfügung gestellten Möglichkeiten. Mehr war da nicht, und später würde ich meine Kindheit und mein restliches Leben, doch speziell meine Kindheit, die Vollzugsanstalt der Möglichkeiten nennen: Koch oder Hausübung, Rasenmäher oder Ohrfeigen? Damals über meinen Heften brach der ganze Ernst des Lebens über mich herein, und ich blickte in das Grün und Bunt unseres Gartens, und überlegte, dass ich erstens kein Koch werden würde, und zweitens meine Kindheit und überhaupt alles so schnell wie möglich erledigen sollte. Nur was war dieses Alles?

In meinem Bett unter den grinsenden und rauchenden Aufmunterungsaufklebern und mit meinem erschlafften Glied in der Hand fragte ich mich, wie ich meinen Großvater heute zu einem seiner Spaziergänge überreden könnte, denn es war ja nicht so, dass ich ihn einfach fragen konnte, und er dann aufstehen und mit Petar und mir spazieren gehen würde. Er würde nicht reagieren und wenn doch, würde seine Antwort »Nur der frühe Vogel fängt den Wurm« oder »Alle Wege führen nach Rom« lauten.

Über mir schlief meine um ein Jahr jüngere Schwester Elsa. Sie war einer jener Menschen in meinem Leben, die ich besonders mochte. Es war nur so, überlegte ich, dass mich Elsa aus dem Verborgenen in die Dunkelheit des Älterwerdens schob, und sie war der rastlose Feind in meinem Rücken, der mir keine Möglichkeit zum Innehalten und Luftholen ließ, und keines meiner Geschwister spürte ich intensiver als meine unsichtbare Schwester Elsa.

»Elsa«, flüsterte ich.

Nichts.

»Elsa«, sagte ich etwas lauter.

Sie wälzte sich keuchend über ihre Matratze.

Ich stand auf, meinen Penis fest umklammert und ging durchs Zimmer, ich stellte mich auf den Schemel, der vor dem Waschbecken stand, pinkelte in das Waschbecken und betrachtete mich im Spiegel.

»Hallo«, sagte ich.

Im Dämmerlicht sah ich älter und bläulicher aus, und über meinem Gesicht lagen Schatten.

»Hallo«, wiederholte ich.

Ich betrachtete mich lange und überlegte, wie es zu dieser höchst zufälligen und unwahrscheinlichen Begegnung zwischen mir und der Zeit gekommen war. Denn warum war ich nicht vor tausend Jahren geboren worden und längst vergangen, und warum sah ich aus, wie ich aussah? Da waren diese blauen Augen, die dunklen Brauen, eine kurze Nase, ein Mund und dunkelbraune Haare, die wild durch die Gegend wuchsen. Nichts Besonderes, aber dennoch immerhin ich, fand ich. Welches Interesse, überlegte ich, hatte die Welt an mir, dass meine Teilnahme in Form von Dasein gefragt war? Die Augenblicke, die ich jetzt vor meinem Spiegelbild verbrachte, kamen mir maßlos an den Haaren herbeigezogen vor: eine Geschichte, die schlicht und einfach nicht stimmte.

2

Irgendwann, ich war wieder ins Bett gegangen und eingeschlafen, stand plötzlich Mutter im Zimmer, sagte »Aufstehen!« und schlug die Tür hinter sich zu, und ich erwachte zum zweiten Mal, und dieses Mal stand ich neben mir.

Elsa lag nicht mehr in ihrem Bett, ihre Decke war zusammengelegt, der Polster frisch aufgebauscht. Ich putzte mir die Zähne. Mutter legte besonderen Wert aufs Zähneputzen, und manchmal stand sie dabei und sagte: »Weiter« oder »Noch einmal«. Auf dem Schreibtischsessel lagen die am Vorabend ausgesuchten Kleidungsstücke: eine lange dunkle Hose, ein Hemd, dunkle Socken und Schuhe. Ich zog die Socken an, die Hose, die Schuhe, legte das Hemd in den Kasten, nahm ein Fußball-T-Shirt heraus und streifte es über. Ich wusste, dass ich damit nicht durchkommen würde. Was solls, dachte ich und ging.

Beim Frühstück saßen meine ältere Schwester Isabelle, im gleichen hellblauen Dirndl wie Mutter, und meine jüngste Schwester Caroline, in ihrem Kindersitz, in dem schon Elsa und ich, und davor Isabelle, und davor, erzählte Mutter, schon sie selbst als Kleinkind gesessen hatten. Überraschenderweise war auch unser Vater da. Er sagte, ohne seinen dunklen Kopf von der Zeitung zu heben: »Guten Morgen, Paul!«, und er mühte sich währenddessen ab, seine Tasse Tee zwischen Zeitung und Gesicht zum Mund zu balancieren und begoss sich dabei.

Ich wollte ihn umarmen.

»Scheiße!«, sagte er, sprang auf, verschüttete den Rest des Tees und sagte: »Verdammte Scheiße!«

Unter dem Tisch lag unser alter Hund Jackie und schlief.

»Aber Liebling«, seufzte Mutter.

»Liebling«, seufzte auch Caroline.

»Und du Paul!«, sagte Mutter, »ziehst dich nach dem Frühstück um!«

»Richtig«, sagte Vater und blickte an sich herab.

Mutter stand mit dem Rücken zum Tisch beim Herd und rührte in einer Pfanne, in der irgendetwas langsam verbrannte, denn an Sonntagen kam Mia, die Köchin, erst zu Mittag, eine Stunde bevor die Gäste eintrafen, die sonntags immer kamen. Ich mochte die Sonntage nicht, und wenn mein Vater da war, sagte er: »Achtung, die Juden kommen!«, womit er, warum auch immer, die Familie meiner Mutter meinte. Ich wusste nicht genau, was Juden sein sollten, und mich störten auch viel weniger die Juden als vielmehr die Messe.

»Verdammte Scheiße«, murmelte Vater noch einmal, tupfte seine Hose mit der Stoffserviette ab und setzte sich wieder.

»Verdammte Scheiße sagt man, glaube ich, nicht!«, sagte Isabelle.

»Guten Morgen!«, sagte ich.

»Scheiße?«, fragte Caroline aus ihrem Sitz und rührte in ihrem Brei. Sie hatte das runde dunkle Gesicht unseres Vaters, nur dunkler und runder, anders als meine beiden anderen Schwestern, die, so wie ich, ein langes schmales Gesicht hatten, aber das Besondere an Caroline waren ihre Augen. Ich fand, dass sie die Augen eines Eskimos hatte.

»Das hast du davon, Liebling«, sagte Mutter, und sie wandte sich vom Herd ab, und wir blickten in ihre strahlenden und liebevollen und eiskalten blauen Augen.

Liebling, der Golfprofi, war ein seltener und unangekündigter Gast. Von Zeit zu Zeit war er plötzlich da und überreichte mir irgendein Fußballgeschenk, das ich zu all den anderen Fußballgeschenken in meinen Kasten legte. Vater blieb ein paar Tage und flog dann wieder zu seinen Turnieren, die er überall auf der Welt spielte, und wir bekamen Postkarten mit schönen Grüßen und alles Liebe aus Australien, Nordamerika, Südafrika und aus den Ländern Europas. Manchmal lasen wir von ihm in der Zeitung: »Ernst Lichtenperg belegt sensationellen 11. Platz« oder »Golfgraf scheitert am Cut«. Es waren kurze Meldungen am Ende der Seite, selten mit Foto, und ich war enttäuscht. Natürlich erwartete ich nicht, dass die Zeitungen schrieben: »Ernst Lichtenperg lässt seine Kinder grüßen und an dieser Stelle besonders Paul« oder »Golfgraf vermisst seinen Sohn Paul«. Oder erwartete ich es doch?

»So etwas schreiben die Zeitungen nicht«, hatte Mutter einmal gesagt.

»Warum nicht?«, fragte ich.

»Weil es niemanden interessiert!«

»Warum interessiert es niemanden?«, fragte ich weiter.

»Weil es egal ist!«

Es war also egal. Nur im Sommer, wenn wir zwei Wochen in Ibiza waren, war Vater länger als ein paar Tage mit uns. Doch der Sommer würde erst kommen, und Vater würde bis dahin nur selten und plötzlich auftauchen, und dann würde er so wie heute hinter seiner Zeitung beim Küchentisch sitzen und fluchen.

Das Radio spielte die Zauberflöte. Ich erkannte die Ouvertüre. Ich war in allem Musikalischen bewandert, denn unser großer dicker Urgroßvater mit dem Backenbart, »der Präsident des Wiener Musikvereins«, wie meine Mutter und meine Großmutter jedes Wort betonend vor sich hin sagten, wenn sie von ihm sprachen, nahm bis zu seinem plötzlichen Tod seine 21 Urenkelkinder in Opern und Konzerte jeden Niveaus mit. Von der »Zauberflöte« bis zu »Salome« war alles dabei, und ich saß dann mit Krawatte, Hemd und polierten Schuhen in einer Loge gleich neben diesem dicken schnaufenden Urgroßvater, schnaufte mit und fragte mich, was meine Dorffreunde wohl zu dem ganzen Tamtam samt Chauffeur, der vor der Oper in einem schwarzen großen Auto auf uns wartete, sagen würden? Irgendwann fuhr mein Urgroßvater ohne Chauffeur gegen einen Baum, und übrig blieben nur ein paar Jahreskarten. Komisch eigentlich, überlegte ich, denn ich hörte immer wieder von Verwandten, die gegen einen Baum gefahren und gestorben waren.

Auch wurden wir Kinder von Mutter so nebenbei zum Klavierspielen und Flötenspielen angetrieben. Meinem Vater schien es gleichgültig zu sein. Er sagte nur: »Bei uns gabs nur die Jagd!«, und hörte nicht zu, wenn ich an Schumanns »Soldatenmarsch« oder sonst einem Stück der Unterklasse arbeitete. Meinem Vater war das meiste gleichgültig.

Tamino trat auf und sang bis zur plötzlichen Ohnmacht sein »Zu Hilfe«. Draußen strahlte die Sonne. Es würde ein heißer Tag werden, und es würde der Tag werden, an dem die Moskitos kamen.

Wir saßen um den Tisch und aßen, Mutter hatte den Inhalt der Pfanne mittlerweile entsorgt und sich zu uns gesetzt. Vater faltete langsam die Zeitung und senkte den Kopf, dann sagte er: »Euer Großvater war im Krieg.«

»Nicht schon wieder«, sagte Isabelle und verzog das Gesicht.

»Was ist Krieg?«, fragte ich.

»Stell dir vor«, begann Vater, »stell dir vor, unser Dorf würde gegen das Nachbardorf kämpfen.«

»Wieso?«, fragte ich.

»Was wieso?«, antwortete Vater.

»Einfach nur so«, sagte ich.

»Ich war noch nicht fertig«, sagte Vater.

»Krieg?«, fragte Caroline.

»Also Krieg würde bedeuten, dass zwei Länder oder mehr gegeneinander kämpfen.«

»Wieso?«, fragte ich.

»Aus Machtgründen!«, sagte Vater.

»Wie bitte?«, fragte ich.

»Gründen?«, fragte Caroline.

»Menschen sind so!«, sagte Vater. Er ruderte mit seinen Armen, und sein Blick zuckte durch die Küche, und ich wusste, dass das alles Anzeichen waren, die einem cholerischen Anfall vorausgingen, und manchmal schmiss Vater dann ungewollt Gläser über den Tisch. Ich umklammerte meine Beine und zog die Schultern hoch. Ich hatte das Wort »Krieg« schon zu oft gehört und niemals einen Zusammenhang zu anderen Dingen in meinem Leben herstellen können. Das Einzige, was mir zu Krieg einfiel, war das Wort »Friede«, überlegte ich, aber was Friede bedeutete, wusste ich auch nicht.

»Welche Menschen sind so?«, fragte ich.

»Du und ich«, sagte Vater, »aber insbesondere Politiker sind so.«

»Was sind Politiker?«

»Kennst du den Bürgermeister von Carnuntum?«

Ich nickte, denn ich kannte ihn gut. Es war jener Mann, der alle paar Sonntage mit seinem roten dicken Gesicht und den Aktenordnern auf dem Schoß am Mittagstisch im Speisesaal meiner Großeltern saß, der grinste, wenn er meinem Großvater beim Essen zusah und der mir Schokolade mitbrachte und meiner Großmutter Blumen, und der, wenn er ging und glaubte allein zu sein, »Scheiß Aristokraten!« sagte.

»Was sind Scheiß Aristokraten?«, fragte ich meinen Vater einmal, und er sah mich kurz an und antwortete: »Wir!«

»Und dieser Bürgermeister zum Beispiel ist Politiker!«, erklärte Vater.

»Und der will Krieg machen?«, fragte ich.

»Verdammt!«, schrie Vater.

»Verdammt sagt man, glaube ich, nicht!«, sagte Isabelle.

»Liebling«, sagte Mutter.

»Herr im Himmel!«, Vater blickte zur Küchendecke.

Ich blickte hinterher und fragte, wer denn jetzt plötzlich der Herr im Himmel sei?

»Gott!«, brüllte Vater, und seine Teetasse flog durch die Küche und zerbrach vor Mutters Füßen.

»Ach so der«, sagte Isabelle.

Ich zuckte mit den Schultern. Ich hatte von Gott schon Vieles gehört, dass er allmächtig sei, dass er im Himmel unter Engeln und allen Toten lebe, was ich mir eigenartig und eigentlich ungemütlich vorstellte, und dass er alles verzeihen würde, man sich aber dummerweise dennoch zu benehmen habe, denn er würde alles sehen, was weder Elsa sich noch ich mir vorstellen konnte. Wenn es Nacht war, und wir das Gefühl hatten, alle schliefen, besprachen wir diese und ähnliche Themen, und wir fragten uns, wie das wohl wäre, wenn wir auf dem WC sitzen oder uns baden würden und uns dieser Gott dabei zusehe, und bei der Vorstellung mussten wir lachen, denn wir stellten uns vor, ihm alles zu zeigen, was wir da zu bieten hatten, und wir zeigten uns dann gegenseitig alles, was wir da zu bieten hatten.

Der Dorfpfarrer erklärte mir und der Klasse, dass sich Gott nur die wichtigen Dinge zum Zusehen aussuchte, und er machte ein ernstes Gesicht. Was denn wichtig wäre, fragte ich, und der Dorfpfarrer antwortete: »Deine Sünden«, und ich fragte den Dorfpfarrer, was denn eine Sünde sei, und er antwortete, dass eine Sünde zum Beispiel die Nichtachtung der eigenen Eltern wäre, und ich fragte mich, was das bitte bedeuten sollte.

Aber viel mehr als Gott und dessen Unverschämtheiten interessierte mich der Krieg, doch um mehr von meinem Vater zu erfahren, überlegte ich, musste ich erstens Geduld haben, und zweitens vorher alle Tassen verräumen.

Mein Vater hatte sich beruhigt und las wieder Zeitung und das Einzige, was ich von ihm sah, waren seine Hände, die die Zeitung hielten.

»Wo ist eigentlich Elsa?«, fragte mich Mutter.

»Keine Ahnung«, sagte ich.

»Was heißt da keine Ahnung?«, fragte Mutter.

»Was heißt da keine Ahnung?«, fragte Isabelle.

»Keine Ahnung heißt keine Ahnung!«, sagte ich.

»Keine Ahnung?«, fragte Caroline über den Tisch.

»Also, wo ist Elsa? Ich und eure Mutter müssen euch nämlich etwas Wichtiges mitteilen«, sagte mein Vater hinter seiner Zeitung hervor.

»Hol sie!«, befahl Mutter.

»Genau, hol sie. Wir müssen euch etwas sagen«, sagte Isabelle.

»Du hast hier gar nichts zu melden«, sagte Vater.

»Hol sie!«, wiederholte Caroline.

Ich ging. Von der großen Küche kam ich in den kleinen Salon, in dem in einem Bücherregal dutzende Fotoalben standen, und manchmal, wenn Vater zu Hause war, setzten wir uns alle, außer Mutter und Isabelle, die lieber zu zweit in der Küche saßen und über das letzte Konzert der Philharmoniker sprachen, auf eines der Sofas und blätterten in den Alben, die großteils von der Familie mütterlicherseits handelten. All die Tanten und Großtanten waren da zu sehen, und meine Urgroßmutter, und vor allem mein backenbärtiger Urgroßvater, in all seinen privaten und öffentlichen Funktionen, und Vater amüsierte sich dann und sagte: »Wir Hocharistokraten lassen uns nicht fotografieren, wir lassen uns porträtieren!«

Tatsächlich hingen im ganzen Haus Ölbilder unserer väterlichen Vorfahren, vom ersten urkundlich erwähnten Lichtenperg, der im frühen 12. Jahrhundert gelebt hatte, bis zu unserem Großvater, der noch immer lebte. Im ersten Stock des Schlosses war neben dem allgemein zugänglichen

Donaumuseum sogar eine eigene Ahnengalerie angelegt worden, und jedes Mal, wenn ich abends heimlich durch die Gänge schlich, kam mir das Grauen. Besonders ein Bild löste Schauder aus. Es zeigte eine stehende, schwarzhaarige Frau in einem schwarzen Kleid. Sie war bleich, ihr Gesicht leicht abgewandt und ihr Blick war scharf und dunkel. Doch das eigentlich Unheimliche war ihre linke Hand, an der Daumen, Zeige- und Mittelfinger fehlten.

»Die Schwurfinger«, erklärte mir Vater, als wir einmal nach einem Rundgang lange davorstanden. Er hob seine drei Finger und drückte sie mir ans Herz, und dann sagte er: »Und auf diesem Bild haben wir deinen Urururgroßvater mit einem Negersklaven.«

Hinter dem kleinen Salon lag das Speisezimmer, von der Vormittagssonne hell erleuchtet. Da waren der Hundekorb und ein alter Sekretär, auf dem sich die Familienpost stapelte. Eine große Doppeltür führte in den Garten, der sich leicht bergauf hinauf bis zur Kastanienallee erstreckte. Das Schwimmbad lag versteckt hinter einer Hecke, und dahinter lagen die Felder meines Onkels, der alte und stillgelegte Getreidespeicher, die Angestelltenhäuser, und da waren die kleine betriebseigene Tischlerei, in der Herr Smejkal, der Tischler, arbeitete, der sogenannte Gräfinnengarten, der vor sich hin wucherte, die Pferdeställe und die römische Palastruine, die vielen Feldwege, die zu Waldwegen wurden, und die bis zu den Donauauen und zur Donau führten.

Ich fühlte mich gut. Im Speisezimmer stand ich eine Weile gedankenlos herum und betrachtete ein großes Ölbild, das mein Vater »Das Jagdfrühstück« nannte, und ich ging weiter durch den großen Salon, wo das Klavier stand und weiter ins

Schlafzimmer meiner Eltern. Ich kramte in der Handtasche meiner Mutter, zog ein paar Geldscheine heraus und steckte sie ein. Ich fühlte mich noch besser.

Ich ging die Treppe hinauf, in Isabelles Zimmer, schüttelte das Sparschwein, aus dem nichts fiel, und ging. Ich fand Elsa vor dem Fernseher am anderen Ende des langen Ganges, der all die Kinderzimmer und leerstehenden Zimmer und Badezimmer, WCs und die Rumpelkammer verband.

»Was machst du hier?«, fragte ich.

»Nichts«, antwortete Elsa.

Im Fernsehen sprachen zwei Menschen miteinander, und die Frau sagte: »Gehst du mit mir einkaufen?«, und der Mann antwortete: »Liebst du mich nicht mehr?«, und das Ganze war interessant, fand ich, denn der Mann küsste die Frau, und die Frau schlug den Mann.

Ich schaltete den Fernseher aus, nahm meine Schwester an der Hand und zog sie mit in die Küche.

»Also«, begann Vater und umarmte meine Mutter.

»Wir bekommen noch ein Baby!«

»Ja, ja«, sagte Elsa.

»Wieso noch eins?«, fragte Isabelle.

»Ihr wart alle einmal Babys«, erklärte Vater.

»Ja, ja«, sagte Elsa.

»Baby«, jubelte Caroline.

»Das wollten wir euch sagen«, sagte Vater.

»Sehr interessant«, sagte ich.

Mutter löste sich abrupt von Vater, kam auf mich zu, gab mir eine Ohrfeige und erklärte, dass ab jetzt alles anders werde, sie hätte nämlich gelesen, dass ein Kind im Bauch alles hören würde und deswegen nämlich alles anders werden müsse, und überhaupt wäre das eine ernste Sache, und ich könne mir meine blöden Kommentare eigentlich ganz sparen, denn das Baby würde nicht nur alles hören, sondern auch alles sehen.

»So wie der Herr im Himmel?«, fragte Isabelle.

Jackie unter dem Tisch kläffte kurz auf.

»Mami spinnt«, sagte Elsa leise, woraufhin auch sie eine Ohrfeige bekam.

»Das war jetzt aber nicht nötig, Liebling«, sagte Vater.

Ich stand auf und ging, denn ich wollte nicht vor meiner Familie weinen.

»Paul, bleib hier!«, hörte ich meine Mutter noch hinter mir her rufen, denn vielleicht, dachte ich, wollte Mutter schon, dass ich vor der Familie weinte. Doch ich nahm meinen ganzen Mut zusammen und ging weiter und weinte nicht. Ich sperrte mich ins Klo, setzte mich auf die Kloschüssel und betrachtete die Klotür.

»Lass mich rein!«, hörte ich Elsa nach einer Weile flüstern.

»Geh auf das andere Klo!«

»Auf welches?«, flüsterte Elsa weiter.

»Auf das oben!«

»Auf welches oben?«

»Auf das erste.«

»Gut«, sagte Elsa und erst jetzt liefen mir die Tränen über die Wangen, und ich überlegte, wie praktisch es sei, fünf Klos im Haus zu haben, denn so konnten alle Kinder getrennt weinen gehen, und das fünfte wäre für Gäste.

3

Auf dem Kirchenplatz kamen die Menschen Carnuntums zusammen. Die Kirchturmuhr zeigte zehn vor halb zehn. Um die Kirche lag der Friedhof. Manchmal ging ich mit Petar Gräberlesen, und wir lasen dann die Namen Herl, Sutter, Döber, Turkowitsch und so weiter, die Namen unserer Mitschüler, doch wir lasen niemals unsere Nachnamen: Lichtenperg oder Modric.

»Wir werden nicht auf dem Friedhof begraben«, hatte mir Vater einmal erklärt.

»Und Petar?«, fragte ich.

»Was weiß ich, wo der begraben wird«, antwortete Vater.

»Ich möchte aber neben ihm begraben werden!«, sagte ich.

»Ist Petar gestorben?«, fragte Elsa.

Für uns gab es eine Gruft, die sogenannte Rundkapelle, die auf einem Hügel mitten im Dorf errichtet worden war, und die, wie Vater erklärte, aus der Zeit der ersten Kreuzzüge stammte. Zwischen den dicken Mauern der Rundkapelle verlief eine Steintreppe bis hinauf zum Dachstuhl, und in einem Erker gegenüber dem Eingang stand ein schwerer schmuckloser Steinaltar über dem das weiß-schwarze Familienwappen baumelte. Die Farbgebung des Wappens nahm mein Vater immer wieder zum Anlass, philosophische Diskurse anzuzetteln, wie zum Beispiel über Gut und Böse oder Leben und Tod, und ich fand dann immer, dass man für derartige Gedanken kein Wappen brauchte. An den Wänden der Rundkapelle, zwischen dunklen Ahnenbildern, hingen Fackeln, gekreuzte Schwerter und Banner. Der Raum selbst war leer. In den Steinboden war eine schwere Eisentür eingelassen, und Stufen führten hinunter in einen lichtlosen Raum, in dem 27 Särge lagerten. Doch kein lebender Lichtenperg, hatte mir Onkel Johannes erzählt, wäre jemals dort unten gewesen.

»Ich finde den Friedhof schöner«, sagte ich.

»Paul«, sagte Vater und klopfte mir auf die Schulter, »du bist ein Lichtenperg. Pech gehabt!«

Bis zum Tod meines Großvaters fand hier jährlich im Herbst die Seelenmesse für all die eingekellerten Lichtenpergs statt, und, abgesehen vom 25. Dezember, waren diese Seelenmessen der einzige Anlass, zu dem die Großfamilie Lichtenperg, die sonst in Ostösterreich verstreut auf ihren Besitzungen und in Wien in ihren Palais wohnte, antrat.

Besonders an diesen Versammlungen war mein Cousin Ferdinand aus dem anderen Familienzweig, der immer wieder für Wirbel sorgte, wenn er sich nackt auszog und dann unter den Tisch kroch, um die Schuhbänder seiner Verwandten zusammenzuknoten.

Meistens wurde mein Cousin Ferdinand nicht beachtet, und als ich einmal fragte, was denn mit ihm los sei, da ich fand, dass er mit zwölf Jahren schon viel zu alt für Derartiges war, antwortete mein Vater, dass Ferdinand kurz nach seiner Geburt zu lang die Luft angehalten hätte.

Heute standen wir wie immer in geschlossener Formation eine Weile auf dem Kirchenplatz herum, und die Menschen blieben bei uns stehen, grüßten und verschwanden in der Kirche.

»Ihr kennt eure Plätze«, sagte Vater im Tonfall eines Angriffsbefehls.

»Wir sind öfter hier als du«, sagte Isabelle.

»Kennst du deinen?«, fragte ich.

»Meine lieben Kinder, ich lebe seit dreißig Jahren in Carnuntum und ich gehe seit dreißig Jahren in diese Kirche und ich sitze seit dreißig Jahren auf demselben Platz«, antwortete er.

»Ja, ja!«, sagte Elsa.

»Wie langweilig«, sagte Isabelle.

Caroline schlief in ihrem Kinderwagen. Meine Mutter starrte hinunter auf ihr jüngstes Kind, eine Hand am Kinderwagen, die andere auf ihrem Bauch.

»Kinder«, sagte Vater, »los gehts!«

Wir betraten die Kirche, die Reihen waren bis nach hinten voll besetzt. In der letzten Reihe saß Ludwig, ein Mann, den man im ganzen Dorf den Dorftrottel nannte, und Ludwig stand auf, als er uns sah, beugte seinen großen Kopf mit den riesigen und abstehenden Ohren und rief in die Stille hinein: »Topfentorte!«

Die ersten beiden Reihen auf der rechten Seite waren für uns reserviert. Wir Kinder setzten uns in die erste, die Eltern mit Caroline in die zweite, wo schon mein Onkel Johannes und meine Tante Sophie saßen. Die Kirchturmglocken läuteten, der Pfarrer trat und stolperte samt seinen Ministranten aus der Sakristei, sah sich um und verschwand wieder. Ein Raunen ging durch die Kirche, und die sechs Ministranten liefen ein wenig planlos, wie ich fand, durch die Gegend und beschlossen schlussendlich, auch in die Sakristei zurückzukehren.

»Was ist los?«, fragte ich meinen Vater.

»Euer Großvater ist noch nicht hier«, antwortete Vater.

»Super«, sagte Isabelle.

Immer wieder äugte einer der Ministranten aus der Sakristei und verschwand wieder.

Irgendwann, gemeinsam mit Großmutter, die ihre große schwarze Sonnenbrille trug, kam Großvater dann doch noch hereingehumpelt, und er winkte und lächelte in alle Richtungen und sagte: »Auf los gehts los!«, und Ludwig aus der letzten Reihe lachte auf und Großvater lachte auch, und ein zweites Mal trat und stolperte der Pfarrer aus seiner Sakristei, und einer der Ministranten kicherte vor sich hin. Ich lehnte mich zurück und schaltete ab, und der Pfarrer sprach und lallte die Messe herunter, die Besucher erhoben sich, und der Pfarrer sagte: »Gehet hin in Frieden!«, woraufhin ich, plötzlich aus meiner Trance erwacht, schrie: »Nein, Krieg!«

Sofort bezog ich einen Schlag auf den Hinterkopf.

»Aber Liebling!«, sagte Vater.

Der Dorfpfarrer schielte mich an, und der kichernde Ministrant lachte los, der Rest schwieg betreten. Nur mein Großvater sagte: »Ostfront!«

Die Kirchenbesucher drängten sich durch den schmalen, niederen Ausgang hinaus in einen strahlenden, heißen Tag. Mutter ging mit meinen Schwestern ins Pfarrhaus, wo sich die Kirchenmenschen von Carnuntum nach der Messe zu Kaffee und Kuchen trafen, und wo die Dorfkinder Seil zogen und »Schickt die Soldaten los« spielten. Ich hielt nicht viel vom Seilziehen oder dem Soldatenspiel, denn mir kam sowohl ein Sieg wie eine Niederlage belanglos vor, und für Belangloses wollte ich mir die Handflächen nicht aufschürfen. Vater hielt weder von Kaffee noch vom Seilziehen viel, und so gingen wir.

»Was heißt Ostfront?«, fragte ich meinen Vater auf dem Nachhauseweg, und Vater ließ sich Zeit, und wir gingen zu zweit durch die Kirchengasse, die Langegasse, vorbei am Lichtenpergviertel und vorbei an Schloss und Tennisplatz, und wir gingen durch die Kastanienallee, durch die gemauerte Einfahrt und die grün gestrichene Gartentür, auf der »zum Garten« stand.

»Das ist kompliziert«, antwortete Vater.

»Warum?«, fragte ich.

»Warum, warum«, sagte Vater, »darum!«

Wir setzten uns in den Garten, unter die Weide. In der Küche kochte Mia.

»Wie erkläre ich das einem Siebenjährigen?«, fragte sich Vater und fuchtelte mit den Armen.

»Ich bin sechs!«, sagte ich.

»Egal!«, sagte Vater, zündete sich eine Zigarette an und blickte über mich hinweg in Richtung der hohen und alles überragenden Kastanien. Ich dachte, dass das also auch egal war, aber na ja, auch egal, und dann fing Vater an zu erzählen.

»Also«, begann er und er sprach über den letzten großen Krieg, den Zweiten Weltkrieg, in dem dies und das geschehen sei, in dem es Nazis gegeben hätte, und Engländer und Russen und Amerikaner und viel andere, und überhaupt sei das eine ungemütliche Angelegenheit gewesen. Da gab es einen Mann namens Hitler, Adolf Hitler, der, so erzählte Vater weiter, ein böser Mensch gewesen sei, der Millionen von Juden hätte umbringen lassen und so weiter, und der viele eigenartige Ideen gehabt und seine Soldaten nach Russland geschickt hätte, damit sie dort kämpften, und dass dort mein Großvater mitgekämpft hätte. Vaters Stimme war tief und klang angenehm und beruhigend, wie immer, wenn er erzählte oder vorlas.

»Und das nennt man die Ostfront!«, sagte Vater, und er erzählte noch viel mehr.

Ich war fasziniert.

»Was sind Nazis?«, fragte ich am Ende der Geschichte.

»Ein Nazi ist ein Anhänger des Nationalsozialismus. Aber das eine wie das andere ist fast schon ausgestorben.«

»Und Franz?«, fragte ich.

Mein Vater blickte mich aus weit aufgerissenen Augen an, und etwas schien ihn zu berühren, und er antwortete, dass auch Großvater nicht mehr lange leben würde.

»Schade«, sagte ich.

»Es ist besser für alle«, sagte Vater.

Ich verstand nicht, doch ich hatte das Gefühl, dass es fürs Erste reichte, denn ich wollte Vaters Geduld nicht überstrapazieren.

Mia kam aus der Küche, spazierte auf uns zu, und sie blieb zwei Meter vor uns stehen und fragte: »Herr Graf, heute sind es vierzehn?«

»Vierzehn was?«, fragte Vater zurück.

»Personen, Herr Graf!«

»Oh Gott, die Juden kommen«, antwortete Vater.

»Und Ihr Bruder Otto, Herr Graf«, sagte Mia und ging.

Sie trug ein kurzärmliges weißes Kleid mit Knöpfen hinauf bis zum Hals und eine schwarze Schürze darüber. Die Farbkombination war einer der wenigen Einfälle meines Vaters zum Thema familiärer Unternehmensidentität. Ihre kräftigen, fetten Arme baumelten an ihr herunter, ihr grobes weißes Haar trug sie zu einem Zopf gebunden, und ihre Unterbeine waren blau. Ich mochte Mia. Immer lächelte sie aus ihrem aufgeblähten Gesicht, und sie berührte mich, ohne bedrohlich zu wirken. Manchmal, wenn meine Mutter auf der Suche nach mir war, konnte ich mich hinter ihrem Kleid verstecken. Mia tat dann immer so, als würde sie es nicht bemerken, und alles wurde gut. Ich erinnerte mich, dass Mia vor langer Zeit, nach dem Tod ihrer Vorgängerin, zu uns gekommen war. Und ich erinnerte mich, dass ich sie von Anfang an mochte.

»Otto«, murmelte Vater.

Ein Windstoß blähte die Weide auf, und ich blickte in den wolkenlosen Himmel. Der Storch zog weit über uns seine Kreise. Der Storch kam jedes Jahr wieder, baute sein Nest auf einem der zwölf Schlosskamine und zog dann seine Kreise, und manchmal waren es zwei Störche, die kamen, doch vielleicht waren es immer zwei Störche. Wenn der Storch kam, kam auch bald der Sommer, dann fuhren die Traktoren aus, und die Bauern drückten sich ihre gelben Strohhüte auf den Kopf, der Wind wirbelte trockene Erde über die Felder. Dann pflückte ich auf dem Weg von der Schule Kirschen von den Bäumen und zog mich in die Sandkiste zurück, und die Bienen schwirrten über die Wiese unseres Gartens. Überhaupt schien alles über die Wiesen und Gärten und Felder zu schwirren, da waren all die Stimmen der Wärme, die im Winter von der Kälte verschluckt wurden: der Zug, der weit entfernt hinter dem Dorf und den Feldern über die Gleise rollte und quietschte und pfiff, die Rasenmäher, der sonntägliche Jubel der Fußballfans, die Flugzeuge im Landeanflug, die kurzen Kommandos, die über das Betriebsgelände meines Onkels gerufen wurden, und in der Mitte dieser gedämpften und trotzdem lichten Geräusche lärmte ich. Wenn der Sommer kam, besuchte ich meinen Onkel Johannes und begleitete ihn auf seinen Sichtfahrten mit dem alten offenen und safarigelben Land Rover über die Felder und in den Wald, der zusammen- und auseinanderwuchs, als würde er von sich selbst träumen. Abseits der ausgefahrenen Wege schien sich der Wald für alles Menschliche zu schließen. Von Zeit zu Zeit blieben wir stehen, und mein Onkel flüsterte, ich solle still halten, dann hetzte vielleicht ein Wildschwein oder ein Hirsch über den Weg und verschwand, und ich stand auf den Autositzen des Land Rovers und klammerte mich an die Windschutzscheibe, während wir langsam durch das Dickicht holperten und immer tiefer in den Wald kamen. Das dürre, scharfe Gesicht meines Onkels war wie versteinert, und seine durchsichtigen, wässrig blauen Augen blickten in eine andere Welt, und ich stand auf den Sitzen und blickte mit.

Doch die schönsten Tage waren jene im Sommer, an denen ich schon in der Früh zu meinem Onkel ging, dann aßen wir Speck und Brot »zur Stärkung«, wie er sagte, und fuhren auf die Felder, wo die riesigen Mähdrescher das Getreide ernteten. Mein Onkel hielt dann einen der Mähdrescher an und winkte den jugoslawischen Fahrer aus der Kabine, und Johannes und ich setzten uns hinter das Steuer, ich auf seinem Schoß, und wir fuhren über das Feld. Ich durfte das Lenkrad halten und beobachtete, wie unter mir die große Mähwalze das Getreide zerfetzte und in den Speicher sog, wie Fasane aufflogen und Mäuse und Hasen panisch das Weite suchten. Alles lärmte und staubte und bebte, und ich war der glücklichste Bub in Carnuntum.

Oft lag ich dann abends im Bett, und der Lärm und das Beben und das Glück waren geblieben und durchströmten mich, und obwohl mir Onkel Johannes zeitweise unheimlich war, vermisste ich ihn und ich wünschte mich dann für immer in seine umzäunte Welt voll Traktoren und Mähdrescher, Felder und dem Land Rover und dem Wald, und vielleicht würde er eines Abends kommen und mich abholen, und einmal, als meine Eltern nicht zu Hause waren, kam er wirklich und sprach mit Ianica, die auf uns aufpasste. Dann sagte er mir, ich solle mich anziehen und mitkommen. Es wurde dunkel, als wir wegfuhren, und Johannes sagte, dass es Zeit für mich sei, und ich antwortete, dass ich da genau seiner Meinung wäre. Mein Onkel sagte, dass er selbst keine Kinder bekommen könne, und ich dachte, dass ich am liebsten das große Zimmer neben seinem beziehen würde, und wir fuhren weiter und vorbei an seiner großen gelben Villa, und wir fuhren in den Wald.

»Als Stammhalter der Familie musst du dich beweisen«, sagte Johannes dann, und wir blieben stehen, ich stieg aus dem Wagen, und mein Onkel fuhr davon. Es war stockfinster.

Das dumpfe Knattern des Land Rovers wurde leiser und verklang. Für eine kurze Weile stand ich in totaler Stille und Dunkelheit. Und plötzlich brach die Nacht aus.

Zuerst kam der Wind, der weit entfernt durch die Äste zog und dann ganz in meiner Nähe einen Busch durchfuhr, und er kam und ging, immer wieder, und es war, als wollte der Wind mir etwas sagen. Ich lauschte dem weichen Rhythmus der Luft und bewegte mich nicht, und die Finsternis blieb. Ich stand einfach nur da und gewöhnte mich an das Schwarz, das mich umgab und immer schwärzer wurde. Ich tat, nachdem mir klar geworden war, dass Johannes nicht zurückkommen würde, ein paar Schritte und schwang die Arme um meinen Körper, um sicher zu gehen, nicht gegen einen Baum zu laufen, und auch um den Wirkungskreis meiner eigenen Finsternis zu vergrößern. Ich ging langsam weiter, und kein Stern leuchtete, und ich fühlte die Bewegung des Waldes und seiner Innenräume. Kurze kreischende Schreie kamen aus der Dunkelheit, flogen an mir vorbei und verloren sich, und ein Tier galoppierte über den Weg, dann zwei, drei hinterher, und ich blieb stehen, und der Wind wickelte mich ein, und ich wusste, wo ich war. Ich hörte das Auftauchen eines Fischs, und die winzigen Wellen, die an die Traverse, an die Steinbrücke schlugen. Das Wasser war niedrig, der Durchlass trocken. Der Himmel war schwarz, und ich ging weiter, und ich hörte die Wasserkläranlage Wasser klären. Ich ging bergauf, der Weg wurde breiter, und ich schritt durch die Nacht, und die Nacht schritt durch mich.

Irgendwann war ich zu Hause, und ich legte mich ins Bett und schlief ein, und ich sollte niemals über diese Nacht sprechen.

Hier unter der Weide neben meinem Vater fragte ich mich, seit wann die Störche wiederkamen?

4

Mia deckte den Tisch unter dem Sonnenschirm, der Storch war auf seinem Kamin gelandet.

»Und wie ist es in der Schule?«, fragte mich Vater, und er blickte noch immer über mich hinweg.

»Schön«, sagte ich. Doch in Wahrheit, fand ich, war die Schule nichts für mich und erst recht nicht schön.

»Gut«, sagte Vater.

Einmal fragte ich meine Mutter, warum ich in die Schule gehen müsse.

»Weil jedes Kind in die Schule gehen muss.«

»Echt jedes?«, fragte ich.

»Auf der ganzen Welt«, sagte Mutter.

Ich war sicher, dass sie log, und ich war auch sicher, dass meine Mutter öfters log, denn ich fand meine Fragen viel zu schwierig, als dass man darauf so mir nichts dir nichts antworten konnte.

In der Schule saßen wir Schüler nebeneinander auf alten Holzbänken in einem Raum, der braun gestrichen war, und dann kam der Pfarrer und sprach ein Gebet mit uns, und manchmal hatte ich das Gefühl, er sei nicht ganz bei der Sache, wenn er an der Tafel stand und plötzlich für einen kurzen Moment nach vorne kippte und mit dem Kopf dagegen schlug, wieder zu sich kam und sagte: »Ja, so ist das!«

Jeden Montag und obwohl er es genau wusste, fragte er, wer am Sonntag nicht in der Kirche gewesen sei, und er zog einen Zettel aus seinem weiten schwarzen Ärmel und notierte sich die Namen und sagte: »Ja, ja, ihr armen Sozialisten«, und ich dachte, dass man Sozialist sein müsste, denn die dürften ungestraft der Messe fernbleiben.

Wir rechneten und schrieben, und dazwischen wurde immer wieder gebetet, und einmal wöchentlich knieten wir eine ganze Stunde lang am Boden, und der Pfarrer erzählte von einem Mann namens Jesus, der vor ewig langer Zeit von den Juden an ein Kreuz genagelt worden wäre und überhaupt ein interessantes Leben geführt hätte, und außerdem wäre dieser Jesus der Sohn Gottes, des Herrn im Himmel, gewesen und seine Mutter hätte Maria geheißen.

»So wie meine!«, sagte ich.

»Ruhe!«, sagte der Pfarrer.

Als ich meinem Vater einmal erzählte, dass das Knien auf dem Boden schmerzte und blöd war, antwortete er, dass ich froh sein solle, nur knien zu müssen, denn Jesus wäre für uns am Kreuz gestorben, und ein wenig Dankbarkeit könne ich getrost und ohne Klagen zeigen.

Um die Osterferien herum knieten wir, um die Schmerzen und unsere Dankbarkeit zu steigern, eine Stunde täglich, denn, so erklärte unser Pfarrer, am nächsten Freitag um drei Uhr Ortszeit würde Jesus dann endgültig sterben.

»Na endlich«, sagte Reinhard.

»Reinhard«, brüllte der Pfarrer, »zu mir!«

Reinhard ging ans Pult und bekam eine Ohrfeige, und der Pfarrer schickte ihn wieder auf seinen Platz.

»Dass mir niemand mehr so etwas sagt.«

»Was jetzt?«, fragte ich.

»Es wird überhaupt nichts mehr gesagt!«, brüllte der Pfarrer.

Diese Jesus-Geschichte war eine höchst heikle und undurchsichtige Angelegenheit, fand ich. Zwar hingen im ganzen Schulgebäude und überhaupt in jedem Haushalt kleine Kreuze, auf die ein kleiner Jesus genagelt oder geklebt war, aber niemand wusste so richtig warum?

»Das macht man so«, erklärte mir meine Mutter.

»Zur Erinnerung an unsere Aufgaben auf dieser Welt!«, sagte der Pfarrer.

In unserer Klasse hing neben dem Kreuz ein Foto, auf dem ein älterer Mann namens Kirchschläger abgebildet war. Von ihm wurde aber nie gesprochen. Gut so, dachte ich, denn ich fand, dass der Pfarrer und auch mein Vater ständig über Menschen sprachen, die in irgendeiner Form an der Wand hingen oder klebten. Ob als Porträt im Schloss oder verrenkt am Kreuz war scheinbar gleichgültig.

Nur die Turnstunden machten mir Spaß. Eines Tages besuchte uns ein langer, dünner Mann mit Schnauzbart, beobachtete uns beim Fußballspielen, kam nach der Stunde auf mich und Petar zu und fragte, ob ich Interesse hätte, in seiner Fußballmannschaft zu spielen. Der Mann roch so wie unser Pfarrer nach Wein.

»Ich komme aus Kroatien!«, antwortete Petar und blinzelte aus seinem linken Auge.

»Dich habe ich nicht gefragt, du weißt ja nicht einmal, wo rechts und links ist!«, antwortete der Mann und ging.

»Du musst dich konzentrieren«, sagte ich zu Petar.

Petar hob den rechten Arm und sagte: »Links.«

Was sollte ich meinem Vater schon über die Schule erzählen oder über meine Angst, die ich vor meiner Mutter und erst recht vor unserer Putzfrau Ianica hatte oder über meine Morgenerektionen? Oder über all das, was in meinem Leben so geschah und von allen hingenommen wurde, als könnte man es jeden Augenblick einfach abschalten und ganz andere Wege einschlagen.

Es schien, als würde keine meiner Angelegenheiten in die meines Vaters passen, als wäre ich für ihn ein Fremdling, der sich unentwegt selbst aus dem Hut zauberte, und über den er nur immer wieder überrascht und dann zermürbt den Kopf schütteln konnte. Ich wollte ihn packen und schreien: »Schau her, mich gibt es!«, aber er würde wahrscheinlich nur weiter über mich hinwegsehen, die Kastanien betrachten und übermorgen wieder weg sein. Ich hatte mich daran gewöhnt und beschlossen, dass mein Leben in Wahrheit niemand anderem als mir selbst galt, denn das, überlegte ich, half beiden Seiten.

Die Gartentür schlug zu, und mein Vater zündete sich eine Zigarette an. Isabelle kam in den Garten gehüpft, und als sie sah, dass ich sie sah, hielt sie innen, streckte sich und spazierte gemächlich ins Haus, und ich dachte, dass mir Isabelle vielleicht nicht zeigen wollte, dass auch sie manchmal Spaß am Leben hatte.

Ich stand auf, sagte, dass ich noch kurz in den Wald gehen würde, und mein Vater antwortete, dass ich pünktlich wieder zurück sein solle.

Ich ging den Schotterweg bergab. Links lagen die Reitställe und das Dressurviereck, rechts lag das Schloss, die großen Fenster des Festsaals im ersten Stock glänzten in der Mittagssonne. Früher, erzählte mein Vater, wurde im Festsaal Tennis gespielt, doch heute war er mit seinen italienischen Fresken und der Prunkstiege in den Hof die Hauptattraktion für die Besucher des Donaumuseums. Ich bevorzugte die kleinere und dunklere Sala Terrena mit den vielen Steinmosaiken an den Wänden und den Gewölben. Sie lag direkt unter dem Festsaal und war nur für die Familie zugänglich, und man konnte sie von außen über eine alte und verfallende Steintreppe betreten.

Ich erreichte den Waldrand, und ein umgestürzter hohler Baum lag mitten auf dem Weg, und ich griff in die Hosentasche, in die ich die Geldscheine meiner Mutter gesteckt hatte. Irgendwo hier im Wald wollte ich sie verstecken. Je tiefer ich in den Wald kam, umso dichter wurden die Moskitoschwärme. Ich ließ die Moskitos auf meinen Armen landen, beobachtete, wie sie ihre Saugstachel setzten, wie sie ihre winzigen Körper mit meinem Blut füllten und sie wieder davonschwirrten. Bald würden die Moskitos aus dem Wald kommen.

Ich bog vom Weg ab, schob das Dickicht beiseite und betrat den weichen Waldboden, der von toten Ästen übersät war, und aus dem Wurzeln, kniehohes Gestrüpp und große weiße Pilze wuchsen. Ich hörte das Rauschen der Donau, ein Donauschiff blies sein Signalhorn. Ich kam nur langsam voran, blieb unter den Wurzeln hängen und verhedderte mich in klebrigen Schlingpflanzen, die die Bäume hinaufwuchsen. Über mir schloss sich der Wald, Misteln hingen von den Kronen, Waldvögel flatterten von Ast zu Ast. Ich gelangte an das Donauufer, sah noch, wie ein Frachtschiff unter der Donaubrücke verschwand, und setzte mich ans Ufer auf einen der Steine. Diese Steine, erzählte mein Vater, waren aufgeschüttet worden, damit der Fluss in seinen Bahnen blieb. Der Fluss werde reguliert, sagte mein Vater, und ich stellte mir vor, wie die Donau entreguliert alles Leben auslöschte. Schmale lange Steininseln ragten in den Fluss, dazwischen bildeten sich kleine Buchten, in denen die Zillen der Fischer lagen und in denen sich das Treibholz sammelte.

Im Winter bei Tagesanbruch saß ich manchmal gemeinsam mit meinem Onkel Johannes am Ende dieser schmalen Inseln, und ich saß einfach nur neben ihm und fror und sah ihm dabei zu, wie er die Enten vom Himmel schoss. Flussabwärts standen die Fischer in ihren Holzbooten und holten die heruntergeschossenen Vögel aus dem Fluss. An manchen Tagen nahmen wir fast zwanzig Enten mit nach Hause.

Graue Schotterinseln wuchsen in den Fluss, und eine grüne Boje tanzte in den Wellen, ein Fischer saß am anderen Ufer und hielt seine Angel in das Wasser.

Ich holte die Geldscheine aus der Tasche. Der Fischer auf der anderen Seite zog an seiner Angel, ich sah, wie sich die Rute bog, und wie der Fischer aufstand und immer wieder mit kurzen ruckartigen Bewegungen versuchte, den Fisch zu ermüden, denn vom Fischen hatte ich eine Ahnung, und dann ließ der Fischer die Schnur wieder laufen.

Ein Schwarm Wildgänse flog in Formation flussabwärts die Donau entlang. Am Horizont ragten fast unsichtbar die Karpaten in den Himmel. Ich griff zwischen die Steine neben mir, wälzte einen beiseite. Ich begann in der weichen Erde unter den Steinen zu graben, bis ich an eine glatte Oberfläche stieß. Mit beiden Händen schaufelte ich die Erde rundherum aus dem Loch. Das Ding hatte zwei faustgroße Löcher, darunter lag eine schmalere und dreieckige Öffnung, und wieder darunter sah ich braune Zähne und einen weit aufgerissenen entstellten Mund aus purem Knochen. Doch auch in Kenntnis des voll erhaltenen und durch den Pfarrer für echt erklärten Skeletts, das in einem der stillgelegten Klassenzimmer stumm von seiner Verankerung hing, dem wir die klapprige und kraftlose Hand schüttelten und dem wir uns mit Phantasienamen wie Herr Doktor Gruftspion oder Frau Direktor Grabstein vorstellten, starrte ich eine Zeitlang ahnungslos auf den Schädel hinunter. Irgendwann und mit einem kurzen Schrei begriff ich das Bild und sagte: »He, du bist ja tot!«

Das Wasser gluckste durch die Steine, und ein lautloser Wind kam auf. Ich blickte mich um, der Fischer fischte, und aus dem Osten kam ein Schiff die Donau heraufgefahren. Es trug die Flagge Rumäniens. Ich blickte wieder auf den Schädel. Vor einem Jahr hatte ich schon einmal einen Toten gesehen, und ich konnte mich noch gut erinnern. Unsere alte Köchin Luise stand am Herd und rührte in einer Suppe. Plötzlich zuckte sie zusammen, dann streckte sie sich, stöhnte und knallte auf den Boden. Ich wusste noch, dass ich mir Sorgen um die Suppe gemacht hatte, und dass ich Angst hatte, Mutter würde mich verantwortlich machen, sollte die Suppe verdampfen. Luise lag am Boden und rührte sich nicht. Irgendwie löschte ich die Herdflamme, der Kochlöffel ragte noch aus dem Topf. Ich betrachtete Luises Gesicht, das violett anlief. Ich stand einfach nur da und fragte mich, wie das jetzt mit dem Mittagessen weitergehen sollte. Ich suchte meine Mutter und sagte, dass wir eine neue Köchin bräuchten, die alte läge nämlich am Boden und rühre sich nicht mehr. Luise wurde von unserem Gärtner und einem Arbeiter meines Onkels, der zufällig in der Gegend war, auf eine Bahre gehoben, die schnell aus einer Kammer unseres Hauses geholt wurde, als müsste man jeden Moment mit toten Köchinnen in der Küche rechnen. Luise wurde unter den Birnenbaum geschoben, und Mutter bedeckte sie mit einem Tuch, das gerade nicht groß genug war, ihren ganzen Körper zu verhüllen. Luises Füße ragten wie ein letzter Gruß an uns Lebende unter dem Tuch hervor. Ich konnte mich erinnern, dass meine Schwester Elsa und ich am Fußende der Bahre standen und an den Zehen zogen. Irgendwann kam die Rettung und holte Luise ab, und irgendwann kam auch die Polizei, um meiner Mutter irgendwelche Fragen zu stellen, und irgendwann später saßen wir bei Tisch und Mutter sagte, dass die Suppe heute besonders gut schmecke, und ich fragte mich, ob sie mich auch dafür verantwortlich machte.

Doch dieser Tote hier am Donauufer war mir unbekannt. Er sah anders aus, und ich fand, dass mir diese Begegnung eher ungelegen kam, denn ich hatte anderes zu tun, außerdem hatte Vater gemeint, ich solle pünktlich wieder zurück sein, und überhaupt, wie kam ein Toter an die Donau?

Ich bohrte mit den Fingern die Erde aus den Augenhöhlen. Ich bohrte so tief ich konnte und drückte einen Geldschein in den Kopf. Das Schiff aus Rumänien fuhr den Strom aufwärts in Richtung Wien. Es sah aus, als würde es sich nicht bewegen, als würde es gegen die Kraft der Donau nicht ankommen. Ein kleines Boot kam aus einem der Donauarme. Ein Mensch mit rotem Hut paddelte flussabwärts dem Frachter entgegen, und ich beobachtete, wie der Paddler direkt auf die großen Bugwellen des Schiffes zusteuerte, wie er hinter dem Schiff verschwand, wie das kleine Boot kippte, unter das Wasser gedrückt wurde, und wieder auftauchte. Der rote Hut trieb langsam ans Ufer.

»Danke«, hörte ich plötzlich eine Stimme neben mir sagen.

Ich sprang auf und betrachtete den Schädel, und ich fand, dass er Ruhe ausstrahlte. Er lag in seinem Grab, als hätte er nie etwas anderes getan, als wären seine Augen immer schon hohl gewesen, als wäre er aus all der Erde und Feuchtigkeit hier aus dem Boden gewachsen und nur meinetwegen hier.

»Wofür?«, fragte ich.

Niemand antwortete.

Ich drückte einen zweiten Geldschein in die Öffnung und wartete.

»Danke«, wiederholte die Stimme, und ich blickte auf den Schädel, der regungslos zwischen den Steinen lag.

»Ich werde dich Paul Sparschwein nennen«, sagte ich, »ich heiße auch Paul, das ist praktisch«, und ich stand noch eine Weile und wartete auf eine Reaktion von Paul Sparschwein, dem Toten, doch es kam keine, und ich rollte den Stein wieder über den Totenkopf und blickte über die Boje auf die andere Seite des Flusses, sah einen winzigen Kirchturm irgendwo dahinter über die Baumkronen ragen, prägte mir das Bild ein und ging.

5

Wenn am Sonntag die Gäste kamen und mein Vater zu Hause war, tat er immer so, als würde er beim Verkehrsdienst anrufen.

»Ich habe eine Meldung für euch«, sagte er dann ins Telefon und zwinkerte mir zu, »wegen eines schweren Unfalls sind alle Straßen rund um Carnuntum gesperrt. Bitte geben Sie durch, dass das Gebiet nur großräumig umfahren werden kann.«

Dann legte er auf und grinste.

»Irgendwann passiert es wirklich«, sagte meine Mutter dann.

»Hoffentlich«, antwortete Vater und grinste weiter.

Die Gäste waren schon da, als ich wieder nach Hause kam: die Mutter meiner Mutter, die wir Kinder »Großmama« nannten und die seit dem Tod ihres zweiten Mannes in Vancouver lebte und neben ihr eine mir unbekannte alte Dame.

Ich konnte sehen, wie diese alte Dame unentwegt ihren Mund spitzte, als würde sie einen Unsichtbaren küssen. Um ihren Hals trug sie ein blaues großes Tuch. Da war mein backenbärtiger Urgroßvater und seine Frau, unsere Urgroßmutter, die im Rollstuhl saß und immer mit eigenem Arzt, Doktor Schwarz, ankam und nur mehr die Worte »Das ist es nicht« murmelte, Theresa und Katharina, die jüngeren und übergewichtigen Schwestern meiner Mutter, die jede Gelegenheit nutzten, den Arzt meiner Urgroßmutter wegen irgendwelcher gesundheitlicher Missstände zu befragen, und da war vor allem Otto, der jüngere Bruder meines Vaters, mit dichtem Vollbart, Zigarette im Mund und einem Blick, der von fremden Dingen sprach. Ich wusste nicht viel von ihm, nur, dass er in einem Land in Südamerika lebte, und dass er dort als Söldner für irgendeine Gruppierung kämpfte. Otto kam selten auf Besuch, doch wenn er kam, erzählte er die ungeheuerlichsten Geschichten über den Dschungel, und wir Kinder saßen um ihn herum und lauschten, und ich war fasziniert, und bis auf Caroline waren auch meine Geschwister fasziniert.

Isabelle saß neben Großmama und betrachtete sie. Isabelle saß im Allgemeinen lieber bei den Eltern und Großeltern und den anderen Erwachsenen, und ich konnte sehen, wie sie die Erwachsenen aufmerksam studierte, und sie beobachtete das Erwachsenenverhalten und verwendete das Beobachtete gegen ihre jüngeren Geschwister. So fragte sie mich oft, sogar in den Ferien, als wollte sie nicht aus der Übung kommen, ob ich auch ja meine Hausübung schon gemacht hätte, oder schickte Elsa zu den unsinnigsten Zeiten ins Bett. Sie war kaum zu stoppen, war sie einmal in Fahrt gekommen, und nur Mutter konnte sie wieder beruhigen. Ich mochte Isabelle nicht, auch deswegen weil sie sich stur und mit den Worten, dass ich noch ein Baby sei, weigerte, mit mir zu spielen.

»Ich gehe aber schon in die erste Klasse!«, antwortete ich.

»Na eben!«, sagte sie.

Isabelle sammelte tausende Briefmarken oder klebte gemeinsam mit Mutter Bilder in Fotoalben oder saß in ihrem Zimmer und las und wollte nichts mit mir und ihren anderen Geschwistern zu tun haben.

Otto lehnte am Tisch unter der Weide zwischen den anderen Gästen und rauchte und wirkte, als hätte er mit all dem nichts zu tun, als könnte er durch diese Menschen hindurchsehen, als würde er sie nicht einmal wahrnehmen. Ich bewunderte Otto für seine Überlegenheit, die er über den Tisch unter der Weide ausstrahlte.

Elsa kniete in der Sandkiste und aß Sand, und ich stand im Schatten des großen Nussbaums an der Gartentür und beobachtete die Familie unter der Weide und wartete ab. Mia brachte Gläser und Getränke an den Tisch, wechselte ein paar Worte mit meiner Mutter und ging. Ich überlegte, wie ich den Vorfall Paul handhaben sollte.

Einerseits war der Fund des Schädels eine Sensation für mich, denn wer fand schon einen Toten in der Au, dachte ich. Das Ganze wäre, wenn ich ein paar größere Kleinigkeiten hinzuerfand, eine tolle Geschichte, die ich da zu erzählen hätte, doch andererseits, dachte ich weiter, könnte dieser Paul mein heimlicher Freund werden, dem ich so dies und das und auch meine Geheimnisse anvertrauen könnte, doch drittens und ausschlaggebend, dachte ich im Schatten des Nussbaums schließlich zu Ende: Wer würde mir schon zuhören? Womit sich Punkt eins samt den erfundenen Details erübrigte. Dachte man die Dinge durch, überlegte ich, kam die Lösung wie von selbst, und für einen kurzen Moment kam mir mein Leben einleuchtend vor, und ich war stolz auf mich. Ein Gefühl, das ich außer von den seltenen Ausflügen mit meinem Großvater nicht kannte. Und war es während der Ausflüge eher ein Gefühl, das sich auf meinen Großvater richtete, richtete es sich hier unter dem Nussbaum direkt und ausschließlich auf mich, und ich trat aus dem Schatten des Baums.

Otto erhob sich, als er mich sah, kam auf mich zu, hob mich hoch und sagte mit der Zigarette im Mund: »Schön dich zu sehen.«

»Danke!«, sagte ich.

Ich begrüßte all die anderen, und bekam, nachdem ich vergessen hatte, meiner Urgroßmutter die Hand zu küssen, von Großmama im richtigen Moment einen gezielten Schlag auf den Hinterkopf, sodass ich wie von selbst nach vorne kippte und meine Urgroßmutter zwar auf Umwegen, aber doch noch zu ihrem Handkuss kam.

»Das ist es nicht«, sagte die Urgroßmutter und sabberte auf ihren Schoß.

Otto blickte über den Tisch.

»Das ist eine wunderbare Familie«, sagte die unbekannte alte Dame mit amerikanischem Akzent.

»Das ist deine Tante aus New York«, erklärte Großmama.

»Nenn mich doch Tante Gabi«, sagte die Tante aus New York.

»Tante Gabi«, sagte ich und reichte ihr die Hand, und ich sah aus den Augenwinkeln, wie Großmama den Arm hob, und ich verbeugte mich schnell und gab Tante Gabi einen Handkuss.

»Geht ja«, sagte Großmama.

»Geht ja«, wiederholte Isabelle.

»Eine wunderbare Familie«, sagte Tante Gabi.

Großmama kam jedes Mal mit irgendeiner Tante Gabi oder Tante Hanni oder Tante Esther, die aus New York oder London oder von sonst wo kamen, und all diese Tanten beteuerten immer, wie wunderbar meine Familie doch sei. Ich verstand das nicht. Was fanden diese Tanten an dieser Familie so wunderbar, fragte ich mich, denn ich fand das gar nicht so wunderbar, dass man mir auf den Hinterkopf schlug … weil fragen, dachte ich, würde auch genügen, aber Großmama fragte nie. Und es war auch nicht wunderbar, dass Elsa in der Sandkiste saß und Sand aß, und Isabelle war auch nicht wunderbar, so schweigend und aufmerksam, wie sie neben Großmama saß und so tat, als wäre sie einer dieser verwandten und bösartigen Erwachsenen, und vielleicht, überlegte ich, würde mich Isabelle am liebsten auch ein wenig schlagen. Ich sah Caroline, die in ihrem Wagen schlief, und mein Vater betrachtete seit einiger Zeit konzentriert seine Fingernägel, und Mutter zog in einem fort das Tischtuch zurecht, wischte herabgefallene Blätter weg und war überhaupt damit beschäftigt, den Tisch sauber zu halten. Das war alles nicht wunderbar, ich hatte schon Familien gesehen, da wurden die Kinder umarmt und mit Himbeersoda umsorgt, und vielleicht war das auf Dauer auch nicht so wunderbar, aber bei uns gab es immer nur Wasser aus der Leitung, und von Umarmung war keine Rede.

Zwar hatte ich ein Schloss zur Verfügung, einen Tennisplatz, Wälder und Felder, Traktoren und Mähdrescher, einen Gärtner, eine Putzfrau und eine Köchin, einen Urgroßvater mit Chauffeur, ein großes Haus, ein Schwimmbad, doch für eine einzige Umarmung von meiner Mutter oder meinem Vater, überlegte ich, würde ich das alles aufgeben, doch die einzigen Zuwendungen, die ich von meiner Mutter bekam, waren Ohrfeigen.

»Du hast ein tolles Konzert verpasst, ahh«, sagte Urgroßvater, »zwar hab ich mir den Dirigenten nachher wegen ein paar Tempounstimmigkeiten ein wenig zur Brust nehmen müssen, ahh, aber im Großen und Ganzen, einfach toll, ahh.«

Theresa und Katharina kicherten vor sich hin, Doktor Schwarz blickte die ganze Zeit zu Boden und Großmama musterte mich und begann, so wie meine Mutter, am Tischtuch zu ziehen.

»Warum lebt Großmama in Vancouver?«, fragte ich meinen Vater einmal.

»Aus Angst vor den Sozialisten!«, sagte mein Vater.

»Was sind Sozialisten?«, fragte ich.

»Das sind Menschen, die das Geld der Reichen den Armen geben!«, erklärte er.

»Wie machen die das?«

»Das ist kompliziert!«, antwortete Vater, aber so wie ich mir das vorstellte, fand ich das gar nicht kompliziert. Und ich beschloss, ab heute Sozialist zu sein, das Geld meiner Mutter Paul Sparschwein zu schenken und nie mehr in die Kirche zu gehen.

Großmama lebte mit ihrer jüngsten Tochter Helene in Vancouver, in einem großen Haus mit Garten. Letzten Sommer hatte ich Großmama mit meiner Mutter besucht, und ich wohnte in einem kleinen Zimmer im Keller, und jeden Morgen hörte ich den Boden knarren, wenn Großmama das Frühstück machte, und jeden Morgen wollte ich nicht hinauf. Wir besuchten Tanten und andere Verwandte und Bekannte meiner Großmama, und jedes Mal bekam ich einen Schlag auf den Hinterkopf, »solange, bis du es verstanden hast«, sagte Großmama, und jedes Mal lachte Helene, wenn ich nach vorne kippte. Mutter ging immer einkaufen und ließ mich mit den beiden alleine, und als wir wieder zurückflogen, meinte meine Mutter, dass ich froh sein könne, so tolle Reisen machen zu dürfen, denn nicht jedes Kind käme in diesen Genuss, dass es nämlich kleine schwarze Kinder geben würde, die nicht einmal Wasser zum Trinken hätten, und dass es für diese kleinen schwarzen Kinder ein Glück wäre, wenn sie ins nächste Flüchtlingslager reisen dürften.

Ich fragte mich, was diese kleinen schwarzen Kinder mit mir zu tun hätten, aber ich nickte nur stumm, während Vancouver unter mir immer kleiner wurde und schließlich verschwand.

Mein Urgroßvater erzählte weiter, von Mahlers erster Symphonie und Brahms, und er wurde immer lauter und immer wichtiger. Die Moskitos stiegen aus der Wiese, und Otto umarmte mich, und ich lehnte mich an seine Schulter.

»Und war Onkel Pipi auch im Konzert?«, fragte Theresa.

»Ich habe mit ihm und dem Bundespräsidenten nachher ein wenig geplaudert, ahh, aber ich musste ja schließlich weg, ahh«, sagte Urgroßvater und deutete um sich, damit wir alle verstanden, warum er schließlich weg musste, und Theresa kicherte und senkte den Kopf, wie sie alle immer den Kopf senkten, wenn sie mit Urgroßvater sprachen.

»Und Onkel Ossi?«, fragte Katharina.

»Den habe ich nicht gesehen, ich glaube, er ist in Brüssel, ahh«, sagte Urgroßvater.

»Das ist es nicht«, sagte Urgroßmutter, und der Arzt tupfte ihr mit einer Stoffserviette das Kinn ab.

»Habt ihr eigentlich noch diesen schrecklichen Juden, diesen Kreisky?«, fragte Tante Gabi.

»Mein Gott, nicht das schon wieder!«, sagte Vater.

»Gott sei Dank nicht mehr, ahh!«, sagte Urgroßvater.

»Ja, Gott sei Dank!«, wiederholte Großmama.

»Ihr seid doch alle selbst jüdischer Abstammung«, sagte mein Vater.

»Wie bitte?«, fragte Urgroßvater.

»Wir gehen jeden Sonntag in die Kirche«, sagte Großmama.

»Zur Tarnung«, antwortete Vater.

»Wir, Juden? Jews?«, meinte Tante Gabi und begann wieder, nervös ihren Mund zu spitzen.

»Was sind Juden?«, fragte ich.

»Also, das geht dich gar nichts an«, antwortete Großmama.

»Juden sind Menschen, die einer anderen Religion angehören«, erklärte Vater.

»Also ich bin getauft, ahh«, sagte Urgroßvater.

»Ich auch«, sagte Großmama.

»Ich auch«, sagte Isabelle.

»Und Juden sind Menschen, die einer anderen Volksgruppe angehören«, erklärte Vater weiter.

»Bin ich auch Jude?«, fragte ich.

»Ein bisschen«, sagte Vater und schien sich dabei zu amüsieren.

»Also das geht zu weit«, sagte Urgroßvater.

Otto saß da und rauchte und schwieg.

»Mein Urenkel ein Jude, wie soll denn das funktionieren, ahh.«

»Das ist es nicht«, kommentierte Urgroßmutter.

»Ja, das ist es wirklich nicht«, sagte Urgroßvater.

Theresa und Katharina starrten verlegen über den Tisch, und Mutter spannte das Tischtuch so ruckartig und plötzlich, dass das Glas von Doktor Schwarz umkippte und der Wein auf seine Hose spritzte.

»Kein Problem, kein Problem«, murmelte Doktor Schwarz vor sich hin und tupfte mit derselben Stoffserviette, mit der er vorhin Urgroßmutters Kinn gesäubert hatte, seine Hose ab.

Der Storch war wieder aufgeflogen und schwang sich in Richtung Felder. Ich sah dem Storch hinterher und beneidete ihn, wie er auf und davon hinter den Kastanien verschwand.

»Ich bin einer der reichsten Österreicher, und das nach 1945. Wie soll ich da Jude sein, ahh?«, fragte sich Urgroßvater und schüttelte den Kopf, und ich überlegte, dass das den Chauffeur und die riesige Villa in Wien erklärte.

»Was ist denn das für ein Argument?«, fragte mein Vater.

Es gefiel mir, wie mein Vater sich auflehnte, wie er dem großen, backenbärtigen Urgroßvater mit Chauffeur und Villa die Stirn bot, wie er sich plötzlich streckte, und wie ruhig er dabei blieb.

»Ihr habt es ja leicht, ahh. Wir sind keine Hocharistokraten, die seit Jahrhunderten über nichts anderes als über die Jagd sprechen, ahh!«

»Wir verleugnen wenigstens unsere Herkunft nicht.«

»Es ist in Österreich auch keine allzu schwere Aufgabe, als Graf zu behaupten, dass man immer schon einer war«, sagte Urgroßvater.

»Das mag sein«, antwortete Vater, »erklärt aber nicht, warum ihr nicht zu euren jüdischen Wurzeln steht.«

»Also diesen Kreisky gibt es nicht mehr bei euch?«, fragte Tante Gabi.

»Nein«, sagten Vater und Urgroßvater gleichzeitig, und dann schwiegen alle eine Zeit lang. Ich überlegte, dass es so viele Themen und Ereignisse gab, die ich nicht durchschaute. Und fragte ich nach deren Aufklärung, wurde mir gesagt, dass das alles viel zu kompliziert für einen Sechsjährigen oder Fünfjährigen oder Siebenjährigen sei. Da gab es die Grafen und die Juden, den Krieg und den Frieden, einen Mann namens Kreisky und einen anderen namens Hitler, und da gab es meinen murmelnden Großvater, meine Eltern, zu denen ich keinen Zugang fand, und die wenig Interesse zeigten, das zu ändern, da gab es Paul Sparschwein in der Au, und da gab es so viele Geheimnisse, die ich nicht verstand.

Würde mein Leben so weitergehen, überlegte ich, dann würde ich als Dummkopf enden. Aber mein Leben hatte noch nicht einmal richtig begonnen, und ich wartete jeden Tag darauf, dass etwas geschah, das den Startschuss zum Anfang meines wahren Lebens gab, ein Kriegsausbruch zum Beispiel, oder der Fund einer Leiche in der Au.

»Und war Onkel Adi auch im Musikverein?«, fragte Theresa.

»In der Pause habe ich ihn mit seiner Frau beim Buffet stehen sehen, ahh«, sagte Urgroßvater.

»Schön«, sagte Katharina.

»Es war ein ausgesprochen hervorragendes Konzert.«

Ich beobachtete Mia, die mit ihren langsamen Bewegungen den Tisch unten beim Haus unter dem Sonnenschirm deckte. Zuerst brachte sie die Teller, dann kamen das Besteck und die gerollten Stoffservietten, die in Silberringen steckten, dann verschwand Mia mit leerem Tablett wieder in der Küche, dann kamen die Gläser, ein Wasserglas und zwei Weingläser an jeden Platz, und am Ende stand Mia vor dem gedeckten Tisch, rückte dies und das noch zurecht und ging lächelnd zurück in die Küche. Sie wirkte zufrieden. Die Langsamkeit und Ruhe Mias konnten meine Mutter zur Weißglut bringen.

»Geht das nicht schneller?«, fragte meine Mutter dann, und ihr Körper bebte.

»Gut Ding braucht Weile, Frau Gräfin«, antwortete Mia.

Überhaupt hatte ich das Gefühl, dass jede Art der Ruhe oder Zufriedenheit meine Mutter aus dem Gleichmaß ihrer permanenten Unruhe brachte. Mutter war immer in Bewegung und ertappte sie eines ihrer Kinder in glücklicher Ruheposition, hagelte es sofort Beschäftigungsgebote, wie Zimmeraufräumen, Marathonspaziergänge, Gartenarbeit oder Sonstiges. Längeres Verschwinden und Verstecken wurde mit Ohrfeigen vergolten. Mit der Zeit hatte ich gelernt, einen Alibialltag zu führen, der von einfachen Lerntätigkeiten bis hin zu selbst zermarterndem Hin- und Hergehen reichte. Noch ausgefeilter war es, während des Hin- und Hergehens eine Schaufel oder zumindest einen Bleistift mitzuhaben. Solange ich in Bewegung war und beschäftigt aussah, hatte ich meine Ruhe.

»Ich fühl mich seit ein paar Wochen so krank«, sagte Theresa und wandte sich Doktor Schwarz zu, der die Augen verdrehte.

»Man ist nicht krank«, sagte Großmama und schlug auf den Tisch.

Otto räusperte sich und sagte, dass er gerne eine kurze Geschichte erzählen würde.

»Nur zu, nur zu, ahh«, sagte Urgroßvater.

»Nur zu«, sagte Isabelle.

»Also, es war ungefähr vor drei Wochen, nachts, wir flogen mit dem Helikopter über die Grenze nach Kolumbien, um ein kleines Dorf, in dem Guerillas vermutet wurden, auszuradieren.«

Mein Vater schüttelte den Kopf.

»Interessant«, sagte Urgroßvater.

»Wir waren zu acht, als wir absprangen. Ich landete leise, raffte den Fallschirm zusammen, schnallte mich los, und geduckt und in Formation schlichen wir in Richtung Dorf, das einen halben Kilometer südlich von uns lag. Es war still, ich hörte nur die Schritte von uns Soldaten. Wir hätten Raubtiere sein können. Manchmal hob der Kommandant den Arm, ballte die Faust, wir warfen uns auf den Boden, die Gewehre im Anschlag. Nichts! Wir schlichen weiter Richtung Dorf. Bald sah ich durch den Busch Hütten auf einer Lichtung, ein Feuer brannte in der Mitte. Ein Mann mit Gewehr stand davor und rauchte, sah ins Feuer und warf die Zigarette hinein. Dann verschwand er zwischen den Hütten. Ich war angespannt. Wir warteten auf den Befehl, als es neben mir im

Gebüsch raschelte. Einer meiner Kameraden riss das Gewehr herum und schoss sein Magazin leer. Sofort erwachte das Dorf, der Kommandant blies zum Angriff, wir stürmten die Hütten, doch außer der Wache am Feuer, die sich mühelos entwaffnen ließ, waren die Bewohner des Dorfs unbewaffnet und harmlos. Wir rückten ab. Doch bevor wir das Dorf verließen, wollte ich wissen, was sich im Gebüsch bewegt hatte. Ich schob die Äste beiseite und blickte auf eine Frau, ein Baby in ihren Armen, drei weitere Kinder um sie herum, alle blutüberströmt und tot. Dann flogen wir zurück!«

Otto stand auf und verließ grußlos den Tisch.

»Das ist es nicht«, sagte Urgroßmutter.

Ich dachte nach, was da gerade geschehen war, und ich blickte in die Gesichter meiner Verwandten, und niemand sagte etwas, und die Weide rauschte vor sich hin, und die dünnen und leichten Äste wiegten sich im Wind. Doktor Schwarz räusperte sich und starrte mit zusammengepressten Lippen in sein Weinglas.

Ich sah Otto hinterher, der Zigarettenrauch stieg über seinen Kopf und zerriss dann in der Luft. Ich hörte die Gartentüre zuschlagen.

»Ich komm gleich«, sagte ich und stand vom Tisch auf.

»Du bleibst hier«, zischte Mutter.

»Scheiße!«, sagte Vater.

»Scheiße sagt man, glaube ich, nicht!«, sagte Isabelle, doch niemand beachtete meine Schwester.

»Ja, ja, der Krieg!«, sagte Urgroßvater dann. »Aber ich sage euch, das Konzert war wirklich grandios, ahh.«

»Und war Onkel Theo auch da?«, fragte Katharina.

»Aber Kind, der ist doch letzte Woche gestorben, ahh.«

Alle bis auf meinen Vater lachten, und Isabelle lachte am lautesten.

Elsa war aus der Sandkiste gekommen. Mutter säuberte sie mit einer Serviette.

»Aua«, sagte Elsa.

»Jetzt hab dich nicht so«, sagte Mutter.

Mia schlug den Gong, und wir erhoben uns und gingen hinunter zum Haus und setzten uns um den Tisch unter dem Sonnenschirm. Die Suppe war schon serviert.

»Herr Graf, Ihr Bruder?«, fragte Mia.

»Der wird wohl nicht mitessen«, sagte Vater.

»Wo ist Otto?«, fragte ich.

»Keine Ahnung«, antwortete Vater.

Mia nahm die Teller, Gläser und das Besteck von Ottos Platz und ging in die Küche. Jackie schlief unter dem Tisch, träumte und strampelte mit den Vorderbeinen, und ich war froh, niemandem von Paul erzählt zu haben.

Wir aßen schweigend, und nach dem Mittagessen durfte ich aufstehen und ging zu Petar.

6

Petars kleines Zuhause lag ein paar Gehminuten von unserem Haus entfernt. Es hatte einen eingezäunten Vorgarten, in dem Unkraut wuchs, der Eingang war, wie an jedem der Häuser meines Onkels, dunkelgrün gestrichen.

Die Tür stand offen, und ich hörte kroatisches Gemurmel und wartete und lauschte. Das Gemurmel wurde lauter, wieder leiser und wieder lauter und wieder leiser. Ich trat in die abgedunkelte Wohnküche, und ich sah Petar und seine Mutter Eva mit geschlossenen Augen am Boden knien und beten, und an der Wand hing ein Kreuz. Eva hielt die rechte Hand ihres Sohnes und bewegte sich im Takt ihrer Worte, und ich sah die Warzen auf Petars rechter Hand. Ihnen, das wusste ich, galt das Gebet. Evas Augen zuckten unter den violetten Lidern.

Durch eines der Fenster fiel ein Lichtkegel, in dem feiner Staub schwebte. Es wirkte, als wäre der Staub in diesem Lichtkegel eingeschlossen, oder als könnte er überhaupt nur innerhalb der Lichtgrenzen existieren, und während Eva mit ihrem Gebet Höhen und Tiefen durchlebte, beobachtete ich die Millionen winziger Staubteilchen, die in diesem Lichtraum durcheinanderflogen, oder bewegungslos nebeneinanderstanden, in den Schatten schwebten und verschwanden. Doch so viele Teilchen auch die Grenzen in das Dunklere übertraten, sie wurden nicht weniger, der Lichtkegel blieb vom feinen Staub stetig und gleichmäßig durchzogen.

Das Gebet erreichte einen Höhepunkt, aus dem Gemurmel wurde ein leises Stöhnen, und Eva verkrallte sich in Petars Hand, und schließlich wurde aus dem Stöhnen wieder ein Murmeln.

Ich stand im Raum. Ich sah Fotografien von Menschen in Regalen und Vitrinen, im Küchenwaschbecken stapelte sich Geschirr, ein alter Teppich bedeckte den Boden, ein Holztisch und vier Sessel standen in der Mitte des Raums, und in der Ecke lag Ante, der jüngere Bruder Petars in einer Krippe und schlief. Alles, sogar das Baby, schien irgendwie vergilbt oder erbleicht oder längst vergangen. Evas rote, dünne und wild wachsende Locken verstärkten das matte Grau ihrer

Haut. Die Frau hatte keine Augenbrauen. Petar trug seine Augenklappe, und die lange Hakennase ragte aus seinem Schädel. Er hatte schwarze kurze Haare.

Mein Vater sagte über Petar immer, dass er wie ein zukünftiger Amokläufer aussehe, und ich antwortete dann immer, dass Petar überhaupt nicht laufen konnte, ohne gegen einen Baum zu rennen. Ironischerweise war es seine Mutter, die Amok laufen sollte.

Die Gesichter der beiden Betenden waren angespannt, das Gemurmel der Mutter verebbte langsam und ging in ein intensives Aus- und Einatmen über, das Petar und schließlich auch mich erfasste. Ante schlief lautlos, und eine Wanduhr tickte vor sich hin. Es war halb drei.

Petar öffnete sein Auge und sagte: »Paul!«

Auch Eva öffnete die Augen, und Ante begann zu schreien.

»Wir müssen gehen«, sagte ich.

Petar stand auf und rückte seine Augenklappe zurecht.

Ich hatte Petar noch nie ohne seine Augenklappe gesehen, und ich konnte mir nicht vorstellen, dass darunter ein Auge wäre. Ich stellte mir ein Loch vor, ähnlich dem der Leiche in der Au, ein tiefes schwarzes Loch, das den Blick in sein kroatisches Hirn freigab.

»Bist du fertig?«, fragte ich.

»Gleich«, sagte Petar.

Obwohl Petar vor einiger Zeit begonnen hatte, Deutsch zu sprechen, hielt er sich immer noch kurz. »Ich komme aus Kroatien« blieb bis heute seine ausführlichste Äußerung.

Eva erhob sich ungelenk, ihr hellgraues weites Kleid reicht ihr bis zu den Knöcheln. Sie kam auf mich zu und reichte mir die Hand, dann wandte sie sich ihrem Baby zu und schaukelte die Krippe, flüsterte kroatische Worte, und Ante beruhigte sich. Petar verschwand in einem der Zimmer hinter der Küche. Ich war niemals in einem dieser hinteren Zimmer gewesen, denn Petar hatte mir einmal gesagt, dass ich nicht sehen dürfte, wie es dort war und wie die Familie dort lebte.

»Warum nicht?«, fragte ich ihn damals.

»Will nicht«, antwortete er.

Aus Neugier schlich ich eines Abends zu Petars Zuhause und sah durch die Fenster. Die Zimmer waren schwach beleuchtet. Ich sah ein großes Bett, an dessen Fußende Eva und Petar mit gefalteten Händen knieten. Auf dem Bett lag ein schlafender Mann. Der Mann hatte den größten und rotesten Kopf, den ich jemals gesehen hatte. Der Kopf übertraf sogar den rot und aufgedunsenen Kopf unserer Köchin Mia, und auch all die Köpfe der alten weintrinkenden Großväter, die ich bei meinen Spaziergängen durch das Dorf sah, und der Kopf übertraf sogar den des Bürgermeisters. Aus der Bettdecke ragten die dicken Hände des Mannes. Sein Mund war geöffnet, und ich sah seine schwarzen Zähne. Die Bettdecke hob und senkte sich langsam, als würde darunter ein sterbendes Tier liegen. Ich ging.

Ich war froh, dass Petar mir verboten hatte, in die hinteren Zimmer zu gehen, und ich fragte mich, während ich nach Hause schlich, was für ein Land dieses Kroatien wohl sei.

Petar kam zurück in die Küche. Er trug einen etwas zu kleinen dunklen Anzug, ein weißes Hemd und schwarze Schuhe, und Petar trug eine neue, schwarz glänzende Augenklappe. Seine Mutter nickte.

»Fertig«, sagte Petar.

Es war heiß geworden. Vor dem Schlosstor war ein Schild mit der Aufschrift »Betreten verboten« angebracht, und eine Kette war von einer Seite zur anderen gespannt. Ein paar Besucher standen davor und betrachteten die hellrosa Fassade. Über dem Torbogen prangte das ausgeblichene Lichtenpergsche Wappen. Ich fragte mich, was es da zu sehen gäbe.

Ich stieg über die Kette und winkte Petar an meine Seite. Ich genoss den Moment, in dem ich das Unbetretbare betrat, in dem ich mich der herkömmlichen Wirklichkeit entzog.

Dieses Schloss, erzählte mein Vater, hatte die Türken, die Franzosen und die Russen überlebt, also, meinte er grinsend, würde es auch mich überleben.

Innerhalb dieser Schlossmauern war ich der Prinz, und was noch viel wichtiger war, niemand hatte innerhalb dieser Schlossmauern auf mich Zugriff. Russen und Franzosen nicht, keine Nazis oder Juden und auch meine Mutter und Ianica nicht. Denn hier drinnen herrschte mein Großvater, der mir niemals zu nahe kam, der vor mir stand und auf mich herunterblickte, als wäre ich eine seltene Pflanze, die er in seine eigene Erde gesetzt hatte. Sein Blick sagte mir, dass ich in Sicherheit war. Vor meinem Großvater machte jeder halt. Ich hatte erlebt, dass der Pfarrer seine Predigt abbrach, wenn Großvater einen Moskito verschluckte und dann hüstelte, ich hatte erlebt, dass Gespräche verstummten, nur weil er den Raum betrat, und überall wichen die Menschen zur Seite und senkten den Blick, wenn Großvater auftauchte. Bei ihm war ich in Sicherheit.

Die Rosen blühten, im Brunnen, aus dessen Mitte ein kleiner Fels ragte und aus dem Wasser sprudelte, schwammen und flatterten kleine Vögel. Der feine Schotter um Brunnen und Rosenhecke war frisch verteilt, und Petar stand im Hof und betrachtete die Innenfassade. Direkt unter dem Dach waren die Porträts römischer Kaiser auf die Fassade gemalt worden. Ihre steifen Gesichter blickten auf uns herab. Vier der Kaiser, zwei links, zwei rechts des Uhrturms, waren als Reliefs aus der Wand gemeißelt worden. Darunter führte die doppelte Feststiege hinauf in den Festsaal, zwischen den zwei Aufgängen war das Tor zur Sala Terrena, und auf einem der zwölf Kamine saß der Storch.

»Marco Aurelio«, sagte Petar und zeigte auf eines der Porträts.

Ich zuckte mit den Schultern.

»Vielleicht«, sagte ich.

Petar stand im Hof, drehte sich im Kreis und besah sich die Fassade.

»Was ist?«, fragte ich.

»Was ist?«, wiederholte Petar.

Ich nahm Petar an der Hand und zog ihn zum Eingang. Ich läutete. Ich hörte das Klingeln durch die Eingangshalle schrillen. Dann war Stille, und Petar wandte sich um und ging.

»Petar!«, rief ich.

»Niemand zu Hause«, sagte Petar.

»Ich brauche dich«, sagte ich, lief ihm hinterher und stoppte ihn.

»Niemand zu Hause«, wiederholte Petar.

»Doch«, sagte ich, »das dauert immer so lange.«

Ich hörte, wie sich die schwere Tür öffnete und eine Stimme meinen Namen rief.

»Siehst du!«, sagte ich.

Fräulein Rosa stand im Eingang, sie trug ein weißes eng anliegendes Angestelltenkostüm und hohe geschnürte Schuhe, ihre Brüste quollen aus dem Dekolleté. Sie blies sich eine blonde Locke aus dem Gesicht.

»Das ist mein bester Freund Petar«, sagte ich und drückte mich an ihr vorbei in die Eingangshalle.

»Ahoi Pirat«, sagte Fräulein Rosa und trat zur Seite.

In der Halle an den Wänden hingen Elchgeweihe, eine rote Couch stand an der Wand, darüber, in einer Nische, lag ein Kugelgewehr, und wieder darüber hing das Familienwappen. Petar starrte auf eines der riesigen Geweihe.

»Die sind alle schon tot«, erklärte ich.

Petar rückte seine Augenklappe zurecht.

»Deine Großeltern sind im Casino«, sagte Fräulein Rosa und verschwand in die Küche. Um ihre Hüfte trug sie eine Schnur, an der eine kleine Glocke hing, und wenn Fräulein Rosa sich bewegte, klingelte sie.

Petar und ich gingen durch das große Speisezimmer, in dem die Porträts sechs direkter Vorfahren meines Großvaters an den Wänden hingen, wir gingen weiter in den Vogelgang. Als ich zu zählen gelernt hatte, hatte ich einmal all die Vögel im Vogelgang gezählt, und es waren 184 ausgestopfte Vögel. Petar klammerte sich von hinten an mich. Die Vögel hingen wie im Sturzflug von den Wänden, baumelten mit ausgebreiteten Schwingen von der hohen gewölbten Decke, saßen auf Sockeln, Kästen und Tischen. Eine Gänsefamilie war im Gänsemarsch auf dem Steinboden platziert worden, eine Ente brütete in ihrem Nest. Ich schob den schweren Vorhang beiseite, und wir gingen weiter durch einen kahlen

Gang, in dem nichts außer einem überdimensionalen Stammbaum hing, an dessen unterstem Zweig der Name Paul Bernhard Graf von Lichtenperg stand, vorbei an der Schlosskapelle, in der ich und auch meine Geschwister getauft worden waren, und gelangten schließlich durch ein Eisentor ins Casino.

Vater erklärte meiner Schwester Isabelle und mir einmal, dass man das Casino deswegen Casino nenne, da es früher einmal, vor seiner Zeit und auch vor der Zeit meines Großvaters auch wirklich als Casino genutzt worden war. Das klang einleuchtend, und Isabelle verzog das Gesicht, wie jedes Mal, wenn Vater über das Schloss sprach, und sie fragte ihn, ob er außer über das Schloss und über Golf noch irgendetwas anderes zu sagen hätte. Daraufhin verzog Vater das Gesicht, überlegte kurz und antwortete: »Nein!«

Großvater saß gebückt vor dem Kamin und starrte in die Öffnung, in der ein einzelnes, halb verkohltes Holzscheit lag. Durch zwei riesige vergitterte Bogenfenster blickte man in den Südgarten, in dem ein kleiner Park angelegt worden war. Das Zentrum des Parks war ein Schwimmbad in Form einer vierblättrigen Blume. Die Sonne schien durch die Fenster des Casinos. Große Lichtfiguren lagen über dem glänzenden Parkett. Verschiedene Spieltische und ein abgedeckter Stutzflügel standen im Raum herum.

»Wen haben wir denn da?«, sagte Großmutter und lächelte. Sie trug ihre große dunkle Sonnenbrille und ein blaues Seidenkleid. Sie griff mit der linken Hand unter die Tischplatte, wo ein Knopf befestigt war und drückte ihn.

»Petar und mich«, sagte ich.

»Grüß Gott, Petar«, sagte Großmutter.

Großmutter streckte den Arm aus und wartete, dass wir kamen und sie begrüßten. Auf ihren dünnen Beinen lag eine Zeitung. Ihr Gesicht war eingefallen, winzige blaue Adern verliefen über den Hals hinunter zu den Schultern, wo sie im Schatten von Haut und Knochen verschwanden. Ich schob Petar vor mir her in Großmutters Richtung.

»Ach und Krach!«, sagte Großvater in den Kamin, und die Worte wurden vom Luftzug in den Kaminschacht gesogen.

Petar griff nach Großmutters Hand, griff mehrmals in die Luft, bekam sie dann doch noch zu fassen und schüttelte sie. Der zarte Arm meiner Großmutter bebte bis hinauf zur Schulter.

»Das reicht«, sagte Großmutter.

»Das reicht, Petar«, sagte ich.

Petar ließ los, der Arm meiner Großmutter baumelte über die Lehne. Petar trat zur Seite, presste sich an die Wand und rückte seine Augenklappe zurecht. Über ihm hing in einem schweren Rahmen das Porträt meines Großvaters als junger Mann.

»So einen Freund findet man nicht alle Tage«, sagte Großmutter und betrachtete ihre Handfläche.

Das fand ich auch, und es machte mich stolz, diesen kroatischen Petar mit der Augenklappe zum Freund zu haben. Ich kannte nämlich auch andere Freunde, Freunde meiner Cousins und Cousinen, oder die Kinder der Freunde meiner Eltern, die meine Mutter auch als meine Freunde bezeichnete, aber die, überlegte ich jetzt, gar keine Freunde waren. Sie waren keine besonderen Menschen, fand ich. Im Vergleich zu Petar zumindest, denn sie alle kamen aus Österreich, und sie alle hatten zwei Augen, und sie kamen aus

Familien, die in großen gelben Häusern wohnten, mit Garten und Angestellten, so wie wir, sie trugen saubere, gut sitzende Kleidung, und ich fand, dass diese Kinder immer grinsten. Sie alle hatten Angst vor den Erwachsenen, und überhaupt fand ich, dass diese Kinder wie zur Besichtigung abgerichtet und hergerichtet waren, und mich störte, wie diese Kinder sich in die Umgebung stellen ließen.

Petar war anders. Peter konnte man nirgendwo hinstellen, denn er lief gegen den erstbesten Baum, oder presste sich, um möglichst wenig Schaden an sich selbst und anderen anzurichten, gegen eine Wand.

»Den hab ich gefunden«, sagte ich zu meiner Großmutter und deutete auf Petar, obwohl ich vermutete, dass Petar eher mich gefunden hatte, schließlich war er es, der aus Kroatien gekommen und in ein Haus ganz in unsere Nähe gezogen war.

Fräulein Rosa kam klingelnd den Gang entlang und betrat das Casino.

»Frau Gräfin, Sie haben geläutet«, sagte Fräulein Rosa.

»Ja, bringen Sie den beiden jungen Herren einen Himbeersaft und ein Stück von Ihrer guten Schokoladentorte. Mein Mann hätte gerne eine Zigarre und einen Sherry. Ich werde mich zurückziehen«, sagte Großmutter.

»Frau Gräfin«, sagte Fräulein Rosa und verbeugte sich kurz, und sie wandte sich um, und ich sah ihren großen Hintern unter dem engen Kostüm.

»Woher weißt du das?«, fragte ich meine Großmutter.

»Woher weiß ich was?«, fragte Großmutter zurück.

»Was Franz will?«

»Oh, ich kenne meinen Franz«, sagte Großmutter, »und

sollte ich mich irren, dann waren die letzten 45 Jahre umsonst.«

»Wo ist Otto?«, fragte ich.

»Otto ist abgereist«, sagte Großmutter.

Sie erhob sich, kam auf mich zu, küsste mich auf die Stirn und zeichnete mit ihrem Daumen ein unsichtbares Kreuz auf genau die Stelle, auf die sich mich zuvor geküsst hatte.

»AufWiedersehen, Petar!«, sagte sie.

Petar stand an der Wand und betrachtete seine polierten Schuhe.

Das Klappern von Großmutters Schuhen verklang irgendwo in den hinteren Räumen, dort wo nur Großmutter und Fräulein Rosa Zugang hatten, manchmal betrat auch die Schwester meines Vaters, Sophie, die hinteren Räume, vielleicht auch meine Mutter. Aber Mutter betrat das Schloss nur am 25. Dezember, an dem Tag, an dem die Großfamilie zusammentraf, um ihr fast tausendjähriges Bestehen zu feiern.

»Tausend Jahre«, sagte Vater bei diesen Zusammentreffen immer, »das musst du dir mal vorstellen!«

Ich versuchte es mir vorzustellen und sagte: »Das kann ich nicht.«

»Was heißt, das kannst du nicht?«

»Wie stellt man sich das vor?«, fragte ich.

»Das ist doch ganz einfach«, sagte Vater und schloss die Augen.

»Tausend Jahre«, sagte er dann zufrieden, »das heißt, dass wir die älteste Familie in diesem Land sind.«

Ruhe durchströmte den Raum, Großvater rührte sich nicht und starrte weiter in den Kamin, als würde er auf irgendetwas warten. Petar stand regungslos an der Wand.

Fräulein Rosa kam, servierte Kuchen und Himbeersaft, Zigarre und Sherry, und die kleine Glocke um ihre Hüfte klingelte, als sie wieder ging. Und ich dachte plötzlich an die Leiche in der Au, und ich dachte daran, Paul Sparschwein heute noch einmal zu besuchen, mich neben ihn zu setzen, auf die Donau zu blicken und zu warten. Vielleicht würde er sprechen, vielleicht würde er sich mir zu erkennen geben, aber ich hatte die Erfahrung gemacht, dass sich die Hoffnung niemals zum Mittel zum Zweck machen ließ, dass ich hoffen konnte, was ich wollte, die Dinge würden sich nicht ändern. Alles würde, solange ich nicht zu hoffen aufhörte, beim Alten bleiben, überlegte ich. So wie ich jetzt hier hoffte, dass Großvater sich erhob und mit uns durch den Hof spazierte, dass er anfing, seine kroatischen Sätze zu reden, so wie ich täglich hoffte, dass die Schule und überhaupt mein Leben nur ein blöder Witz meiner Eltern war, und sie würden in die Hände klatschen und rufen: »Haha reingelegt!« und lachen und mir dann meine wahren Eltern und mein wahres Leben vorstellen, und ich würde mich kurz verbeugen und ein wenig bedanken und dann verschwinden.

»Die Hoffnung stirbt zuletzt«, hatte Großvater einmal gesagt, aber damit konnte ich nichts anfangen. Es beunruhigte mich eher, das Wort Hoffnung in Verbindung mit dem Wort Sterben zu hören.

Ich setzte mich ans Klavier, schlug die Abdeckung beiseite, öffnete das Verdeck und spielte immer wieder die ersten zwanzig Takte des Präludiums Nummer eins von Bach. Ich war gut, fand ich, und das Sonnenlicht wanderte über den Boden, und meine kleinen Finger sprangen über die Tasten. Wie gut würde ich erst sein, wenn meine Hände ausgewachsen sein würden. Wie gut würde ich überhaupt sein, wenn ich als Ganzer ausgewachsen sein würde. Ich stellte mir mich als Mann vor, im Frack am Klavier, weiße Fliege und alles, ich schloss die Augen und begann, so wie ich es bei den Pianisten in den Konzertsälen gesehen hatte, hin und her zu schwanken, meinen Körper gemeinsam mit meinen Händen über die Tasten zu bewegen. Die Sonne strahlte mir auf den Rücken, ich wurde immer besser und genauer und sicherer. Ich sah die Augen, die mich beobachteten, die angespannten Mienen des Publikums, ich fühlte, wie sich alles um mich drehte und verschwamm, wie das Publikum mich anbetete, und ich war sicher, dass ich der Welt Gutes tat.

Als ich die Augen öffnete, war ich allein. Petar stand nicht mehr an der Wand. Großvater saß nicht mehr vor dem Kamin. Kuchen, Himbeersaft, Sherry und Zigarre lagen unberührt auf ihren Plätzen, und ich klappte das Holzverdeck zu und legte die Lederabdeckung wieder auf das Klavier. Das Sonnenlicht fiel schräg auf die Wand. Ich ging auf den Gang. Die Tür zu den Kellergewölben stand offen, und ich blickte in den dunklen Abgang. Niemals war ich dort unten in den Kellern gewesen, denn sie waren riesig und weit verzweigt, erzählte Vater. Es lagen Keller unter den Kellern und vielleicht sogar Keller wieder darunter. Niemand wusste so genau, wie es dort unten aussah. Es gab kaum Pläne, und Vater sagte, dass es gefährlich war, sich dort aufzuhalten. Viele der Türen waren zugemauert worden, erzählte Vater auch, und manchmal waren die zugemauerten Durchgänge wieder aufgebrochen worden, Schutthaufen lagen auf den schmalen, niederen Kellerwegen, und es war finster und feucht. Auch meinem Vater schien das Ganze nicht geheuer zu sein.

»Niemals«, sagte er und hob den Finger, »niemals sollst du in die Keller gehen!«

Ich nickte.

»Versprochen?«, fragte mein Vater.

»Versprochen!«, antwortete ich und nickte noch einmal.

Wenn ich durch das Schloss schlich, dann durch nur die Obergeschoße, durch das Donaumuseum, durch die Ahnengalerie oder durch die Goldenen Zimmer. Manchmal ging ich durch den Dachstuhl, wo die Tauben nisteten und Fledermäuse lebten. Dort im Dachstuhl war der Zugang zum Uhrwerk der großen Turmuhr, die seit Jahren auf fünf Uhr stand. Ich hätte gerne gewusst, was zum Zeitpunkt des Stillstands auf der Welt und hier im Schloss passiert war, aber niemand konnte mir sagen, was damals los gewesen war. Alles im Dachstuhl war voll Taubenkot, und durch das Dach fielen hauchdünne Sonnenstrahlen, die wuchtigen und brüchigen Kaminschächte verliefen von dort bis hinunter in die Erdgeschoße.

Der Dachstuhl wirkte wie eine riesige und stillgelegte ganze Welt, die ich notfalls, malte ich mir aus, beziehen könnte, denn sogar Otto hatte einmal gesagt, dass sich gerade die stillgelegten Teile dieser Erde zum totalen Rückzug eignen würden, und so saß ich manchmal in meinem Zimmer und plante meinen totalen Rückzug in den Dachstuhl. Ich leerte dann den Inhalt meiner Schultasche auf den Boden, packte alle Unterhosen ein, eine Zahnbürste, Papier und Buntstifte, damit mir nicht langweilig werden würde, und weil ich plötzlich Angst bekam, packte ich alles wieder aus, setzte mich an den Schreibtisch und bohrte lange in der Nase. Der totale Rückzug musste warten.

Ich blickte durch die Fenster in den Hof, ich sah meinen Großvater gemeinsam mit Petar um die Rosen und den Brunnen gehen, und Großvater humpelte linksseitig. Ich blickte auf die Kellertür und auf die Stufen, die hinunterführten. Ich schloss die Kellertür. Ich konnte sehen, wie Großvater sprach, und Petar immer wieder hektisch nickte und seine Augenklappe zurechtrückte. Ich beobachtete, wie er, so wie ich sonst, mit kleinen Schritten den großen und schweren und humpelnden meines Großvaters folgte, und ich überlegte, dass es besser wäre, die beiden alleine zu lassen. Ich blieb im Gang stehen und betrachtete den überdimensionalen Stammbaum, auf dem ganz oben der Name unseres Urahns Paulus Pernhardus von Lichtenperg und daneben die Jahreszahl 1134 stand. Über ihm war nichts als weißes Papier, irgendwo am oberen Rand schwebte ein Engel. Unter dem Namen Paulus Pernhardus von Lichtenperg verzweigte sich der Baum in viele kleine Äste, die kreuz und quer wuchsen, manchmal wieder zusammenliefen und sich wieder spalteten. Manche Äste endeten im Nichts, manche wurden dicker und immer länger, wuchsen an den Rand und bogen sich in Richtung Boden. Die jeweils letzten Nachkommen hingen wie Zapfen von den Zweigen ins Leere herab, an einigen Stellen ragte ein dicker Ast über den Rand ins Bild des Stammbaums, so als würde er aus einer anderen Welt in unsere treiben und sich dort mit einem der unseren Äste verbinden und in diesem auf- und eingehen. Die untersten Äste wirkten, als würden sie sich unter der eigenen Last zu Boden biegen. Nachnamen schienen auf und verschwanden wieder. Manchmal standen zwei gleiche Nachnamen nebeneinander, verbunden durch zwei verhakte Ringe, und ich sah viele kleine Kreuze, und ich sah viele dieser ineinander verhakten Doppelringe. Ein Doppelring verband die Namen meines Vater und meiner Mutter. Aus dem Doppelring wuchsen ich und meine Geschwister: Isabelle, Paul, Elsa und Caroline. Ich bemerkte, dass all unsere Namen mit einem anderen Stift und anderer Schrift hinzugefügt worden waren. So war mein Name mit viel Druck auf das Papier geschrieben worden, so als hätte ihn jemand in Stein meißeln wollen, während »Isabelle« mit einem Rotstift dazugeschrieben worden war. »Elsa« stand mit dünner Bleimine, aber groß und breit auf dem Papier, und der Namen meiner jüngsten Schwester Caroline war als einziger in verschnörkelter Lateinschrift und mit Füllfeder aufgetragen worden. Es gab kaum noch Platz unter unseren Namen, denn knapp darunter endete das dicke vergilbte Papier. Ich fragte mich, wie das jetzt alles weitergehen sollte. Würde man meine Nachfahren und die meiner Geschwister einfach an die Wand unter das Papier kritzeln, oder war das Ende des Papiers gleichzeitig das Ende überhaupt?

Ich blickte zu Boden und auf die Spitzen meiner weißen Sportschuhe, die mir Großmama aus Montreal oder New York mitgebracht hatte.

»Manche Kinder haben nicht einmal etwas zu trinken«, sagte Großmama, nachdem sie mir die Schuhe überreicht hatte.

»Tausend Jahre«, sagte ich vor dem Stammbaum, und ich dachte, dass diese tausend Jahre eigentlich gar keine tausend Jahre waren, dass es eigentlich nur 851 Jahre waren, und dass diese 851 Jahre hier und mit mir endeten.

Petar und Großvater spazierten noch immer im Kreis. Der große Schatten der Westfront lag über dem Hof. Großvater hatte aufgehört zu sprechen, und Petar zeigte mir, nachdem er mich an einem Fenster hatte stehen sehen, den Vogel.

»Selber Vogel«, sagte ich leise vor mich hin und ging zurück ins Casino.

Ich nahm einen Schluck vom Himbeersaft, steckte einen Finger in die Schokoladentorte und leckte ihn ab. Ich mochte keine Schokolade. Ich roch an Zigarre und Sherry, nippte vom Sherry, gurgelte und schluckte ihn. Ich nahm noch einen Schluck. Der Sherry schmeckte. Ich roch noch einmal an der Zigarre, und der Geruch war scharf und trocken. Ich steckte sie in den Mund und ging mit großen Schritten durch den Raum, und mit der rechten Hand gestikulierte ich durch die Luft, dann nahm ich das Glas Sherry und steckte die Zigarre in die Hosentasche und machte noch eine Runde durchs Casino und leerte das Glas in einem Zug.

Plötzlich stand Petar in der Tür.

»Menschen im Keller«, sagte Petar aufgeregt.

Ich stellte das Glas ab, ging auf ihn zu. Ich nahm ihn an der Hand und führte ihn durch den Vogelgang, durch das Speiszimmer und die Eingangshalle hinaus in den Hof, weiter durch das Tor, wir überstiegen die Absperrung, vor der noch immer Besucher standen und die Fassade betrachteten.

»Was?«, fragte ich dann.

»Was«, sagte Petar.

»Was hat er gesagt?«, fragte ich.

»Sagt immer, Menschen im Keller«, Petar war nervös.

»Franz?«, fragte ich.

»Franz«, sagte Petar.

»Und sonst?«, fragte ich.

»Erzählt komische Sachen«, sagte Petar.

»Was für Sachen?«, wollte ich wissen.

»Komische«, sagte Petar, »komische Sachen.«

Wir spazierten über die massive Brücke, die das Schloss mit der Außenwelt verband. Rechts unter der Brücke lag ein Parkplatz, auf dem niemals jemand parkte, ein alter stillgelegter Reitstall grenzte ihn im Süden ab. Jedes Jahr fand dort das Feuerwehrfest statt, und dann karrte die Feuerwehr Tische und Bänke an und Grillstationen und kleine bewegliche Ausschänke, es gab eine Schießbude, ein wackliges Karussell und andere Attraktionen. Einmal jährlich kam fremdes Leben in das Schloss. Nördlich der Brücke fiel eine brach liegende Wiese steil bergab in Richtung Au.

Ich sah die hohen Wälder, die Fischreiher, die über der Donau kreisten. Irgendwo dort unten lag Paul Sparschwein. Hinter den Wäldern erstreckte sich das flache Marchland bis zu den Grenzen der Tschechoslowakei.

Am Ende der Brücke gingen Petar und ich durch das breite Außentor. Erst hier begann Carnuntum, ab hier war ich ein Teil jener Welt, die auch meine Klassenkollegen kannten. Wir bogen rechts ab und spazierten durch die Kastanienallee. Sonntagsfußgänger kamen uns entgegen, eine alte Frau mit Mann schlenderte an uns vorbei, sie sah mich an und sagte zu ihrem Mann: »Schau, der kleine Graf.«

»Was ist Graf?«, fragte Petar.

»Grafen sind Menschen, die ein Wappen und viele Gewehre haben«, erklärte ich, doch sicher war ich nicht. Wenn sich Grafen trafen, so wie sie sich manchmal bei Großvater und auch bei uns trafen, dann sprachen sie gerne über die Jagd und andere persönliche Schwierigkeiten, wie die Erhaltung ihrer Schlösser, Palais und Angestellten, doch das, überlegte ich, konnten unmöglich alle Grafenmerkmale sein, denn sogar unsere Köchin Mia hatte mehr zu sagen und zu tun. Vielleicht wurden Grafen so wie wir in Gruften begraben, überlegte ich angestrengt, vielleicht waren Grafen früher einmal Ritter oder wurden sonst irgendwie vernünftig beschäftigt, doch diejenigen Grafen, die ich gesehen hatte, trugen zu große Sakkos, hatten die Augen halbgeschlossen, als würden sie in ständiger Übermüdung und Erschöpfung leben, und manche Grafen sabberten beim Reden. Vater sagte immer, dass wir als Grafen Besonderes leisten müssten. Was das denn wäre, fragte ich, doch Vater antwortete nur, dass das viel zu kompliziert für einen Fünfjährigen wäre.

»Komische Sachen«, wiederholte Petar.

»Ja?«, fragte ich.

»Erzählt über Krieg und tote Menschen im Keller«, sagte Petar.

»Mein Großvater war ein Ritter«, erklärte ich, denn so ein Ritter mit seinem Schwert, wusste ich, konnte einigen Schaden anrichten. Auch im Keller.

Es war später Nachmittag. Wir kamen zu Petars Zuhause, und Eva stand gebückt im Vorgarten und riss Unkraut in Büscheln aus der Erde. Die grüne Haustüre stand offen. Als sie uns sah, lächelte sie. Sie näherte sich uns und umarmte Petar und küsste ihn. Mir wurde schwindlig.

»Danke, Petar«, sagte ich und ließ ihn stehen.

Ich ging in unseren Garten. Die Gäste waren schon gefahren.

7

Ich brauchte Geld. Denn wenn ich die Leiche zum Sprechen bringen wollte, brauchte ich Geld, überlegte ich, und ich brauchte eine gute Ausrede, denn es war nicht so, dass ich so einfach und ohne guten Grund durch die Gegend spazieren konnte.

Die Küchenuhr zeigte kurz vor sechs Uhr, das Radio lief, und Mia machte den Abwasch. Ich stand daneben und grübelte. Immer wieder blickte Mia über ihre Schulter auf mich herunter, und sie sah mich aus geröteten und traurigen Augen an und zwinkerte mir zu. Ihr Gesicht war von Schlauheit gezeichnet. Ich fühlte mich überfüllt.

»Wo sind alle?«, fragte ich.

»Dein Vater schläft, die anderen sind spazieren gegangen«, sagte Mia.

Die Glastür zum Garten war geschlossen. Jackie saß dahinter und blickte mit heraushängender Zunge und wedelndem Schwanz in die Küche. Er hob seine rechte Vorderpfote und schlug sie gegen das Fenster. Ich ignorierte ihn. Moskitos schwirrten über sein Fell und saßen um seine Augen, doch Jackie schienen sie nicht zu stören, und er saß einfach hechelnd und schwanzwedelnd vor der Tür und wartete, bis ihn jemand hereinließ. Er war ein blöder Hund, dachte ich.

Der Nachrichtensprecher sagte mit tiefer Stimme: »Es ist achtzehn Uhr, am Sonntag, dem 29. Mai. Die Nachrichten.«

»Und warum ist Jackie noch hier?«, fragte ich.

»Der wollte nicht mit spazieren, der hat sich wohl versteckt!«, antwortete Mia.

»Komisch«, sagte ich.

»Ja, komisch«, sagte Mia.

Es war wirklich seltsam, denn Mutter nahm Jackie sogar zum Müllraustragen mit, wenn Mutter einmal den Müll raustrug, und Jackie ließ sich normalerweise keine Gelegenheit entgehen, mit Mutter oder sonst jemand Zweibeinigem spazieren zu gehen.

»Jackie muss spazieren gehen!«, sagte Mutter immer, und schimpfte, wenn wir den Hund nicht zwischen Sandkiste und Haustür hin und her scheuchten.

Jackie musste also spazieren gehen, und ich hatte meine Ausrede.

»Du führst doch was im Schilde«, sagte Mia, ohne mich anzusehen.

»Nein«, sagte ich und setzte mich auf den Boden.

»Der römische Kaiser Julian erzielt mit seinem Heer einen Sieg über das Heer der Sassaniden«, sagte der Nachrichtensprecher.

Die Stimme des Sprechers klang weit entfernt. Wasser rann über Mias dicke, nackte Arme. Neben ihr auf der Küchenarbeitsfläche stand ein Glas, aus dem sie kleine Schlucke nahm. All die Ereignisse des heutigen Tages schienen nicht in meinen kleinen Körper zu passen. Ich wurde müde.

»Der Untergang des Byzantinischen Reichs wird mit dem Fall seiner Hauptstadt besiegelt: Nach knapp zweimonatiger Belagerung erobern die Osmanen unter Mehmed dem Zweiten Konstantinopel«, sagte der Nachrichtensprecher.

»Was sind Grafen?«, fragte ich und spürte die Wärme des Steinbodens.

Mia sah mich an, zog die nassen Hände aus der Spüle, trocknete sie an einem Tuch, das an ihrer Hüfte hing, und fragte, was ich da in meiner Hand hielt.

»Eine Zigarre«, antwortete ich und wunderte mich ein wenig, dass ich sie mitgenommen hatte.

Jackie schlug gegen das Fenster und legte seinen weißen Kopf schief. Seine Augen waren halb geschlossen, das Wasser lief weiter in das Waschbecken, und das Rauschen des Wassers griff um sich und besetzte den Raum. In einer kleinen Fensternische standen unsere Kinderfotos, chronologisch aufgestellt. Ganz links stand das Foto meiner Schwester Isabelle, ganz rechts waren alle Kinder abgelichtet worden, auch wieder in chronologischer Reihenfolge: Isabelle, ich, Elsa und Caroline. Irgendjemand, wahrscheinlich meine Mutter, hatte es genau genommen, überlegte ich.

»Die optische Telegrafenlinie Metz–Mainz wird von den Franzosen nach dem System Claude Chappes eröffnet. Wichtige Nachrichten werden in codierter Form über Signalstationen weitergemeldet, sofern eine vom Wetter unbeeinträchtigte Sichtverbindung herrscht«, sagte der Nachrichtensprecher.

Das Telefon läutete. Ich zuckte zusammen. Ich erschrak immer, wenn das Telefon läutete.

»In Südamerika wird das spanische Vizekönigreich Neugranada gegründet«, sagte der Nachrichtensprecher.

»Bei Lichtenperg«, sagte Mia, sie nickte und wandte sich mir zu, deutete mit dem Hörer in meine Richtung und sagte: »Für dich Paul.«

Es war das erste Mal, dass mich jemand am Telefon verlangte, und es dauerte, bis ich verstand, dass Mia es ernst meinte.

Sonst waren es immer meine Tanten, die anriefen, oder Großmama oder Menschen, von denen ich zuvor noch nie gehört hatte, wie Herr Müllner, gestern Abend, der sich vorgestellt und gesagt hatte, dass er gerne die Frau Gräfin sprechen würde.

Wenn eine meiner Tanten anrief, sagte sie: »Hallo Paul, wie gehts, wo ist deine Mutter, es ist dringend.« Großmama ließ sich noch weniger Zeit und sagte nur: »Meine Tochter!«, oder »Maria!«

Die Telefonate zwischen Mutter und Großmama dauerten lange, sie waren verworren und beunruhigten mich. Manchmal rief auch der Privatsekretär meines Urgroßvaters an und verlangte nach meiner Mutter. Die Telefonate endeten meistens mit den Worten »Paul« und »nächstes Wochenende«. Am nächsten Wochenende kam dann Herr Riedel, der Chauffeur meines Urgroßvaters, und er stand im dunklen Anzug und Chauffeurskappe vor dem Auto, öffnete die Tür und ließ mich einsteigen. Das Auto roch nach Pfeifentabak. In einer kleinen Tasche, die mir meine Mutter immer packte, waren eine Unterhose, Socken, ein Hemd, eine Hose, eine Krawatte, ein Sakko, schwarze Schuhe und eine neue Zahnbürste. Ich legte die Tasche auf meinen Schoß und umschlang sie und ließ sie die ganze Autofahrt über nicht mehr los. Wir verließen Carnuntum. In gleichmäßigem Tempo fuhren wir die Landstraße entlang, durch die kleinen Ortschaften, die an der Donau lagen und Wildungsmauer, Regelsbrunn, Maria Ellend und Fischamend hießen. Zwischen den Dörfern lagen die weiten Felder der Bauern.

»Hier möchte ich nicht sterben!«, sagte Herr Riedel plötzlich.

Ich sah sein Gesicht im Rückspiegel. Es war zerfurcht, und winzige Falten liefen über sein Gesicht. Graue dichte Brauen wucherten über den matten Augen. In seinem Mund steckte eine erloschene Pfeife.

Ich blickte mich um und sagte, dass ich überhaupt nicht sterben wolle.

»Ja, ja!«, sagte Herr Riedel, »sterben muss ein jeder«, und er erzählte über sein Leben zwischen Brauerei und Oper, Essigfabrik und Musikverein.

»Und dann beißt du plötzlich ins Gras!«, sagte er.

»Wie bitte?«, fragte ich.

Herr Riedel schloss die Augen, und ich blickte über seine Schulter, das Auto fuhr mit hundert Stundenkilometern die Landstraße entlang. Seine Augen blieben geschlossen.

Vor wenigen Monaten hatten Mutter und ich auf der Landstraße knapp außerhalb Carnuntums ein Auto gesehen, das gegen eine hohe Pappel gefahren war, und ich war damals sicher gewesen, dass die Insassen durch den Aufprall mindestens Kopfweh und Schnupfen bekommen hatten. Mutter hatte damals gesagt, das würde von zu viel Alkohol kommen, doch ich hatte mich gefragt, was das Auto und die Pappel damit zu tun hätten. Ich versuchte, das Bild des Autos und der Pappel zu vertreiben.

»Wo wollen Sie sterben?«, fragte ich schnell.

»Ich will gar nicht sterben«, sagte der Chauffeur und öffnete die Augen.

»Aber, jeder muss sterben«, antwortete ich.

Links lag der Flughafen, rechts die Ölraffinerie. Die Schornsteine pufften weiße Wolken in den Himmel. Wir gelangten nach Wien, fuhren am Zentralfriedhof vorbei, Menschen gingen auf und ab, ich sah Blumen- und Grabsteingeschäfte, ich sah eine Kirche, die wie ausgesetzt auf einem großen leeren Platz stand. Wir bogen rechts ab, ein Portier winkte und öffnete die Schranke. Herr Riedel parkte das Auto auf dem bekiesten Parkplatz vor der gewaltigen gelben Villa meines Urgroßvaters, und ich wusste nicht, was diesmal auf mich zukam. Einmal lernte ich den Mann kennen, der von dem Foto in unserem Klassenzimmer blickte. Der Mann schüttelte mir lange die Hand und beugte sich zu mir herab, stellte sich vor und sagte: »Da haben wir den jungen Mann, von dem ich schon so viel gehört habe!«, und ich fragte mich, warum dieser Mann in unserem Klassenzimmer hing, und was er wohl von mir gehört haben könnte, aber ich betrachtete das Foto in unserer Klasse von nun an mit dem beklemmenden Verdacht, dass ich beobachtet und belauscht wurde. Ein andermal kam ein brüllender dicker Mann mit großen Händen und eigenartigem Namen, er trommelte auf den Salontisch und nannte meinen Urgroßvater »Arschloch« und »alter Hurensohn«, und Urgroßvater trommelte auch auf den Tisch und antwortete: »Du senile Sau!« Der brüllende Mann packte mich manchmal mit seinen großen Händen, hob mich hoch und brüllte, er würde mich am liebsten nie mehr loslassen, und ich dachte dann, hoch über seinem Kopf, dass das vielleicht keine so gute Idee wäre, denn mein Leben wäre noch viel zu lang.

Dann war ich wieder allein mit Urgroßvater und Urgroßmutter, die schwarzen Diener liefen den ganzen Tag um mich herum, und am Abend gingen wir in die Oper. Mein Urgroßvater sagte immer, dass das Leben hart sei, und dann lachte er, und sein schwerer Körper hüpfte, und seine backenbärtigen Wangen zitterten, und ich dachte an die Aufkleber über meinem Bett: »Das Leben ist hart, nimm es leicht!«

»In England wird mit dem Einzug von König Karl dem Zweiten in London an seinem dreißigsten Geburtstag die Monarchie wieder eingeführt«, sagte der Nachrichtensprecher.

Mia stand mit dem Hörer in der Hand beim Telefon.

»Für mich?«, fragte ich und zeigte mit dem Finger auf mich.

»Für dich, Paul«, wiederholte Mia.

»Hallo!«, sagte ich.

»Paul«, sagte eine sanfte Stimme.

»Ja«, sagte ich.

»Otto«, sagte Otto, und er sagte, dass er eigentlich mit Vater sprechen wollte, doch er müsse mir ohnehin noch etwas sagen.

»Ja?«, sagte ich.

»Das alles wird vorbeigehen«, sagte Otto.

»Ja?«, sagte ich und betrachtete die Wählscheibe, die abgegriffenen Ziffern unter den fingergroßen Löchern.

»Machs gut«, sagte Otto und legte auf.

»Ja?« sagte ich noch einmal.

»Der tropische Sturm Agatha kostet rund 180 Menschen im Grenzgebiet zwischen Guatemala und Mexiko das Leben. Mindestens 20 000 Menschen werden obdachlos«, sagte der Nachrichtensprecher.

Alles wird vorbeigehen, dachte ich, während ich dem Tuten der Leitung lauschte. Warum verstand ich nicht? Warum, fragte ich mich, verstand ich niemals, was die Erwachsenen meinten. Alles wird vorbeigehen? Ich legte den Hörer in die Gabel und versuchte, mit den Fingern zu schnipsen.

»Alles wird vorbeigehen«, sagte ich.

»Aber davor«, sagte Mia, »muss der Abwasch fertig sein.«

Ich setzte mich wieder auf den Boden, das Wasser lief in das Waschbecken, der Nachrichtensprecher sprach vor sich hin, und ich sah Sonnenstrahlen durch die Kastanien brechen. Jackie schlug an die Scheibe, sein formloser Schatten lag auf dem Küchenboden, und ich fand es irgendwie aufschlussreich, dass der Schatten schon drinnen, Jackie selbst aber noch draußen war. Unter Mias Arbeitskleid sah ich ihre blauen Beine, dicke Adern lagen unter der Haut, und diese Adern erinnerten mich an fette tote Regenwürmer. Mias Beine standen wie Säulen auf dem Steinboden, ihr ganzer Körper stand wie eine Säule auf der Erde. Nur ihre Arme bewegte sie flink über das Geschirr und die Töpfe und Pfannen. Ich mochte Mia. Sie war stark und hässlich, und sie war einfach nur da. Sie tat nichts, was über ihre Aufgabe als Köchin hinausging. Ianica hingegen, die zwar auch stark und hässlich war – wahrscheinlich noch stärker und noch hässlicher –, hielt sich nicht nur an ihre Putz-, Wäsche- und Bügelarbeiten, sie warf auch mit Haarbürsten nach mir, und manchmal lag sie in meinem Bett und rauchte. Sie hatte einen schwarzen Oberlippenbart, den ich unangenehm an der Wange spürte, wenn sie aus dem Nichts plötzlich auf mich zu stürzte und mich mit ihren feuchten Lippen küsste, und manchmal zwickte sie mir in den Hintern und lachte dabei, und manchmal kam es mir vor, als würde sie alles gleichzeitig tun.

Mia drehte den Wasserhahn ab, hängte das Geschirrtuch

zum Trocknen an einen Haken und verräumte Geschirr, Gläser, Töpfe und Pfannen, dann sah sie mich lange an.

»Es gibt keine Grafen mehr«, sagte sie.

»Aber Franz?«, fragte ich.

»Dein Großvater ist vielleicht der letzte Graf«, sagte Mia, »aber der hat den Verstand verloren.«

»Der spinnt, oder?«, fragte ich.

Mia schwieg und öffnete die Tür zum Garten, Jackie schlüpfte hinein und legte sich zu meinen Beinen, und Mia schloss die Tür wieder. Trotz des laufenden Radios war, seitdem Mia den Wasserhahn abgedreht hatte, eine Stille eingetreten. Oft kam es mir so vor, als würde gerade das Abwesende das Anwesende erschaffen oder bedingen. Im Sommer, wenn der Rasenmäher plötzlich verstummte oder die Traktoren meines Onkels wieder einfuhren, wenn sich der Wind legte, wenn meine Mutter aufhörte durch das Haus zu trampeln, jemand den Staubsaugerstecker zog, oder wenn sich der Verkehr für die Nacht legte, entwuchs aus all diesen verstummten Geräuschen, so fühlte ich, die Ruhe. Aus all dem Dahingegangenen entstand das Lebendige, und umgekehrt – oder gerade umgekehrt: Alles Lebendige erschuf das Dahingegangene. Aber wie, überlegte ich, sollte ich das jemals irgendjemandem klarmachen?

»Philipp der Sechste wird zum König von Frankreich gekrönt«, sagte der Nachrichtensprecher.

»Super«, sagte ich.

Jackie gähnte und legte seinen Kopf auf meinen Oberschenkel. Ich streichelte ihn, und er wedelte mit seinem Schwanz schwach über den Boden. Mia begann, die Küchenarbeitsflächen zu reinigen.

»Stell dir vor, die machen mich zum König«, sagte ich zu Jackie.

Jackie wedelte mit dem Schwanz, denn ihm konnte man alles erzählen, er würde immer nur Schwanz wedeln, gähnen und dann einschlafen, im Schlaf träumen und mit den Vorderpfoten durch die Luft strampeln.

»Du bist dumm«, sagte ich.

Jackie wedelte mit dem Schwanz, gähnte und schloss die Augen, und Mia ließ sich Zeit, und die Küchenuhr tickte. Alles würde vorbeigehen, hörte ich Ottos Stimme, und ich überlegte, dass das eigentlich keine Neuigkeit war, denn auch von anderen Menschen hatte ich schon gehört, dass alles vorbeigehen würde, aber Ottos Stimme hatte geklungen, als wäre da noch viel mehr.

»Rhode Island tritt als dreizehnter Bundesstaat den Vereinigten Staaten von Amerika bei«, sagte der Nachrichtensprecher.

Aber wenn alles vorbeigehen würde, fragte ich mich, was würde dann kommen, und Jackie zuckte mit dem Ohr, und ich hatte Angst.

Mia ging an mir vorbei und berührte meinen Kopf, und ich betrachtete meine Hände. Eine Verbrennung hatte meine linke Hand einigermaßen entstellt. Vor Jahren, so erzählte mein Vater, war ich mit der linken Hand in die Bügelmaschine geraten, während ich auf Ianicas Schoß gesessen hatte. Doch ich konnte mich nicht mehr an diese Zeit erinnern, außer, dass mir mein Bettnachbar im Krankenzimmer seinen frisch beschnittenen Penis gezeigt hatte, und ich erinnerte mich an meinen ersten Tag wieder zu Hause. Ich verglich meine beiden Hände. Die Nägel an den Fingern meiner linken Hand waren doppelt so lange wie die der rechten, und die Haut wirkte alt, sie war rissig und dunkel. Ich ballte meine Linke zur Faust. Diese Hand war immer eine gute Geschichte.

Petar erzählte ich einmal, dass ich, als ich noch klein war, mit einem feuerspeienden Drachen gekämpft hätte, Petar rückte seine Augenklappe zurecht und antwortete, dass er aus Kroatien komme. Dennoch war ich sicher, dass Petar beeindruckt war. Ein andermal erzählte ich ihm, dass diese linke Hand, und ich hielt ihm die Hand knapp vor sein Gesicht, im Nachhinein, also nach meiner Geburt, an meinen Arm genäht worden war. Diesmal wartete ich nicht auf Petars Antwort, sondern lief davon, und als ich mich im Laufen umdrehte, sah ich Petar Steine vor sich hin treten, und ich wurde wütend und schrie, dass ich auch aus Kroatien käme.

Ich betrachtete meine Faust. Sie war klein. Ich war überhaupt klein. Meine Klassenkameraden waren alle größer als ich und auch stärker, vermutete ich, doch genau wusste ich es nicht, denn ich stand immer nur dabei, wenn sie sich nach der Schule zu ihren Schlägereien auf dem Kirchenplatz trafen. Für meine Klassenkameraden war ich der kleine Graf, und niemand forderte den kleinen Grafen zu einem Kampf auf. Ich war nur froh darüber, denn selten kamen die Verlierer mit weniger als einer blutigen Nase und einigen abschließenden Tritten in den Magen davon, und so forderte auch ich niemanden zum Kampf auf.

Nur mit Petar kam es gelegentlich zu Prügeleien, doch obwohl auch Petar größer war als ich, war er mit seiner Orientierungslosigkeit ein harmloser Gegner. Er kam bei diesen Zusammenstößen wild um sich schlagend auf mich zu, stolperte einen Meter an mir vorbei und wiederholte seinen Angriff. Irgendwann gab ich ihm dann von hinten einen Tritt, und Petar landete auf dem Boden.

Ich schlug mit der Faust auf den Boden.

»Au!«, stöhnte ich.

Jackie öffnete ein Auge und sah mich an.

»Bei einer Volksabstimmung in Salzburg entfallen 99,5 Prozent der Stimmen auf den Anschluss an das Deutsche Reich. Die Abstimmung hat jedoch keine Folgen«, sagte der Nachrichtensprecher. Mia stellte sich in die Mitte des Raums und blickte sich in der Küche um.

»Also Paul«, sagte sie dann, »machs gut!«

Sie hängte die Schürze an einen Haken, blickte sich noch einmal um und ging.

»Danke«, sagte ich.

Die Küchentür fiel zu, ich streichelte Jackies Kopf und sah in den Garten und beobachtete, wie Mia die Wiese langsam hinaufging, sie blieb stehen und bückte sich, riss ein paar Wiesenblumen aus und wandte sich dann noch einmal um und winkte mir mit den Blumen in der Hand zu. Die Küchenuhr zeigte fünfzehn Minuten nach achtzehn Uhr.

»Und nun zum Wetter«, sagte der Nachrichtensprecher.

8

Ich beobachtete meinen schlafenden Vater.

Vaters Augen waren einen Spalt weit geöffnet, und ich sah das Weiß der Augen von winzigen Adern durchzogen. Er atmete langsam.

Mein Vater lag nackt auf dem Rücken und sein Körper war dünn und doch muskulös, sein Mund war weit geöffnet, und es sah aus, als würde er das Innere seines Kopfes lüften wollen. Seine Brust hob und senkte sich, ein einzelner Moskito schwirrte über seinen Kopf, landete auf seiner Wange, tastete die Haut ab, flog auf und schwebte fast lautlos weiter. Vaters Arme waren vom Körper gestreckt, und die Haare fielen ihm ins Gesicht. Seine Haut war feucht und sonnengebräunt, die Beine waren ausgestreckt, und der Penis lag schlaff inmitten der dichten und dunklen Schamhaare.

Noch nie hatte ich meinen Vater so gesehen. Er wirkte verletzlich und schön und weit entfernt, und ich könnte ihm so, wie er jetzt und hier auf dem Bett lag, eines unserer Küchenmesser in die Brust rammen, und ich würde es ihm mitten ins Herz stoßen, und er würde für immer liegen bleiben, verletzlich und schön und weit entfernt. Und plötzlich war mir mein Vater nahe. So nahe, dass ich etwas spürte, das ich nicht beschreiben konnte, ein Gefühl, das den demütigenden Schlägen meiner Mutter ähnlich war. Als würde mich mein Vater mit seiner Körperlosigkeit demütigen, denn das, was hier auf dem Bett lag, war nur ein Abbild, ein feuchtes und nacktes Gegenstück eines immer Golfspielenden. Niemand auf dieser Welt, dachte ich, war mir in seinem Nichtvorhandensein so nahe und lebte als ungreifbare Idee so verborgen in meiner Kinderseele wie mein Vater.

Ich hatte zu meinem Vater ein ähnliches Verhältnis wie zu Herrn Kirchschläger oder zu Jesus Christus, überlegte ich. Ich hatte keine Ahnung, was es mit diesem Mann, der da im Bett lag, auf sich hatte.

Mit Mutter war das anders, fand ich. Mutter war da, immer und mit voller Kraft, und es war unmöglich, sie aus meinem wahren Leben wegzudenken. Umgekehrt war es unmöglich, meinen Vater in mein wahres Leben hineinzudenken.

Vater stöhnte auf und warf den Kopf zu Seite, die Halssehnen traten hervor, sein Körper spannte sich, er öffnete seine Augen, verdrehte und schloss sie wieder, und mit den gemurmelten Worten »Hole-in-one« entspannte er sich und versank erneut in ruhigen Schlaf.

Mutters Handtasche lag in der Ecke, und im Badezimmer tropfte ein Wasserhahn, ich zog einen Geldschein aus der Tasche und steckte ihn in meine Hose.

Noch einmal beugte ich mich über meinen schlafenden Vater. Er rührte sich nicht. Der Moskito hatte eine günstige Stelle gefunden und sog Blut aus einer unsichtbaren Ader in Vaters Wange, flog auf und landete auf der Wand. Ich erschlug ihn mit einer schnellen Bewegung, und ein kleiner Blutfleck blieb auf der weißen Wand zurück, und ich fand es irgendwie beruhigend, dass ein Teil meines Vaters als Blutfleck an der Wand klebte, dass dieser Fleck wahrscheinlich lange, auch dann, wenn Vater eines seiner Turniere irgendwo auf der Welt spielte, auf dieser Wand bleiben würde. Ich ging.

Ich nahm Jackie an die Leine und verließ das Haus.

Im Gehen hatte ich ein sehr starkes Bild von meinem Vater am Kreuz. Geklebt, gebunden oder genagelt, und in meiner Vorstellung hing er an den Wänden aller Küchen und Wohnzimmer aller Dorffamilien. Als Mahnung vor der Leere, die nicht sein sollte und die doch zurückgelassen wurde, hing er an den Wänden, und die Menschen in meiner Vorstellung standen davor und wirkten betrübt oder einsam oder ängstlich, und im Verlassen des Gartens hatte ich plötzlich mehr Ahnung von diesem Jesus und mehr Verständnis für die Menschen, denen dieser Jesus viel bedeutete, und die ihn an ihre Wände hämmerten.

Ich hörte die Kirchturmuhr schlagen, sie schlug zweimal kurz und siebenmal lang. Das Läuten verhallte, und ein lautloses Etwas blieb zurück. Ich war dieses Spiel der Geräusche gewöhnt. Sie kamen und sie gingen, doch in Wahrheit, glaubte ich, würden all diese Geräusche als Stille bleiben, und die Stille würde immer größer und weiter werden, denn immer mehr verstummte Geräusche würden in sie eingehen. Überhaupt fand ich, dass mir alles Eintretende als Leere, Stille, Finsternis und als Nichts erhalten bliebe, und dieses Nichts wuchs und wuchs und wuchs um mich herum.

Moskitos stiegen aus den Gebüschen.

Ich löste den Hund von der Leine, und Jackie lief den Weg aus Erde und grobem Schotter hinunter Richtung Au. Er schlitterte und wirbelte die trockene Erde auf, blieb stehen und wandte sich um. Weit unten, dort, wo der Weg in den Wald führte, sah ich meine Familie hinauf Richtung Zuhause spazieren.

»Jackie!«, rief ich und hob einen kurzen Ast vom Wegrand auf. Der Hund kam zurück, stellte sich einen Meter vor mich hin. Er knickte die Hinterbeine, wedelte mit dem Schwanz und tanzte mit seinem Becken. Ich sah meine Mutter den Kinderwagen über den Weg schieben, neben ihr Isabelle, und ich sah Elsa, die hinten nach ging und den Boden nach besonderen Steinen absuchte. Auf ihrem Nachtkasten hatte sie eine kleine Sammlung dieser besonderen Steine angelegt, und manchmal zeigte sie mir jeden Einzelnen und erklärte mir die Beschaffenheit und Besonderheit der Steine.

»Der ist ganz grün«, sagte sie zum Beispiel.

Elsa bückte sich, nahm einen Stein, betrachtete ihn und ließ ihn wieder fallen. Mit einem kurzen und hüpfenden Lauf schloss sie wieder zu Mutter, Kinderwagen und Isabelle auf. Ich war glücklich, wenn Elsa glücklich war.

Ich warf den Ast weit in die Gebüsche, die den Weg säumten, und Jackie hetzte hinterher, und ich ging den Weg weiter bergab. Jackie kam mit einem anderen Ast im Maul zurück und ließ ihn vor meine Füße fallen.

»Brav«, sagte ich und hob den Ast auf.

Ich rief mir das Bild des Totenkopfs in Erinnerung, der Boje und dem winzigen Kirchturm auf der anderen Seite der Donau und den genauen Ort, den großen kantigen Stein, den ich über den Schädel gerollt hatte, den Schädel selbst, mit seinen symmetrischen und dunklen Löchern. Ich betastete die Knochen um meine Augen und warf den Ast noch einmal ins Gebüsch.

Mutter winkte mir zu, und die Vorderräder des Kinderwagens blockierten im Schotter, und der Wagen kam zum Stillstand. Mutter kippte ihn rückwärts, rollte ihn auf den Hinterrädern über das Hindernis hinweg und schob ihn dann wieder auf allen vier Rädern weiter den Weg hinauf.

»Ich geh mit Jackie spazieren!«, rief ich und winkte zurück, doch niemand hörte mich. Ich war noch viel zu weit von Mutter und den anderen entfernt, und der Wind verblies meine Worte, und ich hatte ins Leere gerufen, und überhaupt kam ich mir blöd vor, denn Jackie war noch immer auf der Suche nach dem Ast, und ich stand allein auf dem Weg herum und schwang die Leine durch die Luft, um Mutter anzuzeigen, dass ich hier nicht ohne einleuchtende Zusatzbeschäftigung entlangspazierte. Und ich kam mir jetzt nur noch blöder vor, denn ich machte die Dinge, die ich besser machen wollte, indem ich versuchte, sie zu bestärken oder zu rechtfertigen, nur schlechter, überlegte ich. Mich erfasste Hoffnungslosigkeit und eine plötzliche und sehr starke Abneigung gegen meine Mutter. Mein einziger Trost war ihr Geld in meiner Tasche. Ich ballte die Faust um die Scheine, und ich wollte, dass das Geld ein sehr weicher und empfindlicher Körperteil meiner Mutter wäre, und ich schloss die Faust, und ihr Schmerz würde unerträglich sein. Meine Mutter schob den Kinderwagen über den Weg. Sie verzog keine Miene, denn Mutter kannte keinen Schmerz.

Jackie kam aus dem Gebüsch und hatte diesmal den richtigen Ast im Maul, und wir gingen weiter bergab.

Ich stellte mir vor, was jetzt passieren würde, und was ich sagen würde, und was meine Mutter sagen würde, und was Isabelle. Und was ich dann erwidern würde, und wie wir alle herumstehen würden, und ich nicht wissen würde, wie weiter, wenn Mutter mich anweisen würde, sofort und ohne Widerrede nach Hause zu gehen, und mich notfalls und im Fall einer Weigerung meinerseits am Ohr mitschleifen würde.

Aber so weit würde es nicht kommen. Denn ich war mutlos und besorgt, und ich war nur ein Kind, das keine großen Pläne hatte, und ich würde mich aus Mangel an ernst zu nehmenden Darlegungen meinen Ausflug betreffend sofort geschlagen geben und kehrtmachen. Meine Abneigung gegen meine Mutter wuchs.

Ich erinnerte mich, während ich bergab ging und kleine Steine vor mir her trat und den anderen immer näher kam, an die vielen Begegnungen mit meiner Mutter, bei denen ich wortlos untergegangen war.

Jackie kaute an seinem trockenen Ast und riss den Schädel hin und her, als wäre der Ast lebendig, und als müsste er ihn töten.

Ich erinnerte mich, dass ich jedes Mal das Gefühl hatte, auf einen dichten schwarzen Klumpen zu schrumpfen, wenn mich meine Mutter nicht zu Wort kommen ließ, wenn sie vor mir stand und mit einem Blick, der zerstörend und unzerstörbar war, durch mich hindurchsah und mich dann stehen ließ. Ich erinnerte mich, dass ich dann stehen gelassen stehen blieb und darauf wartete, wieder das zu werden, was ich davor gewesen war: Ein kleiner Mensch mit kleinen Wünschen und kleinen Zielen. Ich wusste schon jetzt, bevor ich überhaupt vor meiner Mutter und den anderen stand, dass ich auch diesmal zu einem dichten schwarzen Klumpen schrumpfen würde, und ich umklammerte den Geldschein und drückte so fest wie möglich zu.

Als ich schließlich vor meiner Mutter und den anderen stand, kam alles anders. Denn so, wie es mit der Hoffnung war, überlegte ich, während alles anders kam, so war es auch mit den Vorstellungen, und ich nahm mir vor, in Zukunft frei von Hoffnung, Vorstellung und Erwartung zu sein.

Jackie verschwand im Wald, kam und verschwand wieder, und ich beobachtete meine Füße beim Gehen, und ich fand, dass dieses Gehen wie von selbst funktionierte, dass ich da nicht groß nachdenken musste, um meine Beine zu bewegen, und so konnte man sich besser auf andere Dinge konzentrieren, und ich hörte das monotone und ewig vertraute Rauschen der Donau. Moskitos umschwirrten mich.

»Die Lieblingszeit der Moskitos«, sagte mein Vater, wenn er über die Moskitos sprach, »ist der späte Nachmittag und frühe Abend.«

Und die Moskitos kamen in dunklen Schwärmen aus dem Wald und umflogen und befühlten und stachen mich.

»Aber viel schlimmer als die Moskitos«, hatte Vater einmal gesagt, nachdem er von einem Golfturnier aus Amerika zurückgekehrt war, »sind die Krokodile in Florida.«

Ich wusste nicht, was Vater damit sagen wollte, aber, so überlegte ich jetzt, die Krokodile kamen nicht in Schwärmen aus dem Wald geflogen.

»Und noch schlimmer als die Krokodile«, hatte er noch dazugesagt, »sind die eigenen Eltern.«

Aber auch die kamen nicht in Schwärmen geflogen, und auch hier wusste ich nicht, was Vater sagen wollte, und genauso wenig war mir klar, was Mutter gerade gemeint hatte, als sie gesagt hatte, sie wünsche sich nur, dass ich gesund und ausgeschlafen, satt und sauber sei, und Isabelle hatte dazu genickt, und Mutter hatte mich dann einfach so gehen lassen, und langsam und während ich ans Ufer der Donau gelangte, bekam ich das Gefühl, dass es für heute reichte, dass mir die Dinge entglitten, und dass im Moment außer den Moskitos nichts und niemand schlimmer war, und ich fuchtelte, um sie zu vertreiben, mit den Armen wild durch die Luft.

Ich blickte über das Wasser und suchte nach der Boje und nach dem kleinen Kirchturm weit hinter der anderen Seite des Flusses, und ich ging das Ufer entlang, bis ich auf einer Linie mit Boje und Kirchturm stand.

Das Einzige, was Mutter noch gesagt hatte, war, dass ich pünktlich zum Abendessen zu Hause sein solle, doch zu diesem Zeitpunkt war ich längst so weit entfernt, dass ich so tun konnte, als hätte ich nichts mehr gehört.

Die großen kantigen Steine am Flussufer sahen alle gleich aus. Der Hund sprang ins Wasser, und er ließ sich ein wenig treiben und schwamm wieder an Land und schüttelte sich. Das Wasser spritzte in alle Richtungen aus dem Fell, und ich bewunderte Jackie, wie leichtfüßig und schnell er sich über die scharfen Ufersteine bewegte.

Ich wälzte einen Stein zur Seite, und der Schädel lag darunter. So, wie ich ihn in Erinnerung hatte.

»Hallo«, sagte ich.

Der Schädel schwieg. Ich wälzte noch einen weiteren Stein auf die Seite und fand Pauls rechte Hand, berührte die Finger, die sich leicht bewegen ließen, und ich brach den Zeigefinger ab. Ich hielt den Finger in meiner hohlen Hand, betrachtete ihn. Irgendetwas hielt die einzelnen Glieder des Fingers zusammen.

Der Schädel schwieg weiter. Ich fragte mich, ob denn eine Nichterwartungshaltung unvermeidlich auch zu nichts führte, und ich fragte mich auch, ob ich vielleicht von »allen guten Geistern«, wie Mutter mir öfters vorwarf, »verlassen wäre«, denn, wenn ich über all das hier nachdachte, dann fragte ich mich schon, ob mich diese Geister verlassen hätten.

»Aua!«, sagte Paul, und ich erschrak, denn gedanklich hatte ich mit der Sache schon abgeschlossen. Ich erschrak auch darüber, dass diese Stimme so nahe und deutlich und so störungsfrei war, und es wirkte, als würde diese Stimme aus dem

Inneren von Pauls Schädel direkt in das Innere meines Schädel geschickt werden, denn weder hatte sich Pauls Mund bewegt noch hatte ich das Gefühl, ihn auf jene Weise zu hören, wie ich jetzt das Signalhorn des Schleppers hörte, der die Donau stromabwärts kam.

»Schenkst du mir den?«, fragte ich, doch der Schädel schwieg, und ich schwieg auch. Eine Zeitlang betrachtete ich den abgebrochenen Finger, betrachtete die einzelnen Teile, ich betastete meine eigenen Finger und deren Glieder, und ich versuchte mir meine Haut wegzudenken, doch es führte zu nichts, denn der Finger in meiner Hand und die Finger an meiner Hand waren sich in nichts ähnlich, und ich überlegte, dass das Innere fast nie von außen sichtbar war, dass ich da immer irgendetwas auseinandernehmen oder schälen oder zerstören musste, um hinter das Äußere auf das Innere zu stoßen.

Ich zog den Geldschein aus der Tasche und steckte den Finger des toten Paul Sparschwein hinein.

»Aua!«, sagte der Schädel noch einmal.

»Hier«, sagte ich und stopfte den Geldschein zu den anderen Geldscheinen in Pauls Augenöffnung. Ich genoss, dass mir Paul Sparschwein so wehrlos ausgeliefert war.

»Sieben Jahren«, sagte der Schädel.

»Was?«, fragte ich.

»Seit fast sieben Jahren liege ich schon hier und schweige.«

»Echt? Ich bin auch schon fast sieben«, sagte ich.

»Ich weiß«, sagte Paul. Und Paul erzählte, dass er fast alles wisse, dass er aber zum Beispiel nicht wisse, wie er hierher gekommen sei. Er erinnere sich nur daran, dass er eines Nachts mit seinem Auto nach Hause fahren wollte und dann hier unter all den Steinen aufgewacht sei.

»Es ist nicht besonders gemütlich auf und unter Steinen zu liegen«, sagte er und der Schlepper kreuzte die Linie zwischen mir und dem Kirchturm auf der anderen Seite des Flusses. Ich sah keinen Menschen auf dem Schiff. Überhaupt schienen all diese riesigen Donauschlepper, die den Fluss befuhren, menschenleer zu sein, als wären sie Geisterschiffe, die von einer Geisterwelt zur anderen übersetzten, und nur kurz für mich sichtbar wurden, und ich fand, dass diese Donau ein unheimliches und rätselhaftes Gewässer sei. Auf der anderen Seite der Donau sah ich den Fischer, und der Fischer hielt seine Angel über das Wasser und fischte.

»Ich beneide dich«, sagte Paul.

»Warum?«, fragte ich.

»Du hast eine Familie, du hast einen Großvater und einen Onkel, der dich liebt, du hast ein Bett, du kannst dich frei bewegen. Du kannst gehen, wohin du willst, und du bist noch so jung«, sagte Paul.

Mir kam der Gedanke, das Geld meiner Mutter schlecht investiert zu haben, aber Paul hatte recht: Ich hatte eine Familie, und ich hatte sogar eine sehr große Familie, ich hatte einen Großvater und ich hatte einen Onkel, ich hatte nicht nur einen Onkel, ich hatte insgesamt sogar fünf Onkel, überlegte ich. Doch wer brauchte das alles schon, überlegte ich weiter, wer brauchte all diese Menschen?

»Wer braucht diese Menschen?«, fragte ich.

»Weiß ich nicht«, antwortete Paul.

»Und in den Keller darf ich auch nicht gehen«, sagte ich.

»Ich habe niemanden«, sagte Paul, und ich überlegte, wie das so wäre, niemanden zu haben, wie es wirklich wäre, alleine zu sein. Das Erste, das mir dazu einfiel, war, dass ich ungehindert um mich schlagen könnte, und dass ich mich um mich schlagend so lange im Kreis drehen würde, bis ich erschöpft und dumpf und schwindelig auf den Boden fallen und tagelang und ungestört dort liegen bleiben würde. Ich überlegte, dass mein Unglück aus dem Gefühl, ständig gestört und gehindert zu werden, entstand.

»Alle stören mich«, sagte ich, »die Menschen stören mich.«

»Und Otto?«, fragte Paul.

»Der nicht, aber ich sehe ihn nie«, sagte ich.

»Und dein Vater?«, fragte Paul.

»Der ist kein Mensch«, sagte ich.

»Wieso ist der kein Mensch?«, frage mich Paul.

»Mein Vater besteht nur aus Haut und Haaren.«

»Wie auch immer«, sagte Paul, »sei froh, dass du gestört wirst, denn diese Störungen nennen sich Liebe.«

Ich verstand nicht. Ich fühlte keine Liebe.

»Kennst du den weißen Hai?«, fragte Paul.

»Nein«, antwortete ich.

»Ich weiß fast alles«, wiederholte Paul Sparschwein.

Und ich schien auch keine Liebe zu empfangen, ich fühlte nur, dass ich als Umstand oder Attraktion festgestellt wurde. »Und hier zu unserer Linken sehen Sie Paul Lichtenperg«, hörte ich die Welt über mich sagen, so wie jener elegant gekleidete Herr, der meinen Urgroßvater und mich einmal durch Wien geführt hatte. Der um sich gezeigt und gesagt hatte, dass man zur Linken das Parlament oder die Universität oder das ehemalige Kriegsministerium sähe.

Und zu meiner Rechten, überlegte ich, lag die Welt. Doch in Wahrheit, überlegte ich weiter, hatte ich keine Ahnung von der Liebe und den Menschen und den Umständen und den Attraktionen dieser Welt.

»Aber was weiß du schon von der Liebe«, sagte Paul.

»Nichts«, sagte ich.

»Richtig«, sagte Paul, »aber glaub mir, es gibt Menschen, die dich lieben: deine Mutter, zum Beispiel, doch die kann es so schwer zeigen.«

Er erzählte von seinen eigenen Eltern, die ihn aufgezogen und ihm zu essen gegeben, die es ihm ermöglicht hätten, in die Schule zu gehen und später eine Lehre zu machen, und die ihm zu seinem 18. Geburtstag ein Auto geschenkt hätten, und die ihn für immer lieben würden.

»Und dieses Auto ist das Letzte, an das ich mich erinnere«, sagte Paul. Ich fand, dass auch meine Mutter mir zu essen und mir auch die sogenannte Möglichkeit gab, in die Schule zu gehen, und wer wusste schon, überlegte ich beunruhigt, was sie mir später noch alles ermöglichen würde, doch ich schwieg, denn was sollte meine Mutter schon anderes tun, als mir zu essen zu geben und mich in die Schule zu schicken.

»Wo ist eigentlich dein Auto?«, fragte ich und blickte in seine Augenlöcher.

»Weiß ich nicht«, sagte er, und Paul Sparschwein klang plötzlich betroffen.

»Und warum bist du nicht echt tot?«, fragte ich weiter.

»Weiß ich nicht«, sagte er.

»Und was weißt du dann fast alles?«, fragte ich.

»Du hast tolle Beine«, sagte Paul.

»Danke«, sagte ich. Ich zog die Hose über die Knie und betrachtete meine Beine, aber mir fiel nichts auf, was ich toll finden könnte, und fragte mich, was überhaupt an Beinen toll zu finden wäre.

»Gute Proportionen«, sagte Paul.

»Wie bitte?«, fragte ich.

Ein Schiff verschwand unter der Donaubrücke. Am Bug wehte die ungarische Flagge. Von Flaggen und Ländern und Geografie hatte ich eine Ahnung. Aus einem Buch, das mir Tante Sophie einmal mitgebracht hatte, kannte ich die höchsten Berge, die längsten Flüsse und die größten Städte dieser Welt. Ich kannte die Flagge Ungarns, ich kannte die Hauptstadt von Ungarn und den höchsten Berg Europas, doch die wirklich größten Städte und Seen und Wüsten, die Ozeane, die höchsten Berge und die längsten Flüsse, wusste ich, fand man außerhalb Europas, in Asien, Afrika und Amerika.

»Ich weiß fast nichts«, sagte ich.

»Ich weiß«, sagte Paul, und er erzählte, dass die meisten Frauen Prosecco trinken und auf einen braungebrannten Porschefahrer warten würden, und dass diese Frauen beim Warten dick und alt und betrunken würden. Am Ende käme dann ein Fiatfahrer, der auch dick und alt und betrunken und dazu stinkig wäre.

»Was ist der Unterschied zwischen einem Turmspringer?«, fragte Paul.

»Weiß ich nicht«, sagte ich.

»Umso höher, desto platsch«, sagte Paul.

»Aha«, sagte ich, doch ich hatte keine Ahnung, wovon Paul sprach.

Jackie sprang immer wieder ins Wasser, ließ sich immer wieder treiben, schwamm an Land und schüttelte dann sein Fell trocken.

»Du hast einen Bruder«, sagte Paul dann.

»Nein«, sagte ich.

»Hast du eine Zigarette?«, fragte Paul.

»Nein«, sagte ich.

»Er wohnt im Dorf«, sagte er.

»Wer?«, fragte ich.

»Der weiße Hai«, sagte Paul und machte eine Pause, seufzte und sagte dann: »Das war der letzte Film, den ich im Kino gesehen habe. Ich hatte Angst, dass ich mir in die Hose mache, und die Musik dazu, so einfach, so eindringlich, so unheimlich.«

»Der weiße Hai wohnt in Carnuntum?«, fragte ich.

»Nein, dein Bruder wohnt in Carnuntum, eigentlich ist es ein Halbbruder«, sagte Paul.

Ich hatte keinen Bruder, überlegte ich, doch vorsichtshalber durchdachte ich kurz die vielen Familienfotos, die Mutter im ganzen Haus platziert hatte. Ich dachte an meine drei Geschwister, Isabelle, Elsa und Caroline, die eindeutig Mädchen waren, und ich war ganz sicher, dass ich keinen Bruder hatte. Andererseits konnte ich mich jetzt erinnern, dass mir mein Klassenkollege Reinhard einmal nach der Messe einen Buben, der mit seiner hübschen Mutter am Kirchplatz gestanden war, gezeigt und dann gesagt hatte: »Schau dein Bruder!«

Der Bub, auf den Reinhard gedeutet hatte, ging mit Elsa in den Kindergarten, und war vielleicht ein Jahr jünger als ich, überlegte ich. Ich hatte damals an einen Witz gedacht, denn der Bub, den mir Reinhard gezeigt hatte, sah mir tatsächlich ein wenig ähnlich, und auch jetzt fand ich, dass das ein Witz gewesen sein musste, denn so einen Bruder müsste man doch kennen.

»Meine Mutter ist schwanger«, sagte ich.

»Ich weiß«, sagte Paul.

Ich überlegte, hob einen kleinen Stein auf und warf ihn in die Donau, und dann sagte ich: »Wenn du fast alles weißt, was hat mein Großvater meinem besten Freund erzählt?«

»Leichen im Keller«, antwortete Paul, »aber davon weiß ich schon lange. Übrigens, dein bester Freund, dieser Petar: sehr intelligent, aber Vorsicht bei seiner Mutter, die ist nicht ganz dicht.«

Jackie schüttelte sein Fell trocken.

»Ich hab dann doch nicht in die Hose gemacht«, erzählte Paul dann, »ich habe mich zusammengerissen, obwohl bei der einen Szene, in der dieser Eine, der Fischer glaube ich, halb im Hai, halb noch nicht und so … da war es knapp. Außerdem war ich mit meiner Freundin, der Susi. Hübsches Mädchen, aber dumm, hübsch aber dumm, so wie die meisten eben, hübsch und dumm, aber zusammenreißen musst du dich trotzdem, in so einer Situation geht es nicht, dass deine Freundin neben dir vor Angst zittert, und du machst in die Hose. Das musst du dann schon ihr überlassen.«

»Ich habe keine Freundin«, sagte ich.

»Hast du den Film gesehen?«, fragte Paul.

»Welchen?«

»Der weiße Hai.«

»Nein.«

»Aber von den hübschen und dummen Mädchen weißt du?«

»Nein«, sagte ich, und ich fragte mich, was dieser Bruder und Petars Mutter, der weiße Hai und die hübschen und dummen Mädchen miteinander zu tun hätten, und was mir

Paul Sparschwein eigentlich sagen wollte, aber so war das eben mit den Toten und den Erwachsenen, überlegte ich: Wollte ich es genauer wissen, musste ich Geduld haben.

»Was ist mit meinem Finger?«, fragte Paul.

»Schenkst du mir den?«

»Warum nicht, Nasenbohren kann ich eh nicht mehr«, sagte Paul.

»Stimmt«, sagte ich und lachte.

Wir schwiegen. Immer wieder trieben Äste und Plastikflaschen vorbei, das gleichmäßige Rauschen der Donau war beruhigend, und ich dachte, dass dieses Rauschen schon lang vor mir da war, und lange vor meinem Vater und Großvater, und vor all den anderen Vorfahren, und der Gedanke machte mich unglücklich, denn ich wusste, dass die Donau auch nach mir noch rauschen würde.

»Was ist mit diesen Leichen?«, fragte ich.

»Die sind im Keller«, sagte Paul, und seine Stimme wurde ernst, und er sagte, dass ich ihn verstehen müsse, denn nach fast sieben Jahren Schweigen wolle er eben ein paar Dinge los werden.

»Und dein Geld oder das Geld deiner Mutter kannst du dir sparen«, sagte er und lachte auf, und das Lachen klang wie ein Krächzen.

Es begann zu dämmern, und die Moskitos schwirrten in immer dichter werdenden Schwärmen um mich, Jackie blickte auf die Donau, wo ein großer dicker Ast den Fluss stromabwärts trieb, und auf dem Ast saß ein kleiner Vogel, und es sah aus, als würde dieser kleine Vogel als Kapitän des Asts den Fluss befahren. Aus dem Wald kamen die ersten Geräusche der Dämmerung.

»Die Leichen sind tief im Keller«, sagte Paul.

»Warum?«, fragte ich, ich hörte das zähe Kreischen eines Waldvogels.

»Sie wurden dort vergessen«, sagte Paul weiter.

»Warum?«, fragte ich weiter.

»Weil niemand von ihnen wusste, na ja fast niemand«, sagte Paul, und dann erzählte er von einem anderen Film, den er noch kurz bevor er hier aufgewacht war, im Kino gesehen hätte.

»Da hab ich mir vor Lachen fast in die Hose gemacht«, sagte er, »aber vor Lachen in die Hose machen, ist nicht dasselbe wie vor Angst. Wie hieß der Film noch mal, da gehts um einen russischen Soldaten oder so ähnlich, und der fliegt als Kanonenkugel getarnt oder so in das Zelt der französischen Generäle und gewinnt so den Krieg für die Russen – witzig, oder – und der Schauspieler trägt immer diese schwarze Brille?«

»Weiß nicht«, sagte ich.

»Den habe ich mir aber ohne meine Freundin angeschaut«, sagte Paul.

»Aha«, sagte ich.

»Wie hieß der Film noch mal?«, fragte sich Paul.

»Ich glaub, ich muss jetzt gehen«, sagte ich.

»Warte«, sagte Paul, »bitte warte!«, und seine Stimme klang verzweifelt.

Ich hatte plötzlich Mitleid mit Paul, der hier unter und über den Steinen lag und hier liegen bleiben musste.

»Es wird dunkel«, sagte ich.

»Vor vierzig Jahren!«, sagte Paul.

»Was?«, fragte ich.

»Die Leichen wurden vor vierzig Jahren vergessen«, sagte er.

Vor vierzig Jahren, überlegte ich, war ich noch tot, da waren die meisten Menschen, die ich kannte, noch nicht lebendig. Aber ich verstand das alles nicht, denn Paul redete zu viel und zu schnell und sprang von einem Thema zum anderen, und es wurde langsam dunkel, und ich sollte bald zu Hause sein.

»Ich werde wiederkommen«, sagte ich.

»Kannst du mir einen Gefallen tun?«, fragte Paul.

»Ja«, sagte ich.

»Bitte roll den Stein nicht mehr über meinen Schädel, ich möchte die Nacht sehen, die Sterne, den Mond vielleicht.«

»Gut«, sagte ich.

Ich nahm Jackie am Halsband und ging, und im Gehen rief mir Paul noch hinterher, dass mein Bruder Joseph heiße.

»Dein Bruder heißt Joseph!«, rief er, und dann er rief noch, dass er fast alles wisse, und ich überlegte, dass es allein in meiner Klasse zwei Josephs gab, und ich kannte noch drei weitere, und auch Vater sprach immer wieder von irgendeinem Joseph, den er ab und zu besuchte. Ich wusste nicht viel mehr als zuvor, und dennoch war ich zufrieden und ich nahm mir vor, Paul in Zukunft öfters zu besuchen, denn während meines Spaziergangs durch die Dämmerung und über die Donauarme und vorbei am Schloss zurück nach Hause, fand ich diesen Toten dann doch irgendwie unterhaltsam und interessant. Als heimlicher Freund konnte er nicht schaden, und ich griff in meine Hosentasche, in der Pauls Finger war, und um mir zu beweisen, dass ich voll und ganz am Leben war, bohrte ich mit meinem eigenen Finger in der Nase, und als ich nach Hause kam, saß meine Familie beim Abendessen.

9

Wenn mein Vater am Wochenende zu Hause war, und Elsa und ich schon unsere Pyjamas anhatten, wenn wir gründlich Zähne geputzt hatten und Mutter uns mit ihrer großen Hand Creme ins Gesicht schmierte, damit unsere Haut vor Austrocknung und trotz Sommerbeginns auch vor Kälte geschützt bleiben würde, dann legten wir uns zu zweit in mein Bett und warteten.

Die kleine Stehlampe auf meinem Nachttisch leuchtete und beleuchtete den Teil unseres Zimmers, in dem unser Stockbett stand. Der Rest des Zimmers lag im Halbdunkel, die großen Kästen an der Wand, das Waschbecken, die Spielecke, in der ich manchmal meine Holzeisenbahn baute, mein Schreibtisch, und die Puppenküche meiner Schwester, vor der Elsa oft saß und Dinge wie »Liebst du mich nicht mehr« oder »Gehen wir heute gemeinsam einkaufen« sagte und am Ende von dort aus ihre Puppen wild durchs Zimmer warf und beleidigt aufstand und ging.

Elsa und ich lagen dicht aneinandergedrängt in meinem Bett. Die Smiley-Aufkleber blickten und grinsten auf uns herunter.

»Warum hast du so einen dicken Popo?«, fragte Elsa. Es war ein Spiel, das wir oft spielten und in dem es darum ging, sich gegenseitig einen »dicken Popo« vorzuwerfen, bis einer von uns beiden aufgab und somit das Spiel verlor und konsequenterweise den »dicken Popo« behielt. Doch heute Abend hatte ich keine Lust.

»Heißt der Joseph in deinem Kindergarten wirklich Joseph?«, fragte ich, und ich wunderte mich über meine Frage, aber wie, überlegte ich, sollte ich sonst nach Joseph fragen? Das Ganze war viel zu heikel, als dass ich hier planlos vor mich hin fragen konnte. Aber was könnte Elsa schon über Joseph wissen? Meine Schwester wusste von nichts. Fragte ich sie zum Beispiel nach dem Kindergarten, antwortete sie, dass sie vom Kindergarten nichts wisse, oder fragte ich sie, wie sie denn geschlafen hätte, antwortete sie, dass sie vom Schlafen nichts wisse, sie wusste nichts von den Wochenenden bei den Urgroßeltern und sie wusste nicht, was sie geträumt hatte oder wann ihr Geburtstag war. Brüllte ich sie dann an, dass das alles nicht sein könne, dass sie doch irgendetwas wissen müsse, zuckte sie mit den Schultern und ließ mich stehen. Elsa war unbrauchbar, fand ich, denn Elsa wusste nichts.

»Joseph?«, fragte Elsa.

»Ja«, sagte ich.

»Der ist blöd!«, sagte meine Schwester.

»Echt?«, fragte ich.

»Warum hast du so einen dicken Popo?«, versuchte es Elsa noch einmal.

»Ich habe keinen dicken Popo«, antwortete ich, »ich habe sehr schöne Beine.«

»Zeig her!«

Ich schlug die Decke zur Seite, zog die Pyjamahose über die Knie und zeigte Elsa meine Beine.

»Schön«, sagte Elsa, »darf ich sie angreifen?«

»Ja«, sagte ich, und Elsa berührte mein Knie mit ihrem Zeigefinger.

»Schön«, wiederholte sie.

»Aber das ist mein Knie«, sagte ich.

»Ich weiß«, sagte Elsa.

»Das ist nicht mein Bein«, sagte ich.

»Warum nicht?«, fragte sie.

»Weil das mein Knie ist«, sagte ich.

»Ach so«, sagte Elsa und nahm den Finger von meinem Knie.

Ich überlegte, dass, so wie ich die Erwachsenen nicht verstand, meine Schwester mich auch nicht verstand, dass das vielleicht eine Altersfrage sein könnte, und ich fand, dass man, so wie beim Fußball in unserem Dorf, auch in Verstehens-Angelegenheiten Altersgruppen organisieren sollte, die sich untereinander verständigten, ähnlich wie in der Schule, nur umfangreicher, denn in diesem Zustand, fand ich, führte die ganze sogenannte Verständigung zu nichts, und ich war überzeugt, dass in diesem Zustand die Menschen überhaupt nur aneinander vorbeiredeten.

»Du verstehst mich nie«, sagte ich.

»Macht ja nichts«, antworte Elsa und nannte somit das Kernproblem meines Hierseins beim Namen.

Spielte es eine Rolle, dass sie mich nicht verstand? Spielte es eine Rolle, dass hier niemand den anderen wirklich verstand, dass ich vielleicht einen Bruder hatte, der Joseph hieß, dass vierzig Leichen im Keller waren? Spielte es eine Rolle, dass Tote mit mir redeten? Spielte überhaupt irgendetwas eine Rolle? Otto hatte einmal gesagt, dass alles eine Rolle spiele, aber Otto, überlegte ich, sagte auch, dass er mit einem Fallschirm aus dem Hubschrauber gesprungen war. Er erzählte überhaupt die ungeheuerlichsten Geschichten, die sich kein Mensch vorstellen konnte.

Spielte ich eine Rolle? Oder meine Schwester oder irgendjemand anderer? Spielte der weiße Hai eine Rolle?

»Warum macht nichts irgendetwas?«, fragte ich.

»Macht ja nichts«, wiederholte Elsa.

Und die Lösung des Problems war das Problem selbst.

»Wo ist Papi?«, fragte Elsa und verschränkte die Arme vor der Brust. Ihre Arme waren dünn und knöchrig, die Finger lang und gerade.

Draußen war es Nacht geworden.

»Warum hast du so einen dicken Popo?«, fragte sie noch einmal.

»Damit ich dich besser fressen kann«, antwortete ich.

»Du bist nicht der böse Wolf«, sagte Elsa.

»Ich bin der böse Bruder.«

»Nein«, sagte sie.

»Doch«, sagte ich.

»Nein«, sagte sie, »du bist der liebe Bruder.«

Und dann und entgegen allen Überlegungen spielten in der wirklichen Welt die kleinsten Dinge eine Rolle, und ich nahm mir vor, meine Schwester für alle Ewigkeiten vor allem Bösen und auch vor mir zu bewahren.

»Und warum hast du so einen dicken Popo?«, fragte ich.

»Ich hab keinen dicken Popo, du hast einen dicken Popo«, antwortete meine Schwester und sie kicherte und zeigte mir ihren Popo, der besonders klein war.

»Pfui gacki!«, rief ich, und dann ging die Tür auf, und Licht erhellte den Raum, mein Vater stand in der Tür, und das Warten, das heute Abend kein Warten war, war zu Ende, und Vater sagte: »Hier bin ich!«

In der Hand hielt er ein Buch. Seine Gestalt war nur schwarzer Umriss.

»Ich habe euch ein Buch mitgebracht«, sagte er und seine tiefe Stimme füllte den Raum. Mein Körper bog sich vor Aufregung, und ich wusste jetzt wieder, warum meine Schwester und ich an den Abenden, an denen mein Vater zu Hause war, warteten, denn was immer auch draußen in der Welt passieren würde, die abendlichen Geschichten meines Vaters übertrafen alles, sogar Paul Sparschwein an der Donau, sogar einen womöglichen Bruder, und sie übertrafen das unheimliche Geheimnis um alle Kellerleichen dieser Welt.

»Das Buch heißt«, sagte mein Vater langsam, und er blieb in der Tür stehen, »›Wo die wilden Kerle wohnen‹«, und ein Schauer ging über meine Haut. Elsa starrte mit weit aufgerissenen Augen den Lattenrost über sich an, von wo die Smileys auf uns herunterlachten. Und dieses Bett wurde zum einzigen Ort auf dieser Erde, und Vaters Stimme wurde zum einzigen Ton, der mich erreichte, und ich hielt die Luft an und vielleicht hörte ich einen Uhu, der durch die Nacht rief. Vielleicht jedoch auch nicht.

Vater stand in der Tür, zwischen den Lichtern. Am Gang vor unserem Zimmer strahlten die hellen Deckenleuchten, und ihr Licht drang durch die Tür und durchflutete den Raum. Vater löschte die Deckenleuchten auf dem Gang, und plötzlich sah ich sein dunkles Gesicht, seine dunklen Augen und dunklen Brauen, seine dunkle Haut, und ich sah, dass er lächelte.

Elsa und ich rückten auseinander, und Vater legte sich zwischen uns. Er roch nach Zigarette und Rotwein.

»Also«, sagte er und legte seine langen Arme um uns, und wir lagen an seiner Brust, und über uns in seinen Händen hielt er das Buch, und er begann zu lesen: »An dem Abend als Max seinen Wolfspelz trug und nur Unfug im Kopf hatte …«, las Vater, und ich hielt den Atem an, und Vater blätterte weiter.

»… schalt seine Mutter ihn: ›wilder Kerl!‹ ›Ich fress dich auf!‹, sagte Max, und da musste er ohne Essen ins Bett …«, las Vater weiter, und ich konnte das Herz meines Vaters klopfen hören, und ich hörte den Rhythmus seines Herzens, und Vater las, und die Worte kamen im Rhythmus seines Herzens, und meine Gedanken schlugen mit, meine Angst und mein Glück, und ich ruhte, und ich bewegte mich im Rhythmus seines Herzens und seiner Worte, und irgendwann nach einer langen Zeit legte Vater das Buch zur Seite und sagte: »… wo es Nacht war und das Essen auf ihn wartete, und es war noch warm.«

Vater erhob sich abrupt und zog Elsa umständlich aus meinem Bett, küsste sie und legte sie unter die Decke.

»Gute Nacht, Paul«, sagte Vater, löschte das Licht neben meinem Bett, und ging, und ich fragte mich, warum er mich nicht küsste.

Einmal, als ich ihn danach fragte, sagte er, dass ihn sein Vater auch nie geküsst habe, und ich antwortete, dass niemand von Großvater geküsst werden wolle, nicht mal Großmutter.

»Dein Großvater war ein großer Liebhaber«, sagte Vater, aber ich verstand nicht, was er damit meinte.

Ich blieb noch lange wach, unter meiner Decke wurde es heiß, und ich wälzte mich von einer Seite zur anderen, in der Hoffnung, irgendwann einfach liegen zu bleiben und einzuschlafen, aber ich wälzte mich weiter über das Leintuch, und unter meiner Decke wurde es immer heißer, und eine drängende Unklarheit durchströmte mich. Elsa, über mir, atmete regelmäßig und ruhig, und sie lag still. Ich klammerte meine Gedanken an den Schlaf meiner Schwester, an ihr Ein- und Ausatmen und an die Stille, die von dort oben ausging, doch diese drängende Unklarheit durchbrach immer wieder diese feine Verbindung zwischen mir und meiner schlafenden Schwester. Da waren die vielen Stimmen des Tages, da war die grüne Boje, die auf der Donau schwamm, und irgendwie, überlegte ich, musste diese Boje mit dem Grund des Flusses in Verbindung stehen, denn wie sonst schwamm sie nicht davon, und irgendwie, fand ich, musste alles mit dem Grund in Verbindung stehen, damit es nicht davonschwamm, da war Otto, und mein nackter, dunkler Vater, und da war ich, und ich war verwirrt und müde, und eine eiskalte Hand lag auf meiner Stirn, und eine leise Stimme sagte, dass ich krank sei und schlafen solle, doch mein Herz schlug viel zu laut für diese Nacht.

9. Juli 1989

1

Am Tag des Begräbnisses weckte mich Ianica.

»Du aufstehen müssen, Paul!«, sagte sie, und ich blinzelte in ihr Gesicht, aus dem an bestimmten Stellen große schwarze Muttermale und aus denen wiederum dichte Haarbüschel wuchsen. Ianica sah mich an und verzog den Mund zu einem Lächeln, und ich sah ihre schwarzen Zähne. Ianica war über die Jahre immer hässlicher geworden, fand ich, und anders als Petar hatte Ianica ihre Sprachkenntnisse nicht verbessern können. Ich überlegte, dass das wohl daran läge, wie Mutter – Ianicas einzig ausschlaggebender Gesprächspartner – mit ihr redete: »Du heute Boden mit die Besen putzen, nicht mit die Augen!«, sagte Mutter zum Beispiel zu Ianica, oder, wenn Mia krank war, sagte Mutter zu Ianica: »Du heute Obstsalat *ohne* Essig und Öl machen!«, und so weiter. Mutter wurde, wenn sie mit Ianica sprach, selbst zu einer Jugoslawin, und Ianica nahm wohl an, überlegte ich, dass sie durch meine Mutter eine Art deutsche Geheimsprache lernte, die außer Mutter und ihr niemand sprach.

»Aufstehen müssen!«, wiederholte Ianica.

»Ich will nicht«, sagte ich und wälzte mich über das Bett.

»Du müssen!«, sagte Ianica.

Petar hingegen sprach mittlerweile perfektes Deutsch, und er schrieb auch die besseren Deutschschularbeiten als ich, und war überhaupt der beste Schüler der Klasse. Er war sogar derjenige Ministrant unserer Pfarre geworden, der die meisten Lesungen halten musste. Petar stand dann am Pult und blickte einäugig in den Kirchensaal, räusperte sich und las, und ich bewunderte, wie souverän und gelassen er wirkte. Denn wenn der Pfarrer mich zur Lesung einteilte und ich dann dort oben am Pult stand, versagte ich, und ich konnte mich dabei beobachten, wie ich versagend unterging, und ich schämte mich den ganzen restlichen Tag. Am schlimmsten war es, wenn Isabelle unter den Kirchenbesuchern war, sie sah mich dann aus der ersten Reihe an und grinste, und ich hatte das Gefühl, als würde sie meinen Untergang genießen und mir grinsend hinterhersehen.

»Das hast du wieder super gemacht«, sagte sie nach diesen Messen immer, und ich blickte auf den feinen weißen Kies, der auf dem Vorplatz der Kirche verteilt war. Die Niederlagen, die ich gegenüber meiner Schwester Isabelle einstecken musste, waren die schlimmsten.

Und heute zum Begräbnis musste ich die Lesung halten, und heute würde nicht nur Isabelle kommen, heute würden sie alle kommen, und obwohl ich viele von diesen Menschen nicht kennen würde, würde ich versagen, überlegte ich, und mich überkamen Verzweiflung und Panik. Ich schloss die Augen, und Ianica und alles andere verschwand für einen sehr kurzen und sehr schönen Augenblick aus meinem Kopf, und in meiner Vorstellung sah ich das Meer schimmern, wie ich es aus Ibiza kannte.

Als ich die Augen wieder öffnete, kam es mir so vor, als wäre Ianica wieder um eine Spur hässlicher geworden, und sie grinste noch immer.

»Ich steh schon auf«, sagte ich, doch in Wahrheit wollte ich für immer weiterschlafen.

Ich setzte mich in meinem Bett auf und streckte mich.

»Scheiße«, sagte ich.

»Du nix Scheiße sagen!«, sagte Ianica und verließ das Zimmer.

»Scheiße«, wiederholte ich leise, und ich hörte die Schritte Ianicas, hörte sie die Stufen hinuntergehen, den Gang entlang und in die Küche. Die Küchentür fiel zu.

Ich hatte Petar gestern angefleht, für mich die Lesung zu halten, aber der hatte nur den Kopf geschüttelt und gemeint, dass es sich hier um eine Familienangelegenheit handeln würde und er deswegen unmöglich für mich einspringen könne. Er empfahl mir aber, vor der Lesung ein Glas Wein zu trinken, das helfe, sagte er. Ich hatte Petar angesehen und gedacht, dass ich eventuell kurz vor dem Beginn meines Lebens so ein Glas Wein hätte trinken sollen.

Ich saß im Bett und überlegte, dass Petar eigentlich nicht mehr mein bester Freund war, und ich fand, dass sich die Dinge geändert hatten. Zwar saß ich jeden Tag mit Petar eine Stunde im Zug nach Wien, wo wir dann die Straßenbahn nahmen und zwei Stationen weiter zum Schwarzenbergplatz fuhren und noch ein wenig zu Fuß gingen, bis wir vor der großen Schule standen, und wir fuhren diese eine Stunde auch wieder gemeinsam zurück nach Carnuntum, aber in der Schule selbst, in der Klasse, hatten wir wenig miteinander zu tun. Wir saßen in verschiedenen Reihen und sprachen mit verschiedenen Leuten, obwohl Petar eigentlich gar nicht sprach, nur immer aufzeigte und richtige Antworten gab und dann wieder schwieg, und auf unserem Schulweg schwiegen wir dann gemeinsam.

Irgendetwas hatte sich, seitdem wir jetzt fast zwei Jahre gemeinsam auf das Gymnasium gingen, geändert, und ich fand, dass Petar mit seiner Augenklappe schlicht und einfach nicht in die Stadt passte, und das wiederum passte mir nicht, und so passte mir Petar als Ganzer nicht mehr, und vielleicht sollte Petar woanders in die Schule gehen, denn es störte mich, dass Petar nicht passte, und ich fühlte mich unwohl, wenn ich schweigend und sprachlos neben ihm im Zug saß, und die immer kleiner werdenden Dörfer und die immer größer werdenden Felder betrachtete.

Manchmal fuhren Isabelle und Elsa mit uns. Und manchmal nahm Isabelle Schulfreundinnen aus ihrer Mädchenschule mit, und sie unterhielten sich dann über Dinge, die ganz peinlich waren oder sehr cool, und ich merkte mir diese coolen und peinlichen Dinge und sprach am nächsten Tag in der Schule so selbstverständlich darüber, als wären all diese coolen und peinlichen Dinge meine ganz persönliche Lebenseinstellung. Doch wenn ich dann Petar erblickte, wie er mich ansah, als würde er über mich lachen, wurde ich wütend, und ich fühlte mich von ihm durchschaut, und ich begann diesen Petar, mit dem ich so viele Sommer verbracht hatte, zu hassen.

Außerdem stahl er mir manchmal die Aufmerksamkeit, indem er seine Augenklappe abnahm und den anderen Mitschülern sein totes dunkelgrünes Auge zeigte, und alle Mitschüler standen um ihn herum und sahen zu, wie Petar sein funktionierendes Auge bewegte, während das andere starr blieb. Und die Mitschüler applaudierten und brüllten: »Noch einmal!«

Ich hob den Kopf. Auf dem langen Schreibtisch, der an die Fensterseite des Zimmers gebaut war, lag die Bibel. Durch ein kleines Erkerfenster über dem Schreibtisch kamen das Licht der Früh und das leise Morgengezwitscher der Vögel. Auf allen Wänden des Zimmers klebten die Fußballsticker der Europameisterschaft.

Im Haus war es still. Die Wanduhr in meinem Zimmer zeigte kurz vor halb neun.

Ich hatte den Schreibtisch gestern leergeräumt, und bis auf die Bibel alle Schulsachen zuerst auf den Boden geworfen und dann in den Kasten geräumt. Der Schreibtischsessel war an den Tisch geschoben, am Fenstergriff an einer Kette hing Pauls Knochenfinger.

Ich wälzte mich aus dem Bett und rollte mich über den Spannteppich. Ich passte der Länge nach gerade noch durch die Breite des Zimmers, nur bei den Füßen des Schreibtischsessels musste ich meine Beine kurz anheben, und im Weiterrollen hoffte ich, dass die Tür nicht aufging, und ich rollte zum Kasten. Vor dem Kasten blieb ich liegen und überlegte, wie sich so ein Leben im Liegen und Rollen wohl anfühlen und wie das mit Kinoreservierungen dann funktionieren würde. Mein Gesicht war an das kühle Holz des Kastens gepresst, mit den Zehen berührte ich die Wand, der restliche Körper lag auf dem gleichzeitig harten und weichen Teppichboden. Ich stellte mir vor, ab jetzt so zu tun, als wäre ich immer schon so gewesen. Ich erinnerte mich an eine Geschichte meiner Tante Sophie, die mir erzählt hatte, dass Araber auf dem Boden liegend essen würden.

»Ich bin ein Araber«, sagte ich, und ich dachte, dass es vielleicht genügte, beim Reservierungsbüro anzurufen und zu behaupten, ich sei ein Araber. Ich schaukelte meinen Körper hin und her, sodass mein Gesicht immer wieder und ein wenig schmerzvoll an den Kasten schlug. Ich überlegte, dass ich mich daran entweder gewöhnen müsste, oder das nächste Mal meine Rollbahn vom Bett zum Kasten so berechnen würde, dass ich am Ende mit dem Gesicht Richtung Zimmerdecke zum Liegen kommen würde. Alles eine Frage der Übung, dachte ich. Vielleicht war das ganze Leben überhaupt eine Frage der Übung, und ich schaukelte weiter hin und her, und überlegte, wie ich das als Araber am besten berechnen könnte, und ich fand, dass sich im längeren Liegen mein Zimmer veränderte, dass Längen und Breiten und Oberflächen an Wichtigkeit gewannen, während Oben und Unten nebensächlich wurden, zumindest solange ich nichts von dort oben brauchte. Ich würde Landkarten für Liegende und Rollende zeichnen, überlegte ich, die Welt neu vermessen, Rollgeschwindigkeiten berechnen, Liegeautos erfinden und ich würde Stehbetten bauen. Und so weiter, dachte ich.

Ich würde die Welt auf den Kopf stellen, nur um diese Lesung nicht halten zu müssen, und mir fiel wieder ein, dass heute alle kommen würden. Nicht nur Isabelle und Mutter, es würden Onkel und Tanten kommen, Großonkel und Großtanten, von denen ich zuvor noch nie gehört hatte, Cousins und Cousinen, zweiten Grades, dritten Grades, und Cousins und Cousinen und Onkel und Tanten vieler Grade mehr. Und sie alle, überlegte ich, würden gerollt kommen, tausende Menschen würden in ihren Liegeautos nach Carnuntum rollen und um die Rundkapelle und in der Rundkapelle liegen, malte ich mir aus. Ich würde natürlich als Erfinder der ganzen Liegegeschichte als Einziger stehen können, malte ich mir weiter aus, während ich mein Gesicht immer wieder gegen den Kasten schlug, und gar nicht mehr aufhören wollte. Und dann würden diese Menschen und Verwandten wieder nach Hause rollen, und ich würde auch nach Hause gehen, und alles wäre vorbei.

Der Buchrücken der Bibel ragte über die Schreibtischkante. Ich rollte zum Bett und zurück und ich blieb wieder so liegen, dass mein Gesicht gegen den Kasten schlug.

»Verdammt«, sagte ich.

Ich versuchte, den Kasten zu öffnen, doch mein Körper blockierte die Tür. Ich rollte ein wenig ab und versuchte es noch einmal, indem ich hinter mich griff und an der Tür zog. Ich öffnete sie einen Spalt, doch ich konnte den Inhalt nicht sehen. Den schwarzen Anzug zum Beispiel, den ich heute tragen würde, das weiße Hemd oder die schwarzen Socken, ich konnte all die Fußballtrikots nicht sehen, die mir Vater von seinen Reisen mitgebracht hatte.

Ich blickte Richtung Bett und griff mit der linken Hand in den Kasten. Das Leben im Liegen und Rollen würde viel Übung bedürfen, dachte ich. Ich bekam ein Kleidungsstück zu fassen, befühlte die Oberfläche und hielt es mir vor das Gesicht.

»Unterhose«, sagte ich.

Ich warf die Unterhose ins Kinderzimmer.

»Punkt eins!«, sagte ich.

Ich rollte vom Kasten weg und öffnete die Tür ganz, dann rollte ich so weit, dass ich direkt in das Innere sehen konnte. Der kleine schwarze Anzug hing an einer Stange unter dem obersten Fach. Ich würde mir längere Arme wachsen lassen müssen, überlegte ich. Die Hemden lagen in einem Stapel darunter.

Ich rollte soweit es ging zum Kasten zurück, griff nach oben, streckte mich, verbog mir die Schultern, zog an etwas, das sich nach Hemd anfühlte, und riss den ganzen Stapel mit.

»Jetzt reicht es«, sagte ich.

Ich stand auf, befreite mich von den Hemden, die alle auf mir gelandet waren und merkte, dass ein stehendes und gehendes Leben doch angenehmer sei, und ich ging ein paar kleine Runden durch mein Zimmer, griff nach diesem und jenem und blickte aus dem Fenster in den Himmel, wo ich einen dünnen scharfen Kondensstreifen eines Flugzeugs sah. Das Flugzeug selbst war schon außerhalb meines Sichtfeldes, und so wie jedes Mal fragte ich mich auch jetzt, ob diese Fliegenden dort oben eine Ahnung von meiner Existenz hatten oder nur hinunter auf die Erde blickten und sich darüber besprachen, ob dort, wo dieses gelbe langgezogene Haus mit dem großen Garten und dem kleinen Pool stand, belangvolles Leben zu finden sei. Und nur für den Fall, dass sich jemand dort oben die Frage stellte, sagte ich: »Ja, hier unten bin ich«, und ich überlegte noch, dass, wenn ich dort oben durch die Gegend zum Beispiel nach Ibiza flog, ich mich sehr wohl fragte, was dort unten los wäre, und darüber grübelte, wie es sein würde, sich immer in weiter Entfernung zu den Menschen zu befinden und auf sie herabzublicken. Ich fühlte, wie ich von dort oben auch auf mein eigenes Leben herabblickte, und ich empfand diesen Zustand höchst beruhigend und erhellend, denn vieles, was ich dort unten tat, wurde so zu einer Art Kuriosität oder sogar Sehenswürdigkeit, an der man gedankenlos vorübergehen würde, und ich versuchte dann immer, diese Erkenntnis, dass ich gedankenlos an mir vorübergehen könnte, mit auf den Boden zu nehmen. Doch mit dem ersten Blick in die Augen meiner Mutter oder Isabelles war alles wieder dahin, und ich wusste, dass ich mit dieser Erde verbunden war, und dass diese Kuriosität und diese Sehenswürdigkeit ich selbst war, und ich wusste auch, dass ich niemals gedankenlos an mir vorübergehen könnte, ohne wenigstens kurz hinzusehen.

Auf dem Spannteppich lagen die Hemden. Ich hob sie auf, faltete sie wieder zusammen und stapelte sie auf der langen Platte des Schreibtisches. Die Unterhose und das weiße Hemd warf ich auf das Bett. Die restlichen Hemden legte ich zurück in den Kasten, nahm den schwarzen Anzug samt Kleiderbügel heraus und legte ihn über die Schreibtischsessellehne. Ich kramte nach den schwarzen Socken und warf sie zu Hemd und Unterhose aufs Bett.

»Wo ist die Krawatte?«, fragte ich.

Mein Vater hatte mir vor ein paar Tagen eine schwarze, in Folie verpackte Krawatte überreicht und gesagt: »Hier, für dein erstes Begräbnis, auf dass noch viele folgen mögen«, und ich hatte sie genommen und irgendwo hingetan, und mir dabei gedacht, dass ich die Krawatte hier auf jeden Fall wieder finden würde. Ich ging noch ein paar Runden durch mein Zimmer und versuchte nachzuvollziehen, wo ein Mensch wie ich eine schwarze Krawatte für ein Begräbnis platzieren würde, um sie, wenn es soweit sein sollte, wieder bei der Hand zu haben, doch ich hatte keine Ahnung.

»Ein Mensch wie ich«, sagte ich und überlegte, was für ein Mensch ein Mensch wie ich eigentlich war, und ob man darüber eigentlich nachdenken konnte, ohne den Faden komplett zu verlieren, und ob man beim Nachdenken über diese Frage das Wesentliche, nämlich die Suche nach der schwarzen Begräbniskrawatte aus den Augen verlieren würde, und ich überlegte auch, ob dieses Getue und Nachgedenke überhaupt sinnvoll sei, und ich war so schlau wie am Anfang, und wusste weder, wo die Krawatte noch was für ein Mensch ich war.

»Eine Krawatte wie ich«, sagte ich.

Ich hörte Schritte. Außer Ianica war nur noch Otto hier. Er war gestern gekommen und hatte im Gästehaus übernachtet, und ich hatte gebeten hier zu bleiben, und nicht mit Mutter und meinen Geschwistern zu den Urgroßeltern zu fahren, um noch vor dem heutigen Begräbnis den dreißigsten Geburtstag meiner Tante Katharina zu feiern und dann dort zu übernachten.

»Aber nur ausnahmsweise«, hatte Mutter gesagt, und ich hatte gedacht, was das jetzt wieder bedeuten solle, aber ich hatte auch gedacht, dass das jetzt gleichgültig war, denn das Wichtigste war, dass ich zu Hause bei Otto bleiben konnte.

Ich hörte die Schritte auf den Stufen, ich hörte jemanden bis vor meine Türe kommen, und dann hörte ich ein Klopfen.

Ich wunderte mich darüber, dass jemand an meine Tür klopfte. Niemand klopfte sonst an meiner Tür. Mutter kam immer ohne zu bedenken, dass ihr Sohn in seinem Zimmer vielleicht höchst eigenartige Dinge veranstaltete, wie zum Beispiel arabisch über den Boden rollen, herein und sah sich um, oder sie befahl mir, etwas »Sinnvolles« zu tun, oder suchte unter meinem Bett nach Zigaretten und Pornoheften und verschwand wieder. Mutter wiederholte diese Überraschungsbesuche in unregelmäßigen Abfolgen, und wenn ich in meinem Zimmer saß, dann nur in höchster Alarmposition. Ich genoss die Tage, an denen Mutter nicht da war. Aber auch abgesehen von Mutter, überlegte ich jetzt, klopfte niemand an meine Tür.

Ich dachte nach, was ich auf so ein Klopfen antworten sollte, und ich sagte nur: »Ja!«

»Darf ich herein?«, fragte Otto.

»Ja«, sagte ich, und ich lehnte mich schnell an die Wand und blickte nachdenklich aus dem Fenster und versuchte so zu wirken, als hätte ich in meinem Zimmer eigentlich nichts anderes zu tun, als an der Wand zu lehnen und nachdenklich aus dem Fenster zu sehen, obwohl dort draußen außer den Ästen einer sterbenden Kastanie und dem weißblauen Morgenhimmel nichts zu sehen war, und auch an anderen Tagen war da nicht mehr, nur einmal war ein Dachdecker genau vor meinem Fenster vom Dach gefallen und hatte sich die Schulter und den Schädel gebrochen, während ich über meiner Hausübung saß und darüber nachdachte, wie man dieses Hausübungsmachen und überhaupt alles umgehen könnte.

»Schöner Pyjama«, sagte Otto.

Ich blickte an mir herab und betrachtete meinen Pyjama, auf dem lauter kleine Mickymäuse mit verschiedenen Gesichtsausdrücken aufgedruckt waren. Vor Jahren hatte ich meinen Vater, bevor er nach Spanien zu einem Turnier flog, gebeten, mir einen Pyjama in den Vereinsfarben des FC Barcelona mitzubringen, aber daraus wurde nichts, und so schlief ich mit fast dreizehn Jahren noch immer im Mickymaus-Pyjama, und ich fand, dass dieser Pyjama mittlerweile einfach zu mir gehörte, obwohl es an den Pyjamaenden schon an vielen Zentimetern Länge fehlte.

»Danke«, sagte ich.

Ich hatte Otto gestern das erste Mal seit vielen Jahren wiedergesehen und gefunden, dass er sich kaum verändert hatte. Noch immer trug er einen Vollbart, und noch immer sprach sein Blick von fremden Dingen, nur fand ich, dass sein Blick noch dunkler geworden war. Otto lächelte mich an. Er wirkte müde.

»Ich warte im Garten auf dich«, sagte er und verließ mein Zimmer.

Ich lehnte an der Wand und fand mich in meinem Micky-Maus-Pyjama dann doch ein wenig jämmerlich, und ich spürte ein Ziehen in der Magengegend. Ein Ziehen, das ich auch fühlte, wenn Petar mich wissend anlächelte, und eigentlich, fand ich, war die Frage nach dem Menschen, der ich war, gar nicht so blöd, nur, so fand ich weiter, müsste man die Fragerei zeitlich ein wenig besser abstimmen, denn es half gar nichts, würde ich zum Beispiel mitten in einem entscheidenden Fußballmatch gegen das Nachbardorf plötzlich nach meiner Ursprünglichkeit oder nach meiner innersten Beschaffenheit fragen, und genauso verhielt es sich beim Krawattensuchen. Schritt für Schritt, dachte ich, und dann fiel mir alles wieder ein. Ich war erleichtert und fand die Krawatte unter dem Unterhosenstapel, warf sie aufs Bett und nahm mir gleichzeitig vor, mir einen neuen Pyjama zu besorgen, denn ich hatte meine Meinung geändert und fand jetzt, dass ein fast dreizehnjähriger Bub nicht mehr im viel zu kleinen Mickymaus-Pyjama schlafen konnte, und ich stand dann eine Zeit lang in meinem Zimmer und betrachtete meine linke verbrannte Hand. Seit ein paar Wochen fiel mir immer wieder auf, dass schwarze dicke Haare aus den Fingern dieser linken Hand wuchsen, und diese Haare erinnerten mich an die Gesichtshaare Ianicas, und immer wieder riss ich sie mit den Zähnen aus, doch sie wuchsen nach, und es hatte den Anschein, als würden sie umso dicker und schwärzer nachwachsen, je öfter ich sie mit den Zähnen ausriss. Die rechte Hand war glatt und haarlos, so wie ich sie schon immer kannte. Überhaupt hatte ich bemerkt, dass an gewissen Stellen meines Körpers Haare wuchsen, wo sie jahrelang nicht gewachsen waren, um meinen Penis herum entdeckte ich welche, und auch dort riss ich sie immer wieder aus, unter den Armen entdeckte ich auch einige, aber unter den Armen war es komischerweise zu schmerzvoll, sie zu entfernen, also ließ ich sie wachsen, und wenn ich dann ohne T-Shirt durch den Garten ging, hörte ich Isabelle, wie sie mir hinterherrief: »Schaut her, Paul hat Haare unter den Armen«, und ich hatte mir angewöhnt nur noch mit angepressten Armen oder einem T-Shirt an durch den Garten zu gehen, doch das führte nur dazu, dass Isabelle rief: »Schaut her, Paul schämt sich für seine Haare unter den Armen.« So oder so, mit diesen Achselhaaren hatte ich verloren.

Ich betrachtete weiter meine linke Hand und überlegte, dass diese Hand immer schon etwas Besonderes an mir war, ähnlich der Augenklappe in Petars Gesicht, nur nicht so auffällig, und ich überlegte, dass die Haare, die auf dieser Hand wuchsen, eigentlich gar nicht so schlimm waren, denn sie passten irgendwie zu dieser Verbrennung und diesen viel zu langen Nägeln. Ich beschloss jetzt, diese Haare wachsen zu lassen, doch unter den Armen und um meinen Penis und auch auf den Beinen konnte ich das nicht akzeptieren, und am liebsten wäre es mir gewesen, wenn ich als Kind nicht nur mit der Hand, sondern gleich als Ganzes in die Bügelmaschine geraten wäre, dann würde ich als Ganzkörperverbrennung durch die Gegend gehen, und mir könnten die Haare sogar aus den Augen wachsen, und es würde mich nicht stören. Andererseits, dachte ich, fand ich mich recht gut aussehend, und vielleicht wäre es schade darum.

Ich überlegte, was ich anziehen sollte. Das Begräbnis fand irgendwann am Nachmittag statt, und Otto und ich würden noch zum Flughafen fahren, um Vater abzuholen. Ich hatte also Zeit und wollte nicht den ganzen Vormittag im unbequemen Begräbnisanzug verbringen. Ich nahm das rote Liverpool-T-Shirt aus dem Kasten und zog eine kurze weiße Hose dazu an. Ganz hinten, hinter den T-Shirts, lag in einer kleinen Kartonschachtel all das Geld, das ich über die Jahre angespart und meiner Mutter und manchmal auch Isabelle gestohlen und nicht in Pauls Schädel gestopft hatte. Ich nahm meine Halskette vom Fenstergriff, betrachtete sie und legte sie mir um, steckte sie unter das T-Shirt. Ich betrachtete die Bibel, die auf meinem Schreibtisch lag, und überlegte, wie mein Leben wohl aussehen würde, wenn man diese zwei ersten Menschen nie erschaffen hätte und wenn dieser Jesus nie geboren worden wäre, und wahrscheinlich, überlegte ich weiter, hätte es sogar gereicht, hätte man ihn nie an ein Kreuz und infolgedessen überall auf dieser Welt an die Wände genagelt.

»Doppelt genagelt hält besser«, hatte mein Vater einmal gesagt, aber das half mir heute auch nicht weiter, denn heute, überlegte ich, würde nur ein Wunder helfen, und ich nahm die Bibel, aus der ich für all die Begräbnismenschen und für Isabelle vorlesen würde, und ich klemmte die Bibel unter den Arm und stand noch eine Weile so herum.

2

Ich erinnerte mich, während ich noch eine Weile so herumstand, dass am Tag, an dem mein Großvater starb, ich in einem alten und zu hohen Holzstuhl bei seinem Bett saß, und draußen prasselte der Regen gegen das Fenster in Großvaters Sterbezimmer, und ich erinnerte mich, dass meine Füße über dem Boden des Zimmers baumelten.

An den dunklen Wänden des Zimmers hingen 76 gerahmte Schwarzweiß-Fotografien und 33 Rehbockgeweihe. Ich hatte alles gezählt. Die Rehbockgeweihe waren an kleinen abgerundeten Holzbrettern befestigt, und auf diesen standen die Initialen des Jägers und wann und wo der Jäger getötet hatte. Auf allen Holzbrettern stand das Gleiche: F. L., Carnuntum, 1976. Das Jahr meiner Geburt.

Außer dem Bett und dem zu hohen Holzstuhl stand noch eine Gebetsbank im Raum, an der Wand über dem Kopfende des Bettes hing ein Kreuz und daneben ein Rosenkranz. Auf der Gebetsbank standen zwei brennende Kerzen, die den Raum erleuchteten, und das Wachs der Kerzen lief über das Holz der Bank und tropfte zu Boden, wo es auskühlte und wieder fest wurde.

Ich betrachtete die Fotos. Auf jeder einzelnen Fotografie sah ich meinen Großvater, und er sah mit seinen hellen Augen aus den Bildern hinaus und direkt in meine. Ich hatte das Gefühl, als würde er durch meine Augen in meinen Schädel hineinblicken und alles sehen, was ich dort zu verbergen versuchte. Und von allen Seiten des Zimmers blickte mir Großvater in meinen Schädel, und ich versuchte, diese Fotografien zu überlisten, indem ich blitzartig meine Augen auf ein anderes Bild lenkte, doch es kam mir so vor, als würde auch Großvater genau in diesem Moment seinen Blick heben, um mich anzusehen.

Und dann entdeckte ich eine Fotografie, auf der Großvater nicht direkt den Betrachter ansah, sondern zur Seite und ein wenig Richtung Boden blickte, auf etwas, das nicht mehr im Bild war, und Großvater schien sanft und mitfühlend auf dieses Etwas zu blicken. Er lächelte, und ich fragte mich, was dieses Etwas sein könnte, das dort außerhalb der Fotografie meinen Großvater ablenkte, und ich betrachtete ihn genauer und überlegte, dass ich vielleicht durch diese genauere Beobachtung dahinterkommen würde, was da los war. Großvater sah auf der Fotografie jung aus, jünger, als ich ihn jemals gesehen hatte. Er trug einen schweren Ledermantel mit Pelzkragen, er stand im Schnee, und ich konnte sehen, dass es schneite. Ich sah die Nordfassade des Schlosshofes, den Brunnen in der Mitte und davor Großvater, die linke Hand in der Tasche des Mantels, in der rechten hielt er einen Schlüssel, der an einer geflochtenen Schnur hing. Er trug, so wie heute noch, einen Schnurrbart. Von einer Seite der Fotografie zur anderen führten Fußspuren durch den Schnee, kleine Fußspuren, und ich stellte mir vor, wie ein kleiner Mensch durch das Bild gelaufen war, kurz bevor der Fotograf abgedrückt hatte, und ich stellte mir auch vor, wie Großvater diesem kleinen Menschen, der da durch sein Blickfeld gelaufen war, mit dem Kopf gefolgt war und im Moment der tatsächlichen Bildauslösung lächelnd und sanft auf ihn heruntergeblickt hatte, und was immer dort außerhalb des Bildes stand, ich fühlte die Anwesenheit dieses Wesens, und ich fühlte, dass von dort ein Blick zurück auf Großvater fiel.

Ich wandte mich von der Fotografie ab und betrachtete wieder meinen sterbenden Großvater in seinem Bett. Ich betrachtete ihn lang.

Seine Haut war grau, und es sah aus, als würde er sie in seinen Mund saugen, und ich stellte mir das Sterben als eine Art Selbstaufsaugung vor, und ich presste die Lippen zusammen und blies die Wangen auf, und ich nahm mir vor, mich jeden Tag ein wenig auszustülpen, um so dem Tod besser entgehen zu können, doch in Wahrheit wusste ich schon, dass auch ich irgendwann einmal sterben würde, und ich wusste auch, dass dieses Sterben eines Tages einfach da sein würde oder schon immer da war.

Ich ließ die Luft aus meinen Wangen. Großvater atmete lautlos, die dünne Decke hob und senkte sich über seinem Brustkorb. Seine Augen waren geschlossen, die knöchrigen Arme hingen zu beiden Seiten über das Bett hinaus, und ich sah, wie seine Hände winzige Flatterbewegungen machten. Doch vermutlich konnte nur ich diese Bewegungen noch sehen, so sanft und schwach waren sie geworden, und vielleicht, überlegte ich, waren da gar keine Bewegungen mehr, und nur ich konnte sehen, dass es da nichts mehr zu sehen gab.

Großvaters Lippen öffneten und schlossen sich, als würde er sprechen, doch ich hörte nichts, und ich blickte aus dem Fenster, an das der Regen weiter prasselte und immer stärker wurde, und ich fand diesen Regen irgendwie unpassend, wie er fast ungeduldig an die Fenster schlug, als würde er jetzt nur für Großvaters Tod und mich so prasseln und es gar nicht mehr erwarten können, doch ich war mir darüber im Klaren, dass dieser Regen keine Ausnahmen machte, dass dieser Regen zufällig über den Himmel von Carnuntum zog und weiterziehen würde, ohne Erinnerung und Absicht, und es bedrückte mich gleichzeitig, dass dieser Regen einfach weiterziehen würde, und sein Wasser würde an andere Fenster prasseln.

Meine Beine baumelten weiter über dem Boden.

»Du musst mit ihm reden«, hatte Mutter mir zuvor gesagt, doch ich wusste nicht, was ich mit diesem sterbenden Großvater reden sollte, ich hatte noch nicht einmal gewusst, was ich mit dem nichtsterbenden Großvater hätte reden sollen.

»Es ist wichtig, dass du mit den Sterbenden sprichst«, hatte Mutter gesagt, und ich hatte geantwortet, dass ich jetzt gar nicht so viele Sterbende treffen würde, und ich hatte sie auch gefragt, woher sie das wüsste, und ob sie auch schon einmal gestorben wäre, oder ob sich je ein Toter im Nachhinein für das Gespräch bei ihr bedankt hätte, doch Mutter hatte nur geantwortet, dass ich mir diese frechen und obergescheiten Fragen sparen solle. Ich fragte mich, ob es denn wirklich nötig wäre, mit den Sterbenden zu sprechen, und ob man da überhaupt etwas Intelligentes sagen könne.

»Ich hoffe, du hast es deinen Tod lang gut«, sagte ich leise, aber Franz reagierte nicht, er flatterte mit seinen Händen und öffnete und schloss seinen Mund und lag sonst ruhig auf seinem Bett. Sein Mund, konnte ich jetzt sehen, war zahnlos, und irgendwie fand ich, hatte dieser sterbende Großvater nichts mehr mit dem lebendigen zu tun, und es war so, als hätte er dieses Zimmer schon längst verlassen und nur sein Körper hätte es noch nicht geschafft, aber was wusste ich schon von den Sterbenden und ihren Körpern.

»Was weiß ich schon«, sagte ich, und dann begann es wieder zu regnen, und diesmal war der Regen noch stärker, und ich überlegte, dass dieser Regen vielleicht doch seine Absichten hatte, denn vielleicht war Großvaters Zeit gekommen, und der Regen wollte, wenn er schon in der Gegend war, einfach nur dabei sein. Doch Großvaters Zeit war noch nicht gekommen, denn er griff sich an den Hals, und seine Bewegungen waren langsam und schwach. Er zog eine Kette über den Kopf und hielt sie mir vor die Brust. An der Kette hing ein goldener Schlüssel, und ich betrachtete den Schlüssel, und ich betrachtete den Schlüssel auf der Fotografie, und es war derselbe goldene Schlüssel.

»Soll ich ihn nehmen?«, fragte ich, und für einen Augenblick öffnete Großvater die Augen. Sie waren fast weiß. Ich griff nach dem Schlüssel und zog ihn aus Großvaters Hand, und die Kette glitt durch seine halb geschlossene Faust, bis sie endete, dann hing sie aus meiner Hand zu Boden. Großvater schloss seine Augen und flatterte mit seinen Händen, doch er hatte aufgehört, seinen Mund zu bewegen. Der Schlüssel war schwer, und ich steckte ihn in meine Hosentasche.

»Paul«, hörte ich vom Gang vor Großvaters Zimmer.

»Caroline?«, fragte ich.

»Ja«, hörte ich meine jüngste Schwester sagen.

»Was gibt es?«, fragte ich.

»Ist er tot?«, fragte sie.

»Nein«, antwortete ich.

»Gut«, sagte Caroline.

»Ja«, sagte ich, und dann schwiegen wir eine Zeit lang, und ich hörte nur den Regen, der an das Fenster schlug, und ich fragte mich plötzlich, wie es wäre, wenn es statt Wettervorhersagen Gravitationsvorhersagen gäbe, wenn sich die Anziehungskraft unserer Erde täglich ändern würde und es für jeden Grad dieser Anziehungskraft verschieden schwere Schuhe geben würde, aber eigentlich, fand ich, waren diese ständigen Anziehungsverhältnisse und Wetterverhältnisse und überhaupt alle ständigen Verhältnisse, denen ich so machtlos und unentwegt ausgesetzt war, kein Thema für mich, denn sie lagen so weit außerhalb meiner Einflussnahme, und so wie ich bei Regen manchmal eine Regenjacke anzog, so waren meine Füße meistens unten und mein Kopf meistens oben.

»Darf ich rein?«, fragte Caroline.

»Ja«, sagte ich.

Das Licht der Kerzen flackerte auf, als die Tür aufging, und warf Schatten durch das Zimmer.

»Hallo«, sagte Caroline.

»Du schaust wie ein Eskimo aus«, sagte ich.

»Das sagst du immer«, sagte Caroline und blickte an sich herab.

»Das Gesicht, nicht deine Schuhe«, sagte ich, und Caroline hob den Kopf und blickte auf Großvater.

»Der ist tot«, sagte sie.

»Nein«, sagte ich, und Caroline wandte mir ihren runden dunklen Kopf zu, und ich dachte, wie ähnlich sie meinem Vater sah und wie hübsch sie war und wie gerne ich dieses kleine Mädchen hatte.

Sie trug ihr Lieblingskleid, ein weißes ärmelloses Kleid, mit dem sie auch manchmal schlafen gehen wollte, doch Mutter verbot es ihr, und dann weinte Caroline immer. Ich dachte mir in diesen Momenten, dass man dieses Verhaltensmuster aus Verbieten und Weinen wenigstens einmal durchbrechen könnte, aber Mutter blieb hart und Caroline auch, und so kam es immer wieder und in regelmäßigen Abständen zu derselben Auseinandersetzung.

Jetzt stand Caroline mit ihrem Lieblingskleid am Bett unseres sterbenden Großvaters, und sie presste ihre Arme an den Körper, und ihre kleinen Füße steckten in ihren kleinen Sandalen, und ich sah, wie sie ihre kleinen Zehen in den Innensohlen ihrer Sandalen verkrallte, und ich hatte das Gefühl, als müsste ich sie beruhigen.

»Du musst nicht mit ihm sprechen«, sage ich.

»Ja«, antwortete sie nur, und ich beobachtete, wie sich ihre Zehen entspannten.

»Ich weiß selber nicht genau, was ich hier tun soll«, sagte ich.

»Auf Wiedersehen sagen«, sagte Caroline und blickte sich kurz um und dann sagte sie: »Auf Wiedersehen.«

Sie ging und drückte die Tür hinter sich zu. Ich blieb zurück und dachte, wie unterschiedlich wir alle mit dem Sterben und dem Tod umgingen, und ich dachte auch, dass ich da schon ein wenig mehr Erfahrung hatte, nicht nur, weil ich um einige Jahre älter als meine Schwester war, sondern auch deswegen, weil ich einen Toten kannte. Paul Sparschwein hatte mir schon viel über den Tod und so erzählt. Zum Beispiel, dass das Schlimmste am Tod die Bewegungsunfähigkeit sei, und ich hatte gemeint, dass er da vielleicht einen Sonderstatus einnehme, denn meines Wissens fuhren die Seelen der Toten ohne großes Aufsehen in den Himmel auf, um dann dort ein sorgenfreies und uneingeschränktes Nachleben zu führen, und lagen nicht so wie Paul an der Donau und wussten nicht wohin mit sich.

Außerdem, hatte ich weiter gemeint, war das mit der Beweglichkeit auch nicht immer so wunderbar, denn oft wusste man nicht wohin mit sich, und dann wurde die Bewegung zu einer Art Notlösung, wie ich überhaupt fand, dass das Leben ein Art Notlösung war. Paul hatte auch gesagt, dass der Tod dieses schöne und geheimnisvolle Nichts wäre, aus dem der Rest entstehen und wieder eingehen sollte, und darauf hatte ich geschwiegen, denn davon verstand ich nichts, und Paul hatte noch viel mehr über den Tod erzählt.

Die Tür ging auf, und das Licht der Kerzen flackerte auf, und Isabelle kam herein und sagte nichts, und sie blickte mich nicht an, sie kniete sich nur auf die Gebetsbank, sie faltete die Hände und senkte den Kopf, und ich stellte mir vor, wie sie die Augen schloss. Dann betete Isabelle, und ich betrachtete ihre neue Kurzhaarfrisur, auf die sie so stolz war, die ich aber hässlich fand. Doch das würde ich ihr niemals sagen, denn Isabelle war empfindlich und konnte über die Maßen zurückschlagen, und ich wollte nicht, dass sie zurückschlug, denn auch ich war empfindlich.

Isabelle betete halb laut vor sich hin, und dann sagte sie: »Amen«, erhob sich, kniff die Augen kurz zusammen und sagte, dass Großvater schon längst gestorben sei.

»Nein«, sagte ich, und meine Füße baumelten über dem Boden. Ich blieb sitzen, verschränkte die Arme vor meiner Brust und spürte Pauls Finger unter meinem Hemd.

»Ich kenn mich da besser aus«, sagte Isabelle und stemmte ihre Hände in die Hüften, so wie es Mutter machte, wenn es wirklich ernst wurde.

»Wieso?«, fragte ich.

»Frag nicht so blöd«, antwortete sie, und dann ging sie aus dem Zimmer, und ich fragte mich, warum Isabelle immer so unfreundlich war.

Ich hatte sie niemals danach gefragt, denn ich hatte es hingenommen und mir gesagt, dass meine ältere Schwester nicht anders könne, und obwohl ich ein wenig Angst vor ihr hatte, hatte ich Mitleid mit ihr. Ich fragte mich, wie man furchteinflößend und mitleiderregend gleichzeitig sein konnte, und dann schlug Isabelle die Tür zu, und ich war wieder allein mit meinem sterbenden Großvater. Ich fragte mich, warum ich Isabelle trotz allem so bewunderte?

»Wofür ist dieser Schlüssel?«, fragte ich.

Ich sah, wie das Regenwasser in Schlieren die Scheibe hinunterlief. Dahinter war nur verschwommenes Licht. Ich fühlte mich, als hätte der Regen mich in diesen Raum geschlossen, als wäre dort draußen nichts mehr außer einer Sintflut und ein Untergang.

Großvaters Mund war jetzt weit geöffnet, und in seinem Mund lag seine Zunge, flach und weiß. Ich sah Großvaters Gaumen und den Schlund, der in das Innere seines Körpers führte, und ich überlegte, dass ich das schon immer verdächtig fand, wie wenig oder gar nicht man das Innere seines eigenen Körpers kannte, dass dort drinnen ständig irgendetwas am Tun und Funktionieren war. Ich griff mir an die Brust und fühlte mein Herz, wie es an die Oberfläche schlug und mich am Leben hielt, und ich griff mit der anderen Hand an die Brust meines Großvaters, behutsam, und ich fühlte nichts, doch ich sah, wie seine Hände flatterten.

»Paul«, hörte ich meinen Vater von draußen.

»Ja«, sagte ich. Vater öffnete die Tür, die Kerzen flackerten auf. Seine Haare waren vom Regen nass, und das Wasser lief über sein Gesicht, und er war unrasiert. Vater blieb im Türrahmen stehen und blickte mich an.

»Ja«, sagte ich.

Und dann erschien Fräulein Rosa im Livree hinter meinem Vater. Sie sagte, dass man nach dem Herrn Graf verlange, denn der Pfarrer wäre hier, und Vater fragte, was der schon wieder hier zu tun habe, und er blieb weiter im Türrahmen stehen und blickte mich weiter an, und ich glaubte zu sehen, wie über sein Gesicht Tränen liefen, doch ich tat so, als würde ich nichts merken, und dann ging Vater auf Großvater zu, nahm seine Hand, fühlte den Puls und hielt die Hand seines Vaters lange in seiner.

»Dein Großvater ist gestorben«, sagte mein Vater dann.

»Nein«, sagte ich und zog die Hand von Großvaters Brust, und ich blickte hinunter auf meine weißen Turnschuhe, die mir Großmama aus Vancouver mitgebracht hatte, und ich fand, dass diese Schuhe im Augenblick unpassend waren, und ich schämte mich für diese weißen Turnschuhe, die da über dem Boden baumelten.

»Doch«, sagte Vater.

»Herr Graf?«, sagte Fräulein Rosa.

»Verdammt noch einmal«, sagte Vater, »ich pfeif auf den Pfarrer.«

»Nein, er lebt noch«, sagte ich, denn ich konnte das leichte Flattern von Großvaters Händen sehen, und ich war sicher, dass er noch lebte.

»Du solltest jetzt gehen«, sagte Vater, aber ich wollte nicht gehen, ich wollte bleiben, ich wollte warten, bis Großvater wirklich gestorben war, ich wollte solange warten, bis er wie Paul aussah: Ich wollte warten, bis von Großvater nur noch ein Skelett übrig geblieben war, erst dann würde ich sagen können, dass er tot sei, und erst dann würde ich gehen.

»Er lebt noch«, sagte ich, »ich kann sehen, wie sich seine Hände bewegen.«

Vater berührte mich an der Schulter, und mir fiel auf, wie selten mich mein Vater berührte und wie ungewohnt schon allein diese leichte Berührung auf der Schulter war.

Ich überlegte, dass hier irgendetwas nicht stimmte, und ich sprang abrupt vom Sessel und verließ das Zimmer, und ich fühlte den schweren Schlüssel in meiner Hosentasche. Ich ging durch den Gang und den Wintersalon in die Vorhalle, von dort durch das Speisezimmer, durch den Vogelgang, an der Kapelle vorbei, und dann blieb ich vor dem Stammbaum stehen und betrachtete ihn, und ich fand, dass sich auf diesem Stammbaum nicht sehr viel tat. Nur die Namen meines Bruders Maximilian und der Frau und der beiden Adoptivkinder meines Onkels Johannes waren ganz unten dazugeschrieben worden, und ich fragte mich, wie es überhaupt zu dieser langwierigen Familiengeschichte gekommen war.

Ich fing ganz oben an, die Namen meiner Vorfahren zu lesen, und ich las mich den ganzen Stammbaum hinunter bis zu Großvater, und ich las seinen Namen einige Male, und ich las ihn so lange halblaut vor mich hin, bis sich seine wahre Bedeutung verdunkelte, bis ich nur noch Silben und Buchstaben entzifferte, und dasselbe tat ich auch mit meinem eigenen Namen, und dann blickte ich mich um und versuchte, meine Umgebung durch das ständige Wiederholen der Bezeichnungen und Wörter, die die Gegenstände in dieser Umgebung so an sich hatten, auszulöschen. Irgendwann stand ich in einem Raum, der keinen Sinn mehr ergab, und ich selbst ergab auch keinen Sinn mehr. Aber da war dieses Wort, das sich Trauer nannte und das irgendwie mit den Tränen zu tun hatte, die ich jetzt aus meinen Augen weinte, und diese Trauer hatte etwas mit Einsamkeit zu tun, und diese Einsamkeit wiederum mit Hoffnungslosigkeit, und alle diese Worte bekam ich nicht in den Griff, denn sie durchströmten mich, ohne sichtbar zu werden. Nur die Tränen konnte ich mir mit dem Handrücken aus dem Gesicht wischen. Und dann setzte ich mich auf den kühlen Steinboden, und überlegte, dass der Sinn der Dinge gar nicht so sehr in ihrer Bezeichnung lag, als vielmehr in ihrer Verwendung und ihrem Einfluss auf mich, aber würde ich sie nicht benennen können, würde ich jetzt wahrscheinlich auch nicht auf diesem Steinboden sitzen und darüber nachdenken können, dachte ich. Oder aber, ich würde zwar darauf sitzen, doch ich wäre eine Kreatur wie Jackie, ein Hund, der die Dinge nur anbellen konnte, und ich dachte auch, dass das mit dem Leben auch so war, dass man erst über das Leben denken und sprechen oder bellen konnte, sobald man in der Position war darüber zu sprechen und zu denken oder zu bellen, und so, fand ich, führte das Ganze zu gar nichts, oder nur zu einer Teillösung. Ich überlegte, ob es nicht besser wäre, wenn ich das Leben anbellen und jeden Gegenstand schlicht »Wau« oder »Wuff« nennen würde, und ich bellte ein paar Mal gegen die Wand, an der unser Stammbaum hing, und dann musste ich lachen, und ich konnte nicht mehr aufhören zu lachen, und es dauerte, bis ich wieder zur Ruhe kam.

Es hatte wieder aufgehört zu regnen, und der Schlosshof erstrahlte, das Sonnenlicht erhellte den Gang, in dem ich auf dem Boden saß, und durch die großen Fenster sah ich, wie die Wolkendecke aufriss und die schwarzen Wolken auseinandertrieben, und ich sah den blauen Himmel und ich erhob mich und ging an der Kapelle vorbei, durch den

Vogelgang und das Speisezimmer in die Vorhalle, ich ging in den Hof, und dann verließ ich das Schloss und spazierte in die Au.

Ich erinnerte mich, dass am Tag, an dem Großvater starb, auch all die Kastanien in Carnuntum zu sterben begannen, und ich erinnerte mich, dass ich die ersten braun gewordenen Blätter an den Bäumen sah, während ich die Langegasse hinunter Richtung Au spazierte, und dass ich mich darüber wunderte, denn es war erst Ende Juni.

Alles schimmerte und glitzerte, riesige Pfützen hatten die Wege überschwemmt, Wasser rann die Sträucher und Bäume hinab und sickerte in das dichte Gestrüpp des Waldbodens. Der Boden war aufgeweicht, und ich versank darin, und meine neuen weißen Turnschuhe wurden schlammig und feucht und schwer, aber ich kümmerte mich nicht um meine neuen Turnschuhe, ich kümmerte mich um nichts, ich wollte nur Paul besuchen, um mit ihm noch einmal über den Tod zu sprechen. Vielleicht hatte er Neuigkeiten zu erzählen, denn wer nur an der Donau lag, überlegte ich, musste doch Zeit für Gedanken und Neuigkeiten haben.

Seit meinem dritten Besuch bei Paul hatte ich angefangen, die Besuche zu zählen und in Notizbüchern in nummerierten Kapiteln über die Gespräche, die dort unten am Donauufer stattgefunden hatten, zu schreiben, und auch über den Zustand des Toten, denn Paul löste sich langsam auf, und immer wieder las ich in diesen Notizbüchern nach, und manchmal musste ich mich über das, was dort drin stand, sehr wundern. Heute würde ich Paul Sparschwein zum 301. Mal besuchen. Ich ging den gewundenen und ausgefahrenen

Weg tiefer in den Wald, und der Wald triefte, die Äste der Bäume bogen sich in Richtung Erde und ließen das Wasser abfließen, und es raschelte und knisterte und rumorte von allen Seiten.

»Solange dein Großvater noch mit den Händen flattert …«, sagte Paul, und mir fiel auf, dass seit meinem letzten Besuch Pauls Gesichtsknochen wieder dünner und löchriger geworden waren.

»Er hat noch geflattert«, sagte ich.

»Na dann«, sagte Paul.

»Ja, was dann?«, fragte ich, und ich blickte über die Donau, auf die andere Seite, wo der Kirchturm stand.

»Schwer zu sagen«, sagte Paul.

Die Donau schob ihr bräunliches Wasser flussabwärts, und sie floss ruhig und fast lautlos. Der Himmel war jetzt wolkenlos und so blau, wie ich ihn selten zuvor gesehen hatte, nur im Westen, dort wo Wien lag, hingen dunkle Wolken im Himmel, und ich konnte den Regen sehen, wie er in schwarzen Schwaden zu Boden stürzte, und ich dachte, dass es wohl doch so sein müsse, dass der Regen weder Absichten noch Erinnerungen hatte, sondern gewissenlos und nur für sich auf diese Erde regnete.

»Man liegt irgendwo herum, und wartet, und wenn man Glück hat, kommt ein Paul vorbei und spricht mit einem«, sagte Paul Sparschwein.

»Das kann nicht alles sein«, sagte ich.

»Für mich ist es auf jeden Fall alles«, erwiderte Paul.

»Und für Großvater?«, fragte ich, doch Paul schwieg, und ich sah auf die grüne Boje, die nicht mehr ganz so grün war, und ich holte den Schlüssel aus meiner Tasche.

»Schau, was Großvater mir gegeben hat«, sagte ich.

»Ach ja«, sagte Paul.

»Du bist heute nicht besonders gesprächig, oder?«, fragte ich.

»Ich versuche, mich schon den ganzen Tag an einen Witz zu erinnern, irgendetwas mit drei Männern, die in den Himmel kommen …«, sagte Paul.

»Drei Männer im Himmel?«, fragte ich.

»Ja«, antwortete Paul, »ein super Witz, aber ich kann mich nicht erinnern.«

»Weißt du etwas über diesen Schlüssel?«, fragte ich.

»Ja«, sagte Paul.

»Und?«, fragte ich.

»Warte«, sagte Paul, und ich wartete, und ich dachte, dass Paul normalerweise viel gesprächiger war, dass Paul normalerweise gar nicht zu stoppen war, und ich sah den Fischer auf der anderen Seite der Donau, ich sah, wie er seine Angelrute auspackte und sie zusammensteckte, sich ans Ufer setzte und die Angel über das Wasser hielt. Ich kannte jede seiner Bewegungen, denn es hatte bis heute keinen Tag gegeben, an dem dieser Fischer nicht auch da war, und ich überlegte, dass diesen Fischer und mich zwar nur wenige hundert Meter trennten, doch in Wahrheit blickte ich, wenn ich auf diesen Fischer blickte, in eine fremde und andere Welt, ich blickte auf einen Menschen, den ich niemals kennenlernen würde, denn die nächste Donaubrücke war sieben Kilometer entfernt. Manchmal winkte ich hinüber, und manchmal winkte der Fischer zurück, und es wirkte, als wären wir durch einen seltenen Raumtunnel verbunden, und dann fragte ich mich, was der Fischer sich wohl fragte, wenn er zurückwinkte, und ich fragte mich auch, ob er sich dieselbe Frage stellte, und ob er so wie ich wusste, dass er mich niemals kennenlernen würde, und dann wünschte ich mir, dass ich auch einmal, so wie dieser Fischer, auf mich herübersehen könnte, um mich zu beobachten und mir Fragen über diesen Menschen, der da so oft allein am Ufer saß, zu stellen, und ich dachte, dass ich dafür wohl verdammt schnell rennen können müsste.

»Dein Großvater ist tot«, sagte Paul plötzlich.

Ich blickte weiter auf die andere Seite und überlegte, dass ich nicht nur verdammt schnell rennen können müsste, um meinen Körper von sich selbst loszureißen, das Ganze müsste auch ein Art Überraschungsmanöver gegen mich selbst sein, ein Manöver, von dem ich selbst vorher nichts wissen durfte.

»Wie bitte?«, fragte ich.

»Dein Großvater ist tot«, wiederholte Paul.

Es war kühl geworden, ich spürte eine trockene und angenehme Frische aus dem Wald kommen.

»Ja«, sagte ich, mehr fiel mir dazu nicht ein, mehr fiel mir eigentlich selten ein, und ich nahm einen faustgroßen Stein und warf ihn ins Wasser, und ich sah, wie mir der Fischer zuwinkte, und ich nahm noch einen Stein und warf ihn ins Wasser, und ich sah, dass mir der Fischer noch einmal zuwinkte, und diesmal winkte ich zurück.

»Man wird ihn in dieser idiotischen Gruft begraben«, sagte ich.

»Bist du nicht traurig? Also ich war traurig, als mein Großvater starb«, sagte Paul, und ich antwortete, dass ich heute schon einmal traurig gewesen wäre, und dass ich das ausreichend fände, und ich fand, dass man jetzt nicht ständig traurig sein müsste, nur weil ein Mensch gestorben sei.

»Außerdem glaube ich nicht, dass er tot ist«, sagte ich, »tot ist anders, tot ist, wenn man so aussieht wie du.«

»Wieso, wie sehe ich denn aus?«, fragte Paul.

»Na ja«, antwortete ich, »tot eben!«

»Wie tot?«, wollte Paul wissen.

Ein weißes Motorboot kam den Fluss heraufgefahren, eine kleine österreichische Flagge wehte am Heck, und ich überlegte, was daran jetzt wieder so wichtig war.

»Also wie sehe ich aus?«, fragte Paul.

»Ungesund tot«, sagte ich.

»Mir geht es blendend«, sagte Paul.

»Das freut mich«, sagte ich.

»Und mich erst«, sagte Paul.

»Was ist mit diesem Schlüssel?«, fragte ich.

»Wie ging dieser Witz noch einmal?«, fragte sich Paul.

Das weiße Motorboot fuhr eine weite Kurve, und ich sah zwei barbusige Frauen auf dem Boot, und ich sah, wie ihre Brüste mit dem nervösen Schaukeln des Bootes mitschaukelten, und für einen Moment wusste ich nicht, was ich mit diesem Bild anfangen sollte, dann beendete das weiße Motorboot seine Kurve und fuhr flussabwärts zurück, und ich sah nur noch die nackten Rücken der beiden Frauen und die rotweißrote Flagge, die wie wild durch die Luft flatterte, und es wirkte, als wollte sie sich vom Boot reißen und in den Himmel flattern, und auf und davon.

»Ich kenn mich überhaupt nicht aus«, sagte ich.

»Deswegen bin ich ja da«, antwortete Paul.

»Sehr komisch«, sagte ich.

»Der Schlüssel müsste eine der Türen im Keller aufschließen«, sagte Paul.

»Eine von circa hundert«, sagte ich.

Ich beobachtete das Motorboot, es fuhr unter der Donaubrücke durch und verschwand dann.

»So viel Zeit muss sein«, sagte Paul.

»Ja, danke«, antwortete ich, und ich sah, dass die Wolken, die noch vor einer Weile über Wien gehangen hatten, verschwunden waren, und ich fand, dass ich die eigentlichen Ereignisse immer wieder verpasste, dass ich immer erst dann in die Welt sah, wenn alles schon geschehen war.

»Wenn ich irgendwo hinschaue, dann ist immer schon alles passiert«, sagte ich.

»Hast du schon einmal mit einer Frau …?«, fragte Paul.

»Nur mit meinen Cousinen …«, sagte ich, aber ich wollte davon jetzt nicht weiter erzählen, und auch Paul schwieg.

»Ich kann dir leider nicht mehr über den Schlüssel sagen«, sagte Paul, und dann schwiegen wir wieder.

»Und über den Tod?«, fragte ich nach einer Weile, und wieder schwiegen wir, und es passierte nichts, nur die Donau floss unaufhörlich weiter, und der Fischer auf der anderen Seite fischte weiter, ein formierter Schwarm Enten überflog den Fluss, und ich stieß mit den Füßen kleine Steine die Flussböschung hinunter, und ich sah den Mond fast unsichtbar am blauen Himmel stehen.

»Der Tod ist wie euer Swimmingpool im Winter, man kann ihn nur anstarren«, sagte Paul, und ich stellte mir unseren Pool vor, wie er im Winter halb ausgelassen und zugefroren war, und im Eis waren Äste und Blätter und tote Insekten und manchmal auch Frösche eingeschlossen, und ich stellte mir vor, wie ich am Beckenrand stand, auf das Eis starrte und mich fragte, wie lange dieser Winter wohl noch dauern würde.

»Na ja, manchmal laufe ich darauf Eis«, sagte ich.

»Aber du verstehst mich«, sagte Paul.

»Ich glaube schon«, sagte ich, und in meiner Vorstellung war ich noch bei unserem Swimmingpool im Winter, auf dem ich die Spuren der scharfen Kufen sehen konnte, und an den Rändern, dort, wo das Eis an die hellblauen Poolwände stieß, schwappte das Wasser über, und das Eis war rau und weiß, und ich ging den Steinrand des Pools ab und drehte ein paar Runden, bis ich fand, dass ich jetzt genug gesehen hatte.

»Ich werde gehen«, sagte ich.

»Okay«, sagte Paul.

Ich ging, und Paul rief mir nach, dass er sich jetzt an den Witz erinnern könne, dass er wisse, was die drei Männer im Himmel tun würden, und ich rief zurück, er soll sich den Witz für das nächste Mal merken, und ich ging durch die Auen über den Donauarm, den Weg hinauf, vorbei am Schloss, nach Hause, und ich erinnerte mich, dass ich am Tag, an dem mein Großvater starb, unter der Zahl 301 in mein Notizbuch schrieb, dass der Tod wie unser Swimmingpool in Winter sei, nur, dass man im Tod nicht eislaufen könnte.

3

Otto wartete unter dem Sonnenschirm und rauchte. Auf dem Tisch standen eine Whiskyflasche und ein volles Glas. Otto atmete schwer durch die Nase.

»Deine Mutter liebt ihren Garten«, sagte er.

Ich betrachtete die schweren Obstbäume, die Apfel- und Birnenbäume, die Zwetschgen- und Marillenbäume, den großen Nussbaum, auf den ich manchmal kletterte, um von dort den Garten und die Menschen in ihm zu überblicken, die Kirschbäume, die Weide, die mit der Zeit riesig geworden war, und die vielen an der Hecke entlang und mitten im Garten angelegten Blumenbeete. Ich sah die Gemüsebeete am westlichen Ende des Gartens und sagte: »Vielleicht«, und ich blickte weiter in den Garten, legte dann die Bibel auf den Tisch und setzte mich auf die Holzbank neben Otto und legte die Hände in den Schoß. Ich hatte so viele Fragen an Otto, doch irgendwie genoss ich die Stille, die zwischen uns herrschte, und ich wusste, dass es außer Otto keinen Lebenden gab, neben dem ich so ungestört schweigen konnte, neben dem es so ungestört still sein konnte. Neben Otto zu sitzen war, als wäre ich angekommen oder als wäre irgendetwas in mir angekommen oder als hätte alles seinen Platz gefunden. Das Zwitschern eines Vogels passte zu meinen dreckigen Fingernägeln, und mein leichter Atem zu den Wolken, die über den Himmel geblasen wurden, und der aufgegrabene Sand in der Sandkiste zu den Rissen im trockenen Holz des Gartentisches, und ich konnte mir keinen anderen Ort denken, an dem ich jetzt sein sollte, und wir saßen lange schweigend nebeneinander.

»Bist du traurig?«, fragte ich dann.

Otto leerte das Glas in einem Zug und verzog das Gesicht.

»Ich bin erschöpft«, sagte Otto, und er goss sich Whisky nach, stellte das wieder aufgefüllte Glas auf den Tisch und starrte es an.

Ich blickte in den Garten und überlegte, dass es eigentlich unser Gärtner war, der diesen Garten lieben musste, denn er war es, der hier den Rasen mähte, der hier goss und jätete und das Obst vom Boden klaubte, die Gemüsebeete pflegte und die Hecken stutzte. Mutter selbst gab nur die Anweisungen.

»Eigentlich ist es der Gärtner«, sagte ich.

»Es geht etwas zu Ende«, sagte Otto, »mit meinem Vater geht eine Zeit zu Ende.«

Otto trank.

Ich erinnerte mich, dass ich das schon einmal gehört hatte, irgendjemand hatte schon einmal gesagt, dass mit dem Tod meines Großvaters eine Zeit zu Ende gehen würde.

»Dein Großvater war ein schwieriger Mensch«, sagte Otto, »deine Geburt war wohl das Beste für ihn und für viele andere.«

»Wieso?«, fragte ich.

Von der anderen Seite des Dorfes und der Felder hörte ich den Zug pfeifen.

»Weil er wahnsinnig geworden ist«, antwortete Otto, »und vielleicht ist schon damals diese Zeit zu Ende gegangen.«

»Welche Zeit?«, fragte ich, doch Otto starrte auf sein Glas, und er schien den Faden verloren zu haben, denn er rührte dann eine Zeit lang mit dem Finger in seinem Getränk, zog den Finger heraus und steckte ihn in seinen Mund und wiederholte das Ganze einige Male.

»Es ist schwer, einen guten Whisky in Kolumbien zu bekommen«, sagte Otto, »zumindestens dort, wo ich lebe.«

»Welche Zeit?«, fragte ich noch einmal.

»Aber es gibt kein Land, in dem man besser schlafen kann«, sagte Otto, »das muss an der Erde liegen, irgendetwas hat diese südamerikanische Erde an sich. Wahrscheinlich ist sie alt und tief, diese Erde.«

Ich sah graue Stellen in Ottos Vollbart, und ich sah Schmerz und großen Ernst in Ottos Gesicht, und ich überlegte, dass es genau dieser Ernst war, den ich an Otto so bewunderte, dieser unbeugsame Ernst, doch da war auch Lebendiges und Kindliches in seinem Gesicht, und ich sagte: »Vielleicht«, obwohl ich keine Ahnung davon hatte, wie tief und alt die verschiedenen Erdteile waren, was das überhaupt bedeutete, wenn eine Erde tief und alt war, und plötzlich konnte ich mich erinnern, wer von dieser Zeit gesprochen hatte, die mit dem Tod meines Großvater vorbeigehen würde.

»Meinst du die Kriegszeit?«, fragte ich.

»Ich war auch in einem Krieg, Paul, aber von seinem Krieg war dein Großvater bis zu deiner Geburt besessen«, sagte Otto, er leerte das Glas, goss sich nach und leerte es wieder.

»Die Erinnerung bleibt«, sagte Otto.

»Ja«, sagte ich, denn davon hatte ich eine Ahnung, und um Erinnerungen zu haben, musste man nicht im Krieg gewesen sein, fand ich, und ich wusste, dass so manche Erinnerung blieb, dass manche Erinnerungen immer wieder kamen und dass ich zum Beispiel nie vergessen würde, wie mir Mutter einmal gesagt hatte, ich solle in mein Zimmer gehen, Hose und Unterhose ausziehen und mich auf den Bauch ins Bett legen, und ich erinnerte mich, dass ich halb nackt auf dem Bauch lag und lange auf meine Mutter gewartet hatte, bis sie dann kam und mit der flachen Hand auf meinen Hintern schlug. Ich hatte mich wartend gefragt, wie es eigentlich dazu kommen konnte, dass ich hier mit dem Gesicht nach unten auf den Vollzug wartete, und ich presste mein Gesicht tief in die Decke hinein und hörte die Schritte meiner Mutter, ich hörte, wie sie in das Zimmer kam und hinter sich die Tür zuschlug.

»Und es sind komischerweise immer die schlimmsten Erinnerungen, die bleiben«, sagte Otto.

»Und immer wieder kommen«, sagte ich.

»Der Krieg ist vorbei«, sagte Otto, und er sagte es, als wäre es der letzte Satz einer langen Geschichte, ein Reh galoppierte im Zickzack durch den Garten und sprang über die Sandkiste. Ich blickte dem Reh hinterher, und es lief weiter im Zickzack durch den Garten und verschwand hinter den Gemüsebeeten in der Hecke, und ich sagte »Wow!«, doch Otto starrte auf sein Glas und hatte nichts bemerkt.

»Was?«, fragte Otto.

»Nichts«, sagte ich, und wir saßen im Garten unter dem Sonnenschirm, und ich beobachtete Otto aus den Augenwinkeln und fand noch immer, dass ich stundenlang neben ihm so dasitzen konnte, ohne zu sprechen und ohne so zu tun, als wäre ich nur vorübergehend hier, so, wie ich normalerweise tat, wenn ich mit Menschen war, denn wenn ich mit diesen Menschen war, dann wurde ich immer nervös und sprang immer wieder plötzlich auf und sagte, dass ich jetzt weg müsse, denn da wäre etwas, das ich unbedingt zu erledigen hätte, doch es war nur dieses ständige Wegkommen, das ich unbedingt zu erledigen hatte.

»Aber dein Großvater hat nicht nur schlimme Dinge *gesehen*«, sagte Otto dann.

»Ich habe auch nicht *nur* schlimme Dinge gesehen«, sagte ich, denn ich fand, dass ich da mitreden konnte.

»Ich hab gesehen, wie mein Bruder das erste Mal gegangen ist«, sagte ich.

»Wohin?«, fragte Otto.

»Von da nach dort«, sagte ich.

Otto kicherte und sagte, dass er mir jetzt ein echt kolumbianisches Frühstück machen würde, er leerte das Glas in einem Zug und stand auf, warf die Zigarette in den Garten und ging in die Küche, und ich stand auch auf und roch am leeren Glas, trat die rauchende Zigarette aus und folgte ihm.

In der Küche lief das Radio und der Nachrichtensprecher sagte: »Es ist neun Uhr, am Sonntag, dem 9. Juli. Die Nachrichten.«

Unter dem Küchentisch lagen Jackie und unser neuer Labrador Rusty, der vor ein paar Wochen aus England zu uns geschickt worden war. Die beiden Hunde lagen ineinander verschlungen, wobei der kleine Hund nervös atmete und mit den Ohren zuckte. Sein Kopf lag an der Achsel des großen Hundes, und die eine Vorderpfote hatte er unter die Vorderpfoten von Jackie geschoben, die andere lag über Jackies Gesicht. Jackie schien das nicht zu stören, er lag einfach nur da, und ich fand, dass Jackie Güte und Ruhe ausstrahlte, und ich fand weiter, dass Güte eine ideale Lebenseinstellung war, wenn man seine Ruhe haben wollte, aber wahrscheinlich wurde man im Alter ganz von selbst gütig und hatte seine Ruhe. Und Jackie war alt. Jackie war sehr alt. Niemand hatte damit gerechnet, dass Jackie *so* alt werden würde, sogar der Tierarzt hatte gemeint, dass Labradore im Normalfall selten die vierzehn überschreiten würden, und nun war Jackie neunzehn Hundejahre alt. Eine Zahl, die ich mir immer wieder durch den Kopf gehen ließ, und ich rechnete sie immer wieder auf Menschenjahre um und kam immer wieder zu dem verblüffenden Ergebnis von 133 Jahren. 133 Jahre, überlegte ich, während ich Jackie und Rusty betrachtete, und ich überlegte weiter, dass Großvater nur elf Hundejahre alt geworden war, und ich fand, dass Großvater nicht einmal im Vergleich zu einem durchschnittlichen Labrador alt geworden war, aber Dackel zum Beispiel wurden locker fünfzehn, und Schildkröten oder Wale, überlegte ich weiter, wurden überhaupt gleich hundert Hundejahre alt.

»In Beaucaire wird Avitus zum weströmischen Kaiser bestimmt. Er kann auf Unterstützung durch den Westgotenkönig Theoderich den Zweiten zählen«, sagte der Nachrichtensprecher.

»Isst du gerne scharf?«, fragte Otto.

»Ja«, sagte ich, obwohl ich nicht wirklich wusste, ob ich gerne scharf aß. Ich konnte mich erinnern, dass ich einmal einen Nachmittag lang vor einem gekochten Karfiol mit Semmelbrösel und Butter saß, und meine Mutter saß neben mir, und sie saß so lange neben mir, bis ich den Karfiol aufgegessen hatte. Danach hatte ich mich übergeben. Das Gleiche war mir ein andermal mit gekochten Tomaten passiert, nur, dass ich mich sofort und auf den Teller übergeben hatte, und Mutter hatte gemeint, dass man an dem Erbrochenen sehen könne, wie schlecht ich das Essen kaue. Ich hatte keine wirkliche Einstellung zu Essen, ich hatte keine Einstellung zu scharf oder salzig oder süß oder sauer oder sonst was, überlegte ich.

»Eigentlich essen die Kolumbianer gar nicht gerne scharf, aber ich tu mal so«, sagte Otto, und dann fragte er mich, ob ich kurz das Schneiden dieser kleinen Paprika übernehmen könne, denn er müsse aufs WC, und ich nickte, und Otto reichte mir das Messer mit dem Griff voran und ging.

»Die Schlacht bei Sempach endet mit dem Tod des Habsburgers Leopold dem Dritten und einem Sieg der Eidgenossen«, sagte der Nachrichtensprecher.

»Eidgenossen?«, sagte ich, »was ist denn das?«

Jackie jaulte und Rusty blickte sich um und betrachtete mich ein paar Sekunden und wedelte mit dem Schwanz, dann schloss er die Augen und schlief ein, und ich dachte, wie einfach es diesen Tieren fällt, so mir nichts dir nichts einzuschlafen, während ich oft stundenlang im Bett lag und mich hin und her wälzte und währenddessen vor lauter komplizierten und unguten Gedanken zu schwitzen anfing und mich aus meinem Körper wünschte. Es waren Gedanken, die ich nur in der Nacht hatte, die aus dem Nichts kamen, und die am nächsten Morgen wieder im Nichts verloren gegangen waren. Mein Vater erzählte manchmal von seinen schlaflosen Nächten, und er sagte, dass ich diese Schlaflosigkeit wohl von ihm geerbt hätte, und dass man eben nicht nur den Grafentitel erben würde, und ich wünschte, ich hätte weder noch geerbt.

»Katharina die Große wird nach einem Putsch ihrer Garden zur alleinigen Zarin ausgerufen, ihr außerhalb Sankt Petersburg weilender Gemahl, Zar Peter der Dritte, ist von der Entwicklung völlig überrascht«, sagte der Nachrichtensprecher.

Es gab Nächte, in denen ich Angst hatte, ich würde niemals mehr der Alte werden. Ich beobachtete Rusty, wie er sich auf den Rücken drehte und die Beine von sich streckte, und ich dachte an all die nächtlichen Positionen, die ich zwecks Einschlafen schon erprobt hatte.

Ich schnitt die Paprika und lauschte dem Nachrichtensprecher, und ich fand mich recht wichtig, wie ich hier diese

Paprika schnitt und den Nachrichten folgte, und das Haus war ruhig, und mir fiel auf, dass Ianica nicht hier war, und ich fand auch, dass das jetzt getrost mein Schicksal sein könnte, denn es fühlte sich irgendwie abgeschlossen an oder fertig oder komplett oder was wusste ich, was es da noch für Wörter gab, die ich mir jetzt ausdenken konnte.

»Rund«, sagte ich.

»Wie bitte?«, sagte Otto, der plötzlich wieder neben mir stand.

»Wo ist eigentlich Ianica?«, fragte ich.

»Die habe ich nach Hause geschickt«, sagte Otto, »die brauchen wir nicht.«

Otto lief von einer Seite der Küche zur anderen und wieder zurück, und stellte sich zur Küchentür und sagte, wie schön dieser Garten sei, und er schien auf einmal voll Energie zu sein, und seine braunen Augen waren sperrangelweit aufgerissen. Otto holte sein Whiskyglas aus dem Garten und zündete sich eine Zigarette an, blies den Rauch durch die Küche, nahm einen Schluck von seinem Glas und sagte, dass sein Vater ein Verbrecher gewesen sei, und dass er selbst froh wäre, jetzt nach dessen Tod wieder nach Österreich zurückkehren zu können, und dann lachte Otto auf und leerte sein Glas und nahm einen tiefen Zug von seiner Zigarette, und dann fragte er, ob es einen Unterschied machen würde, der Einzige zu sein, der stirbt, oder der Einzige zu sein, der überlebt. Dann zuckte er die Schultern, und gab sich selbst die Antwort: »Es ist scheißegal!«

»Das Vizekönigreich des Río de la Plata, das heutige Argentinien, erklärt im Kongress von Tucumán seine Unabhängigkeit von Spanien«, sagte der Nachrichtensprecher.

Ich stand mit dem Messer in der Hand an der Küchenarbeitsfläche und betrachtete die Paprikastücke, die ich klein geschnitten hatte, und ich dachte, dass ich auch ein bisschen ein Verbrecher war, denn ich stahl meiner Mutter und manchmal auch meiner älteren Schwester Isabelle Geld, und ein Dieb war ein Verbrecher, und ich sagte zu Otto, dass man erstens schnell ein Verbrecher sei und zweitens wäre das alles halb so wild.

»Kommt drauf an«, antwortete Otto, und er lief von einer Seite der Küche zur anderen.

»Was für ein Verbrecher war Franz?«, fragte ich, und ich hoffte, dass Großvater nicht auch ein Dieb gewesen war, denn dann würde ich mich irgendwie ertappt fühlen und durchschaut.

»Und jetzt kommen die Zwiebeln«, sagte Otto, er blickte sich um und fragte, wo denn die Zwiebeln hier wären.

»Im Keller«, sagte ich, und Otto ging und holte die Zwiebeln, und ich schnitt sie in kleine Stücke, und meine Augen begannen zu tränen.

»Ich muss diese Lesung heute halten«, sagte ich.

»Welche Lesung?«, frage Otto.

»Die, für das Begräbnis«, sagte ich.

»Welches Begräbnis?«, sagte Otto, und dann lachte er und lief in der Küche auf und ab, und er sagte, dass ich das schon schaffen würde, und ich könnte, wenn ich wollte, jetzt, nach dem Frühstück mit ihm üben.

»Ja«, sagte ich, »das wäre gut.«

»In Österreich wird das Abkommen der Alliierten über die vier Besatzungszonen geschlossen«, sagte der Nachrichtensprecher.

Jackie gähnte und jaulte, Rusty sprang von seinem Platz und kam mit kleinen tanzenden Schritten auf mich zu und roch an meinen Beinen. Otto öffnete die Tür und ließ die beiden Hunde hinaus.

»Und jetzt die Eier«, sagte Otto.

»Im Kühlschrank«, sagte ich, und ich fand, dass Otto und ich ein gutes Team waren, denn der eine brauchte die Eier für sein kolumbianisches Frühstück, und der andere wusste, wo die Eier waren. Und ich fragte mich, ob man das Leben überhaupt als Einzelner bestreiten könne? Vielleicht in einem Leben, überlegte ich, in dem ich weder nach Eiern gefragt wurde noch wusste, wo sie waren?

»Da sind keine Eier«, sagte Otto.

»Dann weiß ich auch nicht wo«, sagte ich.

Vielleicht in einem Leben, überlegte ich weiter, in dem alle Kühlschränke leer waren, und sich die Menschen wunschlos und blöd gegenüberstanden.

«Pawel Chlebnikow, Chefredakteur der russischen Ausgabe des Forbes Magazine wird von zwei unbekannten Tätern in Moskau erschossen«, sagte der Nachrichtensprecher.

Ich stand über meinem Schneidebrett und betrachtete die Zwiebeln und die Paprika, die ich klein geschnitten hatte, dann betrachtete ich Otto und griff mir an die Brust. Ich spürte den Schlüssel und den Finger unter meinem T-Shirt, und ich überlegte, ob ich Otto nach diesem Schlüssel und den Leichen fragen sollte, denn vielleicht hatte er eine Ahnung, und ich überlegte auch, wie man das am besten anging, ohne sofort alles preiszugeben.

Ich fragte Otto, ob er schon jemals von einem goldenen Schlüssel gehört hätte, der einen Raum im Keller sperrte, und ich fragte gleich weiter, ob Otto von irgendwelchen Leichen wüsste, die vor über vierzig Jahren verschwunden waren. Otto sah mich lange an und schien zu überlegen, und er antwortete dann, dass es so viele Geschichten über das Schloss und über den Weltkrieg und auch über Großvater gäbe. Doch Otto schien verunsichert und unschlüssig, und er fuhr sich durch die Haare und sagte, dass Großvater ein Kriegsverbrecher gewesen sei.

»Was heißt das?«, fragte ich.

»Das weiß ich auch noch nicht so genau«, sagte Otto und verließ die Küche.

Ich stellte mich an die Küchentür und beobachtete die beiden Hunde, und ich sah Rusty, der jedem Schritt Jackies folgte und nachahmte, was immer auch der ältere Hund tat, und wenn sich Jackie in die Wiese legte, dann legte sich Rusty auch in die Wiese, und wenn Jackie an einem Strauch schnüffelte, dann schnüffelte auch Rusty an diesem Strauch, und ich war sicher, dass Rusty keine Ahnung hatte, was er da tat und warum er das tat, und ich fand, während ich die Hunde beobachtete, dass auch ich viele Dinge machte, ohne zu wissen warum eigentlich und dass sich bei genauerer Betrachtung dieser Dinge herausstellte, dass sie nichts anderes waren, als das sinnlose Beschnüffeln von Sträuchern, sinnlose Gewohnheiten nämlich, wie der wöchentliche und sonntägliche Kirchgang zum Beispiel, oder das dreimal täglich Zähneputzen mit Fluorspülung hinterher, die Was-auf-den-Tisch-kommt-wird-gegessen-Regel, Gewohnheiten, über die Mutter immer sagte, dass das immer schon so gewesen sei, dass ich da nicht so dumme Fragen stellen solle, denn wo käme man denn da hin. Aber gerade die Frage, wo man denn da hinkäme, fand ich interessant, und überhaupt, sagte Mutter weiter, solle ich gehorsam sein, und während ich weiter an der Küchentür stand und die beiden Hunde beobachtete, bekam ich das Gefühl, dass meine Mutter vielleicht auch keine Ahnung von den Dingen hatte, die sie durch die Gegend befahl, dass sie nur befahl, was auch ihr befohlen worden war, dass das Leben schlicht eine gedankenlose Weitergabe von Befehlen war. Ich stand an der Küchentür und beobachtete, wie die beiden Hunde die Sandkiste umrundeten, und ich sah, dass Jackie immer wieder auf Rusty wartete, wenn dieser durch ein herumfliegendes Insekt kurz abgelenkt war. Jackie blickte auf Rusty, als würde er ihn schweigend unterstützen oder anfeuern, und ich war irgendwie beeindruckt und glaubte, dass man mit Geduld und Ruhe und schweigender Unterstützung viel besser befehlen konnte, als mit Gebrüll, doch meine Mutter zum Beispiel war ein Mensch und kein Hund, und ich wusste, dass Menschen ihre Eigenarten und ganz persönlichen Eigenschaften hatten, dass Mutter zum Beispiel sehr ungeduldig war, und deswegen wahrscheinlich keine Zeit hatte für Geduld und Ruhe und auch deswegen lieber brüllte. Und wenn das Brüllen nichts mehr half, wurde Mutter handgreiflich, aber ich fand, dass auch ich nicht besonders geduldig war, denn manchmal hatte ich nicht einmal die Zeit, ein Glas mit Wasser zu füllen.

Die beiden Hunde liefen den Garten hinauf Richtung Hecke, dorthin, wo die große Einfahrt war, die nie als Einfahrt verwendet wurde. Das grüne große Holztor blieb immer verschlossen, und die grüne kleine Holztür daneben hatte sich über die Jahre verzogen und war nicht mehr zu öffnen. Doch manchmal kletterte ich über das Tor, denn dahinter lagen die Pferdekoppeln meines Onkels, und ich stand gerne am Zaun und beobachtete die Pferde.

Die beiden Hunde blieben vor dem Holztor stehen, wandten sich nach rechts und gingen langsam die Hecke entlang. Rusty schlüpfte auf die andere Seite durch und kam nach wenigen Momenten wieder zurück und wiederholte das Verschwinden und Wiederauftauchen immer wieder. Jackie schien es nicht zu stören, dass Rusty seinen eigenen Weg ging, warum auch, dachte ich.

»Bei einem Flugzeugunglück in der Nähe der russischen Stadt Irkutsk sterben mindestens hundertzwanzig Menschen«, sagte der Nachrichtensprecher.

»Menschen, was ist denn das?«, sagte ich, denn ich fand, dass ich dieses Wort schon zu oft gehört hatte. Menschen. Ich glaubte nicht an diese Menschen, denn ich glaubte, dass es vielleicht irgendwo dort draußen diese Menschen gab, ein Gerücht, das um die Welt ging, doch die sogenannten Menschen, diejenigen, die ich tatsächlich traf und kannte, waren eher Zwitterwesen, deren eine Hälfte menschlich war und deren andere idiotisch. Ungünstig, überlegte ich, wurde es dann, wenn, so wie bei dem Dorftrottel Ludwig oder meinem Großvater Franz, die menschliche Hälfte auch idiotisch war. Aber der Mensch an sich, fand ich, war ein Gerücht.

»Halb Mensch, halb Depp«, sagte ich, und ich beobachtete Jackie und Rusty, wie sie gemeinsam die Hecke entlanggingen. Jackie hob an bestimmten Stellen das Bein und markierte und Rusty machte das Gleiche.

»Die deutschen Tennisspieler Steffi Graf und Boris Becker gewinnen innerhalb weniger Stunden die Einzelwettbewerbe des Wimbledon Tennisturniers«, sagte der Nachrichtensprecher.

Mein Tennislehrer, Herr Lacho – der immer sagte, dass das Einzige, was in Wahrheit bei Weltschmerz helfe, eine eiskalte Dusche sei –, hatte einmal gemeint, dass auch ich irgendwann einmal dieses Wimbledon Turnier gewinnen würde. Aber auch das hielt ich für ein Gerücht.

Jackie und Rusty liefen an den Gemüsebeeten vorbei und legten sich in die Wiese.

Doch irgendwo, überlegte ich, mussten diese Gerüchte ihren Ursprung haben, so wie die Lichter, die in der Nacht unser Haus beleuchteten, und in Gedanken folgte ich den Stromkabeln in die Steckdosen und durch die Mauern über die Strommasten zu den Umspannwerken und weiter zu den riesigen Kraftwerken, die irgendwo weit entfernt in der Gegend standen. Ich lehnte an der Küchentür und blickte in den Garten, und ich wusste, dass alles dort draußen nur ein großes und oberflächliches Spektakel war, das seinen Ursprung irgendwo und weit entfernt hatte.

»Halb Mensch, halb Depp«, wiederholte ich.

»Wer?«, sagte Otto.

»Die da«, sagte ich, denn in diesem Moment sah ich am oberen Ende des Gartens eine nackte Frau durch die Hecke springen. Sie warf ihren Kopf hin und her, und ihre langen rötlichen Haare flogen um ihren Schädel, und sie brüllte immer wieder, dass Ianica an allem schuld sei, und dann lief sie durch den Garten und schlug um sich. Sie hob einen schweren Ast vom Boden und schwang ihn durch die Luft, und ich erkannte diese Frau, die da wie wahnsinnig und Ast schwingend und nackt durch den Garten lief.

»Das ist Eva«, sagte ich.

»Aha«, sagte Otto.

»Die Mutter von Petar«, sagte ich.

»Aha«, sagte Otto, »und woran ist Ianica schuld?«

»Keine Ahnung«, antwortete ich, und Otto versperrte die Küchentür.

Eva lief auf die beiden Hunde zu, brüllend und Ast schwingend, und ihre großen Brüste sprangen hin und her, und ich bekam Angst, und auch Jackie und Rusty bekamen Angst. Sie flüchteten, und Eva hinterher, und die beiden Hunde wussten nicht so recht wohin, und sie liefen mit eingezogenem Schwanz und aufgestellten Nackenhaaren einfach im Kreis durch den Garten, und Eva weiter hinterher, und ihre Brüste sprangen und ihre Haare wehten, und ich überlegte, dass ich Petar sobald nicht besuchen würde, und dann blieb Eva mitten im Garten stehen und ließ den Ast fallen.

Ich griff nach Ottos Hand und hielt mich fest.

»Die amerikanische Raumsonde Voyager 2 fliegt am Jupiter vorbei und liefert Fotos von Jupiter und seinen Monden«, sagte der Nachrichtensprecher.

Eva stand eine Weile bewegungslos im Garten, und Otto und ich standen an der Küchentür, und ich starrte auf Eva, und es war, als würde sie Kräfte für ihren nächsten Angriff sammeln. Plötzlich hob Eva den Kopf und blickte mir direkt in die Augen, und ich hatte das Gefühl, als würde sich mit einem Schlag mein Körper leeren, als hätte Evas böser Blick mein Innenleben ausgelöscht, und Eva brüllte, dass Ianica an allem schuld sei, und sie lief auf uns zu und kam immer näher, und ich war unfähig, mich zu bewegen. Auch Otto stand einfach nur da, und Eva lief an der Sandkiste vorbei, und ihr Blick war auf mich gerichtet, und sie lief weiter, an der Trauerweide vorbei, und ich starrte in ihre grauen Augen, die mich fixierten, als wäre ich das ganz persönliche Ziel ihres Angriffs, und Eva lief weiter und kam immer näher und rannte mit voller Wucht gegen die Küchentür, und ihr nackter Körper klebte an der Glasscheibe, und ich hatte Zeit, mir alles genau anzusehen. Da waren ihre flach gedrückten großen Brüste und ihr weißer Bauch, und unter ihrem Nabel war eine dicke rote Narbe, da waren ihre dichten Schamhaare, die nackten kräftigen Beine. Evas Augen waren weit geöffnet, und sie blickte mich noch immer an, und aus Nase und Mund lief Blut.

»Paul«, sagte Otto, »geh aufs Klo und sperr dich ein!«

Ich warf noch einen letzten Blick auf Eva, wie sie rückwärts, zurück in den Garten taumelte, das Blut lief über ihr Gesicht und ihren Hals den Oberkörper hinunter. Otto nahm ein Messer aus einer der Küchenladen, und dann rannte ich und sperrte mich auf dem Klo ein, und im Klo stellte ich mich vor den Spiegel. Mein Herz klopfte, und ich fragte mich, woran Ianica schuld war, und ob Otto die Mutter von Petar jetzt töten würde und danach noch andere Menschen, denn wer weiß, was einen ehemaligen Soldaten im Ernstfall so trieb. Und ich fragte mich auch, was Petar wohl zu all dem sagen würde? Und überhaupt hatte ich Angst, dass ich hier auf dem Klo für immer festsaß, denn das Töten würde kein Ende nehmen. Ich blickte in mein Spiegelbild, und es war bleich und lang und dünn, und da waren meine Augenbrauen, die über die Jahre dichter und schwärzer geworden waren, und ich hatte dunkle Ringe unter den Augen, und diese blauen Augen waren der Eingangspunkt und der Ausgangspunkt meines Gesichts. Von da aus trat ich als Blick in die Welt, und hier trat die Welt als Bild in mich hinein, und ich starrte mir lange in die Augen und untersuchte diesen Blick, der weder Anfang noch Ende zu haben schien und der über mein Spiegelbild hin und her geworfen wurde.

Ich wandte mich vom Spiegel ab, und ich zitterte am ganzen Körper, und aus meinen Knien wich die Kraft, und ich setzte mich auf das WC.

An der Tür hing eine große gerahmte Fotocollage, die meine Mutter vor einigen Wochen in langer Arbeit gemeinsam mit Isabelle zusammengestellt und dann dorthin gehängt hatte, und die uns Kinder in verschiedenen Altersstufen und an verschiedenen Orten zeigte, und auf fast allen Bildern wirkte ich glücklich. Da waren Bilder aus Ibiza, auf denen auch Vater abgebildet war, da waren Bilder von mir und Großvater, Bilder, auf denen alle Geschwister abgebildet waren und auf denen Maximilian meistens weinte, da waren vor allem Bilder von uns Kindern zu Hause, unter der Weide oder vor oder in der Sandkiste, im Schwimmbad oder auf den Schaukeln, vor dem Brunnen im Schloss, da waren die sogenannten Weihnachtsfotos, auf denen wir besonders frisiert und angezogen posierten und die zum Versand an andere kinderbesitzende Familien aufgenommen worden waren und immer eine komplizierte Vorgeschichte hatten. Da war ein Foto, auf dem ich mit verbundener linker Hand auf einem der Holzzäune der Pferdekoppeln meines Onkels saß, und ich trug einen zu großen Strohhut und blickte abwesend auf den Boden. Es war ein paar Wochen nach meiner Handoperation, am Tag meiner Rückkehr aus dem Spital aufgenommen worden. Ich konnte mich erinnern, dass ich zu meinem Onkel gegangen war, denn ich hatte mich zu Hause und in der Nähe Ianicas unwohl gefühlt, und Onkel Johannes setzte mir diesen zu großen Strohhut auf den Kopf und sagte, dass ich ihn begleiten solle. Ich nahm seine Hand, und wir gingen zu den Pferdeställen und Koppeln, wo der Schmied die Hufe eines Pferdes beschlug, und ich konnte mich erinnern, dass ich fasziniert war, von der Kraft des Schmieds und der Kraft des Pferdes und dem Kampf zwischen den beiden, und ich erinnerte mich, dass wir lange dort standen, und ich hielt die Hand meines Onkels.

Mein Onkel war groß und dünn, er hatte ein sonderbares Funkeln in seinen blauen Augen, während er den Schmied beobachtete, und dieses Funkeln erinnerte mich an das sonderbare Funkeln in den Augen meines Großvaters, wenn er in den Kamin oder an die Wand starrte, und ich spürte große Ähnlichkeit zwischen meinem Großvater und meinem Onkel.

Wir gingen weiter zu den großen Koppeln, in denen die Pferde weideten und standen und miteinander liefen, und mein Onkel hob mich auf und setzte mich auf einen der Zäune. Ich erinnerte mich deutlich, dass mein Onkel einen Fotoapparat aus seiner Jacke holte und ein Foto schoss, und dieses Foto klebte mit all den anderen auf dieser Collage.

Draußen lief die Mutter Petars nackt und brüllend durch den Garten, und Otto hatte ein Messer aus einer der Küchenladen geholt, und ich hatte mich ins Klo gesperrt und wartete, aber ich wollte nicht mehr warten.

Ich hörte Schreie von draußen und stand auf. Ich entriegelte die Tür langsam und streckte den Kopf hinaus, trat ins Speiszimmer und sah in den Garten, der sich leicht bergauf und unverändert bis zu den sterbenden Kastanien erstreckte, und ich sah die schweren Gartenmöbel über den ganzen Rasen verteilt. Ich ging auf Zehenspitzen in die Küche, das Radio lief, die Zwiebel und Paprika lagen klein geschnitten auf dem Schneidebrett. Ich ging zur Tür und sah Eva, die mit einem großen Handtuch bedeckt am Boden bei der Weide saß, ihr blutiger Kopf war gesenkt, und sie rührte sich nicht. Sie war mit einem gelben Gartenschlauch an den Baum gefesselt. Ein paar Meter weiter saß Otto in einem der Gartensessel, rauchte und nippte an seinem Glas und las in meiner Bibel, zu seinen Füßen saßen Jackie und Rusty, und ich blieb so lange an der Tür stehen, bis ich die Sirenen von Polizei und Rettung hörte.

»Bei einem Amoklauf in Carnuntum kommt niemand ums Leben«, sagte der Nachrichtensprecher.

4

»Das ist eine Unordnung«, sagte Vater.

»Ianica ist an allem schuld!«, antwortete Otto und zuckte mit den Schultern, und Vater und Otto gaben sich die Hand, kurz blickten sie sich in die Augen, und ich hatte das Gefühl, als würden sie durch ihren Blick ein heimliches Wissen austauschen, kurz nur und ohne es selbst zu ahnen, und dann war alles wieder vorbei und Vater und Otto standen sich gegenüber, wie zwei Menschen, die sich kaum kannten und eigentlich lieber mieden.

Vater war mit dem Taxi vom Flughafen gekommen und stand mit Gepäck und großer schwarzer Golftasche mit weißem Titleist-Aufdruck im Garten. Die zwei Polizisten waren hiergeblieben und begrüßten meinen Vater.

»Herr Graf«, sagte der eine und reichte Vater die Hand.

»Es ist mir eine Ehre«, sagte der andere und reichte Vater auch die Hand, und Otto schüttelte den Kopf.

»Mein Beileid«, sagte der eine.

»Ach ja!«, antwortete Vater.

»Aja, meins auch«, sagte der andere, und die zwei Polizisten standen dann einfach so herum, und Otto und Vater standen auch herum und rauchten, und es tat sich eine Zeit lang nichts, und ich saß an der Hausmauer am Boden, und neben mir saßen Jackie und Rusty.

»Brauchen Sie mich hier, ich bin müde, und ehrlich gesagt, ist es mir im Moment egal, was hier passiert ist«, sagte Vater dann, und die zwei Polizisten blickten sich an, und der eine sagte, dass man ihn eigentlich nicht brauche, denn er wäre ja eigentlich nicht hier gewesen, als alles passierte, aber mein Vater hätte eigentlich die Möglichkeit, Anzeige zu erstatten.

»Eigentlich«, sagte der Polizist.

»Gegen wen eigentlich?«, fragte mein Vater.

»Gegen eine Frau Eva Modric«, sagte der Polizist.

»Und wer soll das sein?«, fragte mein Vater.

»Die Mutter von Petar«, rief ich meinem Vater zu.

»Und was sollte ich da anzeigen«, fragte mein Vater, »die Unordnung im Garten?«

Die Polizisten sahen sich an, und der eine zuckte mit den Schultern, und der andere Polizist fragte, ob er ein Autogramm von meinem Vater, dem »Golfgrafen«, haben könne, und Otto schüttelte wieder den Kopf. Vater gab dem Polizisten ein Autogramm.

»Eigentlich hätte ich auch gern eines«, sagte der andere, und Vater schrieb auch ihm eines.

»Otto«, sagte Vater dann, »wir sprechen später«, und dann verabschiedete sich Vater von den Polizisten, kam auf mich zu und gab mir die Hand.

»Alles in Ordnung, Paul?«, fragte Vater.

»Ja«, sagte ich.

»Was ist passiert?«, fragte Vater.

»Die Mutter von Petar war plötzlich im Garten, und dann ist sie nackt durch den Garten gelaufen und hat die Hunde verfolgt, mit einem Ast in der Hand, und dann ist sie gegen die Küchentür gelaufen«, sagte ich.

»Ich hab dir etwas mitgebracht«, sagte Vater.

»Danke«, sagte ich.

Vater brachte immer etwas mit, und er übergab mir seine Geschenke immer ohne große Geste, und ich dachte mir immer, dass ich statt einer Umarmung eben ein Fußball-T-Shirt bekam oder ein Fußballbuch oder Fußballsocken oder einen Fußballschal. In meinem Zimmer hatte ich im Kasten zwei ganze Laden mit all den Fußballgeschenken, die ich nie verwendet hatte oder jetzt nicht mehr verwendete, weil sie verjährt oder zu klein oder kaputt waren, doch manchmal räumte ich die zwei Laden aus und ging all die Geschenke durch, die ich über die Jahre bekommen hatte, dachte mir nichts dabei und räumte sie dann wieder in den Kasten, und das eigentliche Erlebnis dabei war dieses Wiedereinräumen der Dinge.

»Was ist ein Kriegsverbrecher?«, fragte ich meinen Vater, und mein Vater stand da und sah auf mich herab und sagte dann, dass er sich jetzt baden würde, und er atmete aus und sagte noch, dass er froh sei, dass Johannes all die Begräbnisangelegenheiten regeln müsse, denn er hätte für solche Sachen überhaupt keine Zeit.

»Und außerdem will es so die Tradition«, sagte Vater, und ich dachte, dass Vater oft von Tradition und Familientradition und Jagdtradition sprach.

»Ja«, antwortete ich, und Vater ging ins Haus, die Golftasche über die Schulter geworfen, und als er das Blut an den Scheiben der Küchentür sah, sagte er: »Aha!«

Es gab im Haus einen ganz bestimmten Platz für Vaters Golftasche, einen kleinen Raum, der früher einmal das »Babyzimmer« gewesen war, hinter dem Schlafzimmer meiner Eltern, und abgesehen von der schwarzen Ledergolftasche hatte Vater dort auf einem ausgeleuchteten Präsentationsregal seine gewonnenen Pokale aufgestellt. Mein Vater nannte diesen Raum das »Siegerzimmer«, doch Isabelle wandte immer wieder ein, dass Vater eigentlich niemals ein Turnier gewonnen hätte, dass er diese wenigen Pokale nur für ein paar dritte Plätze erhalten hätte und in Wahrheit kein Sieger wäre, doch Vater antwortete monoton nur mit den Worten »British Open« und ignorierte meine Schwester. Vor ein paar Monaten hatte Vater sogar ein kleines Messingschild anfertigen lassen, auf dem das Wort »Siegerzimmer« eingraviert war, und er hatte es an die Tür zum Siegerzimmer genagelt. Isabelle sagte manchmal, dass Vater in einer Phantasiewelt leben würde, und sie nannte das Siegerzimmer »Phantasiezimmer« und ihren Vater »Phantasievater«. Manchmal war unser Phantasievater mehrere Stunden im Phantasiezimmer und brachte ein paar Stunden seines Phantasielebens hinter sich. So zumindest drückte es Isabelle aus, wenn Vater wieder einmal zu Hause war und sich zurückzog. Während Vaters Abwesenheit blieb das Siegerzimmer verschlossen, und nicht einmal Mutter hatte einen Schlüssel, doch Mutter schien das ganze Siegerzimmer-Tamtam im Grunde überhaupt nicht zu interessieren, sie schien sich im Allgemeinen nicht großartig für ihren Mann zu interessieren, aber das schien wiederum meinen Vater nicht zu interessieren, und so blieb zwischen den beiden alles im Lot. Zumindest sah ich das so.

Otto und die Polizisten unterhielten und verabschiedeten sich dann. Otto kam auf mich zu, lächelte und sagte: »Das war was, oder?«

»Ja«, sagte ich, denn ich fand, dass das wirklich etwas gewesen war.

»Ja«, sagte ich noch einmal.

»Manchmal verlieren Menschen die Nerven«, sagte Otto, »manchmal wächst ihnen das Leben über den Kopf, manchmal wollen oder müssen sie mit einem Schlag alles vergessen und hinter sich lassen und abschütteln, und ich glaube das war es, was du gesehen hast, das war es, was dieser armen Frau passiert ist, aber ich gehe davon aus, Paul, dass dir das nie mehr in deinem Leben passieren wird, und solange du lebst, Paul, vergehen die Dinge«, sagte Otto, und ich hoffte nur, dass dieses Mal das letzte Mal gewesen sei, und dass alles vergehen würde, und ich hoffte, dass all die Menschen in meiner

Umgebung ihr Leben gut im Griff hatten, und ich erinnerte mich daran, dass Mutter manchmal sagte, wie sehr ich an ihren Nerven sägen und ihr auf die Nerven gehen würde, und überhaupt sprach Mutter oft von ihren Nerven, aber Mutter war eisern und stark und hatte den Blick immer vorwärts gerichtet, und so glaubte ich, während ich auf dem Boden bei der Hausmauer saß und Jackie und Rusty neben mir und Otto groß und dunkel vor mir stand, dass meine Mutter ihr Leben gut im Griff hatte.

»Ich hoffe«, sagte ich.

»Sollen wir deine Lesung üben?«, fragte Otto, er reichte mir die Hand und zog mich auf die Beine.

»Ich mach mir ein Wurstbrot!«, sagte ich.

»Gute Idee, und zwar ein kolumbianisches Wurstbrot«, sagte Otto.

Wir gingen in die Küche, und ich fragte Otto, was er in Kolumbien eigentlich so tue, und Otto antwortete, dass er Lehrer sei und auf einer kleinen Insel namens Tierra Bomba im Atlantik die Kinder armer Familien unterrichte, und ich glaubte ihm, obwohl Vater immer behauptete, Otto würde nichts tun. Vater regte sich immer furchtbar auf, wenn er über Otto sprach und dessen Leben in Kolumbien, und er nannte ihn einen Nichtsnutz und Versager, aber ich glaubte nicht, dass Otto ein Nichtsnutz und Versager war, ich glaubte, dass Otto einfach nur ein anderes Leben als Vater und überhaupt alle führen wollte, und ich fand auch, dass Vater noch nie Verständnis für andere Menschen und speziell für seinen Bruder Otto gehabt hatte.

»Ich finde das gut«, sagte ich.

Ich hörte den Polizeiwagen starten und wegfahren.

»Danke«, sagte Otto, und wir machten uns Brote, und Otto erzählte über das Land Kolumbien, dieses aufregende und gefährliche Land, wie Otto sagte, wo Banker ihre eigenen Banken ausraubten und der unauffällige Mann an der Ecke mit der erloschenen und abgekauten Zigarre im Mund der Drogenboss der Stadt wäre und wo zuerst gemordet und dann besprochen werde. Ich hörte meinem Onkel zu, während wir unsere Wurstbrote aßen, und ich verlor mich in seiner Geschichte und seinen dunklen, glühenden Augen und vergaß die Lesung und das Begräbnis und all die Menschen, die kommen würden.

Er erzählte weiter, dass er in einem kleinen Haus am Meer wohne, dass er keinen Strom hätte, denn diese Insel, auf der er lebe, wäre von Gott vergessen worden. Vielleicht, sagte Otto, hätte Gott diese Insel niemals erschaffen, eine Nachgeburt der Welterschaffung, sagte Otto. Noch einmal dachte ich an die Gerüchte und an das Licht, das unser Haus bei Nacht beleuchtete, und an den Strom, der von weit her kam, und ich dachte, dass diese stromlose Insel, auf der Otto lebte, der Weisheit letzter Schluss sein müsse.

»Und fast jeden Morgen gehe ich ins Meer schwimmen«, erzählte Otto, »und dieses Meer, die Karibik, ist so blau wie deine Augen.«

Ich wusste nicht, was ich dazu sagen sollte, und ich schwieg und nahm mir vor, dass ich, wenn ich das nächste Mal vor dem Spiegel stünde, einen genaueren Blick in meine Augen werfen würde, denn von der Karibik hatte ich schon viel gehört, und während wir Wurstbrote aßen, erzählte Otto weiter, von seinem kleinen Zuhause und seinem kleinen begrünten Vorgarten, in dem er oft in einem alten Schaukelstuhl saß und aufs Meer sah und sich überlegte, für immer da zu bleiben, denn er hätte all die Städte dieser Welt satt, diese Städte, mit ihrem lächerlichen Anspruch auf Ewigkeit, die Städte, denen man sich beugen müsse, um eingelassen zu werden, und er sagte, dass sogar Uruk und Babylon untergegangen seien, und so bliebe er lieber gleich in einer Welt, der man den Untergang sofort ansehe.

»Carnuntum ist auch untergegangen«, sagte ich.

»Richtig«, sagte Otto, »auch Carnuntum ist untergegangen, deswegen werde ich auch wiederkommen, aber eigentlich ist es immer noch am Untergehen, mit den alten Bauern und den leerstehenden Lokalen und den Menschen, die nur noch auf den Boden starren, und jetzt ist dein Großvater gestorben, und die Kastanien sterben auch, und man gräbt hier nur noch die Vergangenheit aus«, sagte Otto und griff nach der Bibel und durchblätterte sie, und er blätterte bis zu der Seite, in die ich ein Eselsohr geknickt hatte und sagte: »Aha, 1. Mose 22.«

»Mose, der Depp«, sagte ich, und Otto lachte, und ich lachte mit, und dann reichte mir Otto das Buch, er blickte mir in die Augen und sagte: »Also!«

Ich begann zu lesen und versuchte, mich auf die Wörter zu konzentrieren und über die Wörter hinaus auf die Sätze, die da standen. Doch zwischen den Wörtern und den Sätzen war kein Zusammenhang, doch ich las weiter, ohne den Kopf zu heben und ohne die Augen von diesen Wörtern und Sätzen zu lassen. Und da waren Wörter wie »Sohn« und »Berge« und »Vater« und »Stätte« und »Gott« und »Sohn«. Das Problem war, dass ich mit den Gedanken ganz woanders war, während ich las. Und woanders, dort eben, wo meine Gedanken waren, sah ich die großen Augen Evas und ihren nackten Körper, der gegen die Küchentür lief, und wäre ich in Gedanken nicht bei Petars Mutter, dann würde ich in meiner Vorstellung vielleicht in einem Maisfeld meines Onkels stehen, oder ich würde einsam über ein Fußballfeld laufen, ich würde sogar noch einmal mit Großvater durch den Schlosshof spazieren, ich würde überall sein, nur nicht in diesem Buch.

»... und er wohnte daselbst«, las ich zu Ende, mein Mund war ausgetrocknet, und meine Augen tränten.

»Na gut«, sagte Otto.

»Er geht seit ein paar Monaten zum Psychologen«, sagte Vater, der mit nassen, glatten und gescheitelten Haaren, die ihm ins Gesicht hingen, in der Küchentür stand und einen Stapel Briefe in der Hand hielt.

»Jetzt fehlt dir nur noch ein kleiner Oberlippenbart«, sagte Otto.

»Das Problem nämlich ist«, sagte Vater und hob den Finger, »dass Paul sich weder konzentrieren kann noch kann er die Wahrheit sagen«, und ich schämte mich, dass Vater so einfach und so nebenbei über mich und meine Eigenschaften sprach.

Meiner Therapeutin hatte ich einmal gesagt, dass ich am liebsten überhaupt keine Eigenschaften hätte, und die Therapeutin, Frau Doktor Sindelar, hatte geantwortet, dass Eigenschaften unter anderem uns Menschen ausmachen würden, und dass der Mensch ohne Eigenschaften gar nicht funktionieren würde. Und ich hatte während dieser Sitzung beschlossen, meine Eigenschaften geheim zu halten.

»Aber dich wird er nur sehr selten anlügen können«, sagte Otto.

»Sehr komisch, Otto«, sagte Vater und begann, die Briefe durchzusehen. Er war bloßfüßig und trug eine weite Hose und ein beiges, verknittertes Sakko, darunter war Vater nackt. Er ging, während er die Briefe durchblätterte, langsam und ohne aufzublicken durch die Küche zum Papierkorb, und, ohne die Umschläge richtig zu untersuchen, warf er einen nach dem anderen in den Korb. Er las nur die Absender laut vor: »Bank, Bank, PGA, Gärtnerei Carnuntum, Bank, Order of Merit, Bank, Bank. Oh! Gräflich Lichtenpergsche Gutsverwaltung. Bekommst du auch Post von unserem ältesten Gräflich Lichtenpergschen Bruder?«

»In einer Stunde liest du mir das Ganze noch einmal vor«, sagte Otto, und er umgriff meine Schultern mit seinen Händen und drückte kurz und fest zu.

»… Lagerhaus, Bank«, sagte Vater, dann machte er eine Pause, besah sich einen der Briefe genauer und sagte: »Interessant, der Absender ist der Urania Verlag, Wien.«

»Schickst du noch immer deine verstümmelten Telegramme an irgendwelche Verlage?«, fragte Otto.

»Tust du immer noch so, als wärst du nicht alkoholkrank?«, fragte Vater und öffnete den Brief.

»Ja, und jetzt tue ich auch noch so, als wäre ich nicht kokainabhängig«, antwortete Otto, und ich verstand nur wenig.

»Toll Otto, unsere Mutter wird stolz sein«, sagte Vater.

»Apropos Mutter«, sagte Otto, »wer holt unsere Mutter aus dem Spital?«

»Organisiert alles unser Bruder«, antwortete Vater, und er holte den Brief aus dem Umschlag und entfaltete ihn.

»Und wann geht das Ganze los?«, fragte Otto.

»Das ist ein Vertrag«, sagte Vater und wedelte mit dem Brief durch die Luft.

»Gott erbarme dich unser«, sagte Otto.

»Um drei Uhr, glaube ich!«, sagte ich.

»Genug Zeit«, sagte Otto.

»Wofür?«, fragte ich.

»Um deine Lesung zu üben, und für alles Mögliche«, sagte Otto.

»Blablabla … der im folgenden kurz ›Verfasser‹ genannte«, las Vater, und er sagte: »Der Verfasser bin übrigens ich«, und zeigte mit dem Finger auf sich selbst und nickte dabei heftig, so, als wäre er nicht ganz sicher, ob es sich bei ihm selbst auch wirklich um ihn selbst handelte, dachte ich, aber ich sagte nichts. Vater las weiter: »… überträgt dem Verlag räumlich unbeschränkt … blablabla … an dem von ihm verfassten Werk mit dem Arbeitstitel ›Ein Graf spielt Golf‹ … blablabla«, las Vater.

»Ein Graf spielt Golf?«, fragte Otto und lachte.

»Wer sonst«, antwortete Vater.

»Ein Depp«, sagte Otto, »aber das läuft auf dasselbe hinaus.«

»Dieses Buch musst dann wohl du schreiben«, sagte Vater.

»Warum sollen wir dasselbe Buch zweimal schreiben?«, fragte Otto.

»Damit ich dich besser fressen kann«, sagte ich, und die beiden lachten, und ich stapelte die Teller übereinander und räumte sie in den Geschirrspüler.

»… für die erste und alle folgenden Auflagen und Ausgaben …«, las Vater.

»Die wollen dich ausnehmen«, unterbrach ihn Otto.

»… und zwar auf die Dauer des gesetzlichen Urheberrechts …«, las Vater.

Ich zählte die Teller im Geschirrspüler und dann die Tassen und die Messer und Gabeln, dann schloss ich den Geschirrspüler wieder und lehnte mich an die Küchenkästen und betrachtete die beiden Brüder, die so unterschiedlich und sich in ihrer dunklen Ausstrahlung doch ähnlich waren. Vater las in seinem Vertrag und las immer wieder laut daraus vor. Otto saß am Küchentisch, blickte auf die Tischplatte und schien zu überlegen und trommelte mit den Fingern auf seinen Oberschenkel, und mit der anderen Hand blätterte er in einem Modemagazin, das auf dem Küchentisch lag. Die zwei Brüder waren nur zwei Jahre auseinander, überlegte ich, und ich versuchte mir die zwei als Kinder vorzustellen, klein und finster, wie sie sich schweigend und fremdartig gegenüberstanden und nur das Geheimnis ihrer Kindheit hatten, das sie verband und zu Brüdern machte, und ich dachte, dass ich meiner Schwester Elsa auch manchmal sprachlos gegenüberstand, und ich dachte, dass wir auch dieses Geheimnis hatten, das unaussprechlich und fast unfühlbar zwischen uns war, dass Elsas Augen funkelten, wenn wir uns ansahen, das ich spürte, wenn wir uns berührten, und das niemals vergehen und niemals ausgesprochen werden würde, und ich fühlte mich, während ich so an den Küchenkästen lehnte und die beiden Brüder beim Tun beobachtete, ein wenig schlauer als mein Vater und Otto. Ich grinste und fragte mich, wann meine Geschwister und meine Mutter aus Wien zurückkommen würden. Weil ein wenig vermisste ich sie und ein wenig brauchte ich sie für diesen Tag, auch Mutter, auch Isabelle, denn nur Mutter und Isabelle konnten mir den Platz zeigen, den ich innerhalb der Familie wirklich einnahm, denn ich fand, dass es manchmal guttat, zu wissen, wer man war und wohin man gehörte, auch wenn ich diesen Platz nicht immer mochte, auch wenn ich mich hier mit Otto wohlfühlte, aber Otto war ein Unbekannter, den ich bewunderte und dem ich vertraute.

Ich lehnte an den Küchenkästen und blickte hin und her zwischen den beiden und blickte dann durch die Tür hinaus in den Garten, wo die Möbel noch immer verstreut über der Wiese lagen, und wo die Hunde über den Rasen spazierten, und ich dachte, dass so ein Begräbnissonntag eigentlich ganz interessant war, so wie die Dinge sich bis jetzt zutrugen.

»Europäisches Gewissen«, flüsterte Otto, und er starrte in das aufgeschlagene Magazin, blätterte weiter und sagte, dass er sich von dieser europäischen Welt, die sich so gerne immer wieder selbst recht gab, sicher nicht den Rhythmus verderben ließe, dann schon lieber von sich selbst, und ich verstand nicht, was Otto meinte.

Die Kante der Küchenkästen drückte gegen meinen Rücken, und ich wusste, dass dieses Drücken irgendwann schmerzen würde, so wie alles irgendwann schmerzen würde.

»Paragraf drei, Punkt eins. Der Verlag verpflichtet sich …«, las Vater.

»Na endlich verpflichtet sich der Verlag zu irgendetwas«, sagte Otto.

»Das sehe ich auch so«, sagte Vater und las weiter, »… das Werk herzustellen, dafür zu werben …«

»Das Werk?«, fragte Otto.

Das Drücken wurde exakter. Ich spürte die Kante auf meinem Rücken, wie sie hart auf meine Wirbel drückte. Jetzt begann der Schmerz, doch ich lehnte weiter, und irgendwie fand ich diesen beginnenden Schmerz sinnvoll, denn es war, als könnte ich so meiner Außenwelt näherkommen und vielleicht ein wenig mit ihr verschmelzen.

»Das Honorar für jede Art von Ausgabe beträgt acht Prozent bis dreitausend Exemplare, zehn Prozent darüber hinaus …«, las Vater.

»Ich bin sicher, du kaufst die ersten dreitausend selber«, sagte Otto.

»Davon kannst du ausgehen«, sagte Vater.

»Komische Idee«, sagte ich, »und was bringt das?«

»Spaß«, antwortete Vater.

»Und sonst?«, fragte ich.

»Nichts«, sagte Otto, und die beiden Brüder lachten kurz auf, und dann schwiegen sie wieder. Vater las in seinem Vertrag, und Otto blätterte weiter im Magazin.

Ich stieß mich vorsichtig von den Küchenkästen ab und setzte mich wieder zu Otto an den Tisch. Ich sah den Partezettel meines Großvaters am Boden unter dem Tisch liegen. Mein Rücken schmerzte ein wenig. Die Hunde saßen jetzt vor der Küchentür und blickten durch das Glas in die Küche. Evas Blut war dunkler geworden. Ich sah zwei Fliegen auf der anderen Seite der Scheibe über das Blut laufen, und ich stellte mir vor, dass sich die zwei Fliegen in Fliegensprache unterhielten, und dass die linke sagte, wie schön der Tag heute sei, und ich stellte mir vor, dass die andere antwortete: »Na ja, ich hab schon schönere erlebt«, und ich beobachtete die zwei Fliegen und erfand ein Gespräch zwischen den beiden, und am Ende des Gesprächs sagte die linke Fliege: »Auf Wiedersehen!«, und flog davon, und ich blickte ihr nach, solange, bis sie von einem Windstoß aus meinem Blickfeld geweht wurde.

»Komisch«, sagte ich, »komisch, dass ich manche Dinge tausend Millionen Mal sehe, und manche nur einmal.«

Ich sah die zweite Fliege davonfliegen.

»Und manche sieht man nie«, sagte Otto.

»Und manche sind überhaupt gleich blind«, sagte Vater, ohne den Kopf von seinem Brief zu heben.

»Praktisch!«, sagte Otto, und ich fand, dass Vater und Otto an der Sache vorbeiredeten.

»Was findest du eigentlich praktischer, Otto: Blind zu sein oder taub?«, fragte Vater und kicherte.

»Gute Frage«, sagte Otto und blätterte weiter.

Gute Frage, dachte ich, aber mehr dachte ich nicht, denn ich war damit beschäftigt zu beobachten, wie sich Vater und Otto, ohne sich einmal anzusehen, zu verstehen begannen. Wie sie sich durch ihr mir unverständliches Gespräch näherkamen.

Ich hob den Partezettel meines Großvaters auf, legte ihn auf den Tisch und las den Namen meines Großvater, der in der Mitte in schwarzen großen Druckbuchstaben auf dem Partezettel stand, und ich las von oben nach unten: »Franz Reichsgraf von Lichtenperg«, darunter stand »Ehrenpräsident des Österreichischen Falknerbundes« und »Ehrenpräsident des Vereins der Freunde Carnuntums«, »Ehren- und Devotionsritter des souveränen Malteser Ritterordens«, und da stand »Träger des Ritterkreuzes mit Eichenlaub und Schwertern«, und da standen viele andere lustige Dinge und Titel und Ehrentitel, die komisch klangen und mir nichts sagten, und am Ende der Seite stand klein gedruckt: »Im Sinne des

Verstorbenen bitten wir anstelle von Blumenspenden den Verein der Wehrmachtsveteranen zu unterstützen«, und da stand noch eine Kontonummer, und die andere Seite war weiß und leer, und ich fragte mich, wie ein so sonderbarer Mensch, wie Großvater, so viele Ämter ausüben konnte.

Der Morgen war vorbei, die Sonne stieg langsam über die Kastanien, bald würde der Garten im Licht der Mittagssonne liegen, und die große und aufgeblähte Weide würde ihren Schatten nur noch für sich selbst werfen, die Luft würde zu flimmern beginnen, und die Hitze würde alle Geräusche, die der Tag so von sich gab, in sich aufnehmen und verspeisen.

»Ich glaube«, sagte Otto, »dass ich lieber taub wäre, denn nichts ist schöner als der Sonnenaufgang in der Karibik.«

»Und nichts schöner als das achtzehnte Loch in Saint Andrews«, sagte Vater, und die beiden nickten, und ich nickte mit, denn auch ich fand, dass es besser wäre, taub zu sein. Denn wäre ich blind, würde ich niemals mehr auf die Donau blicken können, und auf die andere Seite, wo der Fischer saß, und ich würde die Enten nicht mehr sehen, die in Formation über den Fluss flogen und die an einem Ort landeten, den ich nicht kannte.

»Wie geht es dir eigentlich?«, fragte Otto, und Vater hob den Kopf, hob ihn weiter und starrte lange an die Zimmerdecke, bevor er sagte, dass er sich niemals in seinem Leben so leicht gefühlt hätte.

»Ist das gut?«, fragte Otto.

»Mein Golfspiel ist besser als je zuvor«, antwortete Vater.

Ich nahm die Bibel, stand auf und sagte, dass ich in mein Zimmer gehen und dort die Lesung üben würde, und Vater fragte, welche Lesung, und ich antwortete, die für das Begräbnis, und Vater sagte: »Welches Begräbnis?«, und Otto und Vater lachten, und während ich die Küche verließ und schon draußen war, hörte ich meinen Vater fragen, ob Otto denn wisse, dass es da so Selbsthilfegruppen gäbe, und Otto fragte wofür, und Vater sagte, für Autoren mit Schreibblockade, und sie lachten. Ich ging in mein Zimmer, das kühl und still war. Nur vom Schloss kamen Geräusche, und es hörte sich wie das Durcheinandermurmeln von sehr vielen Menschen an.

5

Ich hörte den Mercedes meiner Mutter auf dem Parkplatz hinter dem Haus parken, und ich hörte, wie die Türen aufgingen, und jemand weinte, und es war Elsa, die weinte. Es war meistens Elsa, die am Ende von Familienautofahrten weinte, überlegte ich, und ich hörte, wie Mutter sagte, dass sie an ihren Tränen selber schuld sei, wie wir an unseren Tränen immer selber schuld waren. Ich saß über der Bibel und versuchte zu lesen, und ich überlegte, dass es nicht immer Elsa war, die weinte, und dass es egal war, ob wir mit dem Auto sieben Minuten zur Kirche in Carnuntum fuhren, oder fünf Stunden nach Saalfelden, wo die Familie meiner Mutter eine Burg in den Bergen besaß, wo wir jedes Jahr zwei Wochen unseres Lebens verbrachten, wo es einen See gab und eine Einsiedelei mit Einsiedler. Es war egal, wohin wir fuhren, irgendjemand von uns Kindern weinte immer, und heute war es wieder einmal Elsa. Ich hörte sie vom Parkplatz hinter unserem Haus, während ich oben in meinem Zimmer saß und die Lesung übte und nicht über die ersten zwei Sätze hinauskam, denn das Schluchzen meiner Schwester störte mich, und der Wind, der leicht an den Fensterläden rüttelte, störte mich auch, und dann war da noch mein eigenes Atmen, und ich hörte mein Herz in meinem linken Ohr schlagen, und ich fragte mich, wo die Krawatte war, die ich in der Früh auf das Bett geworfen hatte, und da waren die Bilder von Petars nackter und blutiger Mutter, die mich immer wieder aus der Konzentration rissen.

Meine Schwester Elsa war gutherzig, fand ich, und sie starrte während dieser Familienautofahrten immer aus dem Fenster, und sagte Dinge, wie »ein Vogel«, oder »ein rotes Auto« oder »noch ein Vogel«, und es klang, als würde sie all diese Dinge zum allerersten Mal sehen, und sie war mit ihren schlichten Beobachtungen ein leichtes Opfer für uns restliche Geschwister, denn wir anderen äfften unsere Schwester dann nach und sagten Dinge wie »ein fliegender Elefant« oder »ein kariertes Auto« oder »noch ein fliegender Elefant«, und Elsa wurde still und traurig. Doch es kam während dieser Autofahrten zu immer neuen Täterkonstellationen, und außer, dass es meistens Elsa war, die weinte, gab es weder Muster noch Gnade.

Und auch konnte ich mich jetzt an kaum eine Autofahrt erinnern, während deren Verlauf sich nicht eines meiner Geschwister oder ich selbst mich übergeben hätte. In Wahrheit war meistens ich es, der sich übergab, doch Mutter störte das nicht und sie blieb auch nicht stehen. Sie meinte nur, dass man das Fenster aufmachen und sich gefälligst hinausübergeben solle.

»Was ist denn hier passiert?«, hörte ich Mutter von unten aus dem Speisezimmer.

»Ich war auch nicht hier«, antwortete Vater.

»Das wäre ja was ganz Neues«, sagte Mutter.

»Das war sicher Paul«, sagte Isabelle.

»So eine Frau ist Amok gelaufen«, sagte Otto.

»Amok?«, fragte Mutter.

»Frau?«, fragte Isabelle.

»Ja«, sagte Otto.

»Und wessen Blut ist das am Küchenfenster?«, fragte Mutter.

»Pauls«, sagte Vater und lachte, und so konnte ich mich natürlich noch weniger auf meine Lesung konzentrieren.

»Wie bitte?«, fragte Mutter. Ihre Stimme klang nervös, und ich glaubte Sorge darin zu hören, und ich fühlte mich irgendwie geehrt und ich war auch gerührt.

»Das ist ein Witz«, sagte Isabelle.

»Blöder Witz«, sagte Mutter.

»Ja, blöder Witz. Deinem Sohn geht es gut«, sagte Otto.

»Ja, deinem Sohn geht es gut«, sagte auch Vater, und ich kam auf den Gedanken, dass Vater im Allgemeinen nicht ganz bei Trost war.

»Ja, deinem Sohn geht es gut«, äffte Isabelle meinen Vater nach, und ich saß an meinem Schreibtisch und dachte, dass einer von diesen Menschen dort unten sicher ein guter Kriegsverbrecher geworden wäre. Otto jedoch nahm ich aus, denn ich fand, dass er zu ernst war. Wahrscheinlich Vater, dachte ich, vielleicht aber auch Mutter.

»Nach diesen Geschichten versuchte Gott Abraham und sprach zu ihm: Abraham!«, las ich leise, denn ich wollte nicht, dass man mich hörte. Ich sah einen Buntspecht auf einem Ast vor meinem Zimmer sitzen, und er blickte nervös hin und her und hatte irgendetwas zu tun.

»Nach diesen Geschichten versuchte Gott Abraham und sprach zu ihm: Abraham!«, las ich noch einmal.

»Und wer stellt jetzt die Möbel wieder auf ihren Platz?«, fragte Mutter.

»Und wer macht das ganze Leben wieder rückgängig?«, fragte Vater zurück.

Vielleicht lag es daran, dass Otto hier war oder am Begräbnis seines Vaters oder am Wetter oder an irgendetwas anderem, aber heute schien Vater nicht bei Sinnen zu sein. Vielleicht aber, überlegte ich, war er immer schon ein wenig wahnsinnig gewesen, und vielleicht hatte er das gemeint, als er gesagt hatte, dass er sich noch nie in seinem Leben so leicht gefühlt und noch nie in seinem Leben so gutes Golf gespielt hätte.

Ich begann wieder zu lesen und ich versuchte die Sätze Wort für Wort hinter mich zu bringen. Der Buntspecht saß noch immer auf dem Ast, Elsas Weinen war verebbt, nur von Zeit zu Zeit hörte ich noch ein plötzliches und krampfartiges Aufschluchzen, und dazwischen hörte ich das Gemurmel aus dem Schlosshof, jemand blies einen tiefen Ton aus einem Horn oder einer Jagdtrompete.

»Wer riecht hier so stark nach Alkohol?«, fragte Isabelle.

»Das müsste dann wohl mein Bruder sein«, sagte Vater.

»Wo ist Paul?«, fragte Mutter.

»In seinem Zimmer«, sagte Otto.

»Und warum weiß Otto mehr als du?«, fragte Mutter.

»Das liegt am Alter«, sagte Isabelle.

»Sei ruhig, Isabelle!«, sagte Vater.

»Und was macht er in seinem Zimmer?«, fragte Mutter.

»Die Lesung üben«, sagte Otto.

»Welche Lesung?«, fragte Mutter.

»Für das Begräbnis«, sagte Otto.

»Na, das kann was werden«, sagte Isabelle.

»Aha«, sagte Mutter, und ich hörte, wie sie ging, ihre Schritte waren schwer und laut, ihre Schritte waren immer schwer und laut.

Manchmal saß ich in meinem Zimmer und das Einzige was ich tat, war, den Schritten meiner Mutter angespannt zu lauschen, wenn sie hin und her ging, die Stiegen herauf, den Gang entlang, wieder hinunter und wieder hin und her durchs Haus. Diese Schritte beunruhigten mich, denn es war, als wollte Mutter keinen Zweifel aufkommen lassen, wer hier den Lärm machen und durch das Haus trampeln durfte, und wer hier überhaupt das Sagen hatte. Und ich hörte, wie sie Dinge umräumte und wie sie vor sich hinmurmelte, und hoffte währenddessen, dass ich nichts auf den falschen Platz gestellt hatte. Dann trampelte sie weiter, und das ging Stunden so. Irgendwie erinnerte mich dieses Herumgegehe meiner Mutter an unseren Hund Jackie, der auch stundenlang den Garten abging und immer wieder dieselben Stellen markierte.

Die Tür zum Schlafzimmer fiel zu.

»Und bist du wieder Zwölfter geworden?«, fragte Isabelle.

»Siebenter«, antwortete Vater.

»Wieder nichts«, sagte Isabelle, und sie kam die Stiegen hinauf, ging an meinem Zimmer vorbei und in ihr Zimmer.

Ein zweites und ein drittes Blasinstrument stimmten ein, immer mehr Instrumente erklangen, und sie spielten immer wieder den Anfang eines Stückes, das ich nicht kannte. Es klang schwer und schleppend, und dann beendeten die

Musiker plötzlich ihr Spiel, und Elsa schluchzte heftig auf. Ich blickte auf die Uhr und sah, dass es bis zum Begräbnis noch zwei Stunden waren, und sicher noch ein wenig länger bis zu meiner Lesung, aber die Zeit würde vergehen, überlegte ich. Mein Magen verkrampfte sich, und das Magenverkrampfen fühlte sich an, als würde sich ein Hohlraum auftun, und durch diesen Hohlraum würde ein Sturm wehen, während ich dem Sekundenzeiger zusah, wie er sich lautlos über das Ziffernblatt meiner Wanduhr bewegte.

»Übrigens, Ernst, kannst du dich an die Geschichte mit dem Schlüssel erinnern?«, fragte Otto.

»Nein«, sagte Vater.

»Sag mal, hast du wirklich alles aus deiner Vergangenheit verdrängt?«, fragte Otto, »bist du wirklich so oberflächlich geworden?«

»Entschuldige, Otto, aber ich bin nicht derjenige, der abgehaut ist«, sagte Vater.

Ich umklammerte Schlüssel und Finger unter meinem T-Shirt.

»Die Geschichte, die uns Vater immer erzählt hat. Ein Herr Schlüssel geht einsam um die Welt, auf der Suche nach einem Schloss, in das er passt, und er findet lange kein Schloss, bis er am Ende doch eines findet, aber es ist nichts hinter der Tür«, erzählte Otto, und ich lauschte von oben.

»Ach ja, traurige Geschichte. Vater hatte, während er die Geschichte erzählt hat, immer diesen goldenen Schlüssel in der Hand gehalten«, sagte Vater.

»Genau, und kannst du dich daran erinnern, dass wir den Schlüssel einmal gestohlen haben?«, fragte Otto, und seine Stimme senkte sich.

»Nein«, antwortete Vater.

»Wir sind dann den ganzen Nachmittag lang durch die Keller gegeistert und haben versucht, das passende Schloss zu finden?«, fragte Otto weiter.

»Auch nicht«, antwortete Vater.

»Irgendetwas war da«, sagte Otto, und ich fand, dass es aufschlussreich war, gleichzeitig den Buntspecht auf dem Ast zu beobachten und meinem Vater und Otto bei ihrem Gespräch zu belauschen, denn das eine war gut für die Augen, das andere interessant für die Ohren.

»Wir waren winzig«, sagte Otto.

»Ich kann mich erinnern, dass uns Vater einmal beim ›Kellererforschen‹ erwischt und uns dermaßen zur Sau gemacht hat, weil Lebensgefahr und Kellerverbot …«, erinnerte sich Vater.

»Da war aber noch etwas anderes«, sagte Otto.

»Ja«, sagte Vater, »er hat uns beiden eine gescheuert. Die Watschen habe ich mir bis heute gemerkt«, sagte Vater.

»Ich auch«, sagte Otto, und die beiden lachten. Otto sagte dann weiter, dass er sich an eine schwere Eisentür erinnern könne, doch die Bilder würden verschwimmen.

»War ja auch eine ziemliche Ohrfeige«, sagte Vater.

»Ja«, sagte Otto, »diese ganze Geschichte lässt mich seit Ewigkeiten nicht los.«

»Also, ich bin froh, dass ich das alles einigermaßen vergessen habe«, sagte Vater, »dass ich irgendwann einmal entschieden habe, diesen Schlüssel und diese Keller zu verdrängen, denn irgendetwas sagt mir, dass es besser so ist«, und ich lauschte und sah dem Buntspecht dabei zu, wie er seinen Kopf hin und her bewegte.

»Und eines Tages war der Schlüssel nicht mehr da«, sagte Otto.

»Ja«, antwortete Vater, »weil unser Vater irgendwann einmal aufgehört hat, uns diese Geschichte zu erzählen.«

»Deswegen nicht, glaube ich«, sagte Otto.

»Na ja«, meinte Vater.

»Und ich glaube, dein Sohn hat mich heute auf diesen Schlüssel angesprochen«, sagte Otto.

»Oh Gott, der Arme! Ich hoffe, dass er damit besser umgehen kann als du«, sagte Vater.

»Womit genau jetzt?«, fragte Otto.

»Damit, dass mit diesem Schlüssel offensichtlich eine bizarre Geschichte verbunden ist«, antwortete Vater.

»Von dieser Geschichte wissen nicht einmal wir«, sagte Otto.

»Und wie soll überhaupt Paul von diesem Schlüssel gehört haben?«, fragte Vater.

»Von mir sicher nicht«, antwortete Otto.

»Von mir sicher auch nicht«, meinte Vater, und ich hörte ihn gehen, und im Gehen sagte Vater, dass es manchmal besser sei, seine Kindheit schlicht und ergreifend zu vergessen.

Elsa hatte nun endgültig aufgehört zu weinen, oder war in den Garten gegangen, im Schlosshof war es still geworden, der Buntspecht war davongeflogen. Ich sah aus meinem Fenster und fragte mich, warum Großvater gerade mir den Schlüssel gegeben hatte, und woran sich Otto sonst noch alles erinnern konnte, denn Vater, fand ich, war unbrauchbar.

»Uff«, sagte Otto, und ich hörte, wie er aufs WC ging, und er blieb eine Zeitlang dort, und er kam wieder heraus und sagte: »So ist es besser!«, und dann ging er.

»Nach diesen Geschichten versuchte Gott Abraham und sprach zu ihm: Abraham!«, las ich und überlegte, was Gott denn sonst sagen sollte.

»Grüß Gott, Abraham!«, sagte ich, und ich hob den rechten Arm, als grüßte ich jemanden. Die Aussicht zum Beispiel, überlegte ich.

»Und Abraham antwortete«, sagte ich, und Abraham war in diesem Fall ich, und die Aussicht in diesem Fall Gott, und ich sagte weiter: »Grüß dich selbst, du fauler Sack.« Ich lachte in mich hinein, denn ich fand mich witzig, doch sonst fand ich überhaupt nichts witzig, eher fand ich, dass die Angelegenheiten immer verwirrender wurden, und dass diese verwirrenden Angelegenheiten schwerwiegend waren, und ich saß auf meinem Schreibtischsessel und drehte mich ein paar Mal im Kreis, denn Frau Doktor Sindelar hatte mir einmal empfohlen, mich in »Momenten der Verwirrung«, wie sie gesagt hatte, ein paar Mal im Kreis zu drehen, »um dann dasselbe Problem noch einmal von Neuem zu betrachten.«

Ich drehte mich weiter im Kreis, und der Sessel begann zu rattern, und im Drehen und Schwindelig-Werden kam mir der Gedanke, dass alle Väter bereit sein sollten, ihre Söhne für eine höhere Sache zu opfern, so wie Abraham in der Lesung, so wie Vater mich vorhin in der Küche gedemütigt hatte, aber noch sah ich die höhere Sache dahinter nicht, und dann verschwand der Gedanke wieder, und ich drehte mich, denn ich fand, dass das schon einmal ein guter Anfang sei.

Frau Doktor Sindelar hatte nämlich auch gemeint, dass man oft zu lange und zu intensiv auf die Dinge blicke, und dass man sich dabei verrennen und die Übersicht verlieren würde, also drehte ich mich weiter.

Und ich fühlte schon die nächste große Weisheit kommen, als die Tür aufging und Elsa ins Zimmer kam. Sie schloss die Tür hinter sich, setzte sich auf den Boden und lehnte sich an die Wand, und ihr Gesicht war rot vor lauter Weinen und Schluchzen, doch so genau konnte ich sie gar nicht ansehen, denn ich drehte mich weiter und stieß mich mit den Füßen vom Boden ab, und so erschien meine Schwester immer nur kurz in meinem Blickfeld, und außerdem wurde mir übel.

»Was machst du da?«, fragte Elsa.

»Ich versuche, die Übersicht zu behalten«, sagte ich, und ich drehte mich weiter und war außer Atem, und es ging mir nicht mehr um irgendwelche Weisheiten, sondern darum, herauszufinden, wie lange ich das Kreisen noch durchhalten würde, aber auch das, fand ich, war eine große Weisheit.

»Wie ist der Bus in diesen Garten gekommen?«, fragte Elsa.

Es war immer dasselbe: Kurz vor Carnuntum stand ein Haus mit eingezäuntem Garten. Im Garten stand ein Reisebus, und bis auf Elsa war uns allen klar, wie der Bus in den Garten gekommen war.

Jedes Mal, wenn wir an diesem Haus vorbeifuhren, fragten wir unsere Schwester, wie denn der Bus in den Garten kommen konnte, und wir fragten so lange und lästig, bis Elsa verzweifelt zu weinen begann.

»Bist du schon wieder darauf reingefallen«, sagte ich.

»Wie ist der Bus in diesen Garten gekommen?«, fragte Elsa noch einmal.

Ich ließ den Sessel zum Stillstand kommen und ließ mich auf den Boden fallen, und alles drehte sich.

»Der Bus ist nicht in den Garten gekommen«, stöhnte ich, »der Bus war vorher schon da, der Zaun ist später rundherum gebaut worden.«

»Aber warum?«, fragte Elsa, und sie klang verzweifelt, und langsam kam alles wieder zur Ruhe, und ich konnte meiner Schwester wieder gerade ins Gesicht blicken.

»Keine Ahnung«, sagte ich.

Ich betrachtete meine Schwester von unten. Ein wenig Rotz lief ihr aus der Nase, und ihre Augen waren geschwollen. Ich betrachtete sie näher und fand, dass Elsa ein feines Gesicht hatte, alles an ihr wirkte fein und zerbrechlich und harmlos, und ich glaubte, keinen anderen Menschen zu kennen, der so voller Reinheit und Gutheit war, doch da war auch wieder dieses Wissen, das wir teilten und nicht aussprachen, das uns verband, und ich wusste jetzt, was uns verband und wir nicht aussprachen, es war die Angst, den Halt zu verlieren und im Unbekannten zu verschwinden, und ich überlegte, dass sich das Drehen wirklich auszahlte.

»Das Drehen hat sich wirklich ausgezahlt«, sagte ich.

»Das muss ich auch mal versuchen«, sagte Elsa.

»Du hast aber keinen Drehsessel«, sagte ich, »man kann nur auf einem Drehsessel gescheit sein.«

»Ja, ja«, sagte Elsa.

»Aber wenn du willst, kannst du es jetzt ausprobieren«, sagte ich.

»Gut«, sagte Elsa, und sie setzte sich auf den Sessel und begann, sich zu drehen, doch es fiel ihr schwer, denn ihre dünnen Beine waren zu kurz, und ich half ihr und stieß sie an. Sie wurde schneller und schneller, und dann schrie sie: »Aufhören!«, und Isabelle brüllte aus ihrem Zimmer: »Ruhe!«

Ich stoppte den Sessel, und Elsa ließ sich zu mir auf den Boden fallen und atmete schwer, und wir lagen zusammen auf dem Teppich und lachten.

»Weil der Hausbesitzer früher ein Busfahrer war«, sagte Elsa dann.

»Siehst du, das Drehen zahlt sich aus, aber wehe du kommst dich heimlich drehen«, sagte ich, und ich überlegte, dass jeder seine eigenen Weisheiten aus diesem Drehsessel mitnahm.

»Gut«, sagte meine Schwester, stand auf und ging. Ich lag allein auf dem Boden und sah die Krawatte unter meinem Bett liegen.

»Das Drehen hilft«, sagte ich.

Und dann hörte ich wieder die Blasinstrumente aus dem Schlosshof, und diesmal hatten sie gemeinsam angestimmt, und sie spielten das ganze Stück bis zum Ende durch, und dann war Stille, und in die Stille hinein brüllte irgendjemand: »Topfentorte!«

6

Wir betraten das Schloss über die große Außentreppe, die alt war und älter schien als der Rest des Schlosses und deren schwere Stufen brüchig waren, und sie wackelten, als wir mit Otto hinaufgingen.

»Wir schauen aus wie Pinguine«, sagte Isabelle.

Die Außentreppe führte durch ein hölzernes Rundtor in die Sala Terrena, in der für den späteren Leichenschmaus schon gewerkt wurde. Tische wurden aufgestellt, und aus einem kleinen Nebenraum klirrten Gläser. Wir nahmen eine versteckte Nebentür, die weiter in das Innere des Schlosses führte, in einen kahlen Gang, und wir gingen den Gang entlang und eine enge Wendeltreppe hinauf und kamen in die Ahnengalerie. Wir gingen schweigend weiter, und Vater immer voraus, durch die Ahnengalerie in den Festsaal, und auch dort wurde schon gearbeitet und vorbereitet.

»Warum oben und unten?«, fragte ich.

»Unten das Dorf und alle anderen Ungeborenen, oben der Rest und die Ehrengäste und ein paar Juden«, antwortete Vater. Er blieb vor der hohen Holztür stehen, die auf den Balkon und auf die Feststiege und hinaus in den Schlosshof führte, und Vater hob den Arm und sagte: »Also, am besten ist es, wenn, wenn wir uns in einer Zweierreihe …«

»Was bitte sind Ungeborene?«, fragte Isabelle.

Vater senkte den Arm und sagte, dass das Menschen wären, die ohne Adelstitel auf die Welt gekommen wären.

»Ungeborene eben«, sagte Vater, und er hob wieder den Arm und sagte, dass es am besten wäre, wenn …

»Und was sind Juden?«, fragte Caroline, und Vater senkte wieder den Arm und sagte, dass das jetzt viel zu kompliziert für meine Schwester sei.

»Ich erklärs dir später«, sagte ich. Ich hielt die Bibel vor meiner Brust und spürte Finger und Schlüssel gegen meine Rippen drücken.

»So!«, sagte Vater und hob seinen Arm und sagte, dass es am besten …

»Warum hebst du eigentlich immer deinen Arm?«, fragte Otto. »Wir sind nicht deine Caddies«, und Vater senkte den Arm und auch den Kopf.

Von draußen hörte ich das Scharren vieler Füße auf dem Kies, und meine Handflächen, die um die Bibel lagen, schwitzten. Neben mir, an der Hand unserer Mutter, stand mein Bruder Maximilian, und er starrte mich von unten an.

»Was gibts, Kleiner?«, fragte ich meinen Bruder.

»Du bist blöd«, sagte Maximilian und starrte mich weiter an, und damit hatte ich jetzt nicht gerechnet. Ich blickte auf meinen Bruder, auf sein glattes schönes Gesicht, auf die blonden langen Haare und betrachtete seinen kleinen schwachen Körper, der in einem weißen Hemd und einer schwarzen Krawatte und einem schwarzen Anzug steckte, und ich blickte in seine dunkelbraunen und hellwachen Augen und sagte: »Kleiner Hosenscheißer!«

»Also …«, sagte Vater und hob den Arm, und Otto schob meinen Vater zur Seite, und öffnete die Tür und trat auf den Balkon und ich folgte Otto und ging an Vater vorbei, stellte mich neben Otto und sah in den Schlosshof.

»Zuerst der Amoklauf und dann das. Was für ein Tag!«, sagte Otto, und wir blickten gemeinsam in den Hof hinunter. Ich fand, dass ich so etwas noch nie gesehen hatte, nicht einmal bei den großen Fronleichnamsprozessionen, nicht einmal bei den Fußballspielen zwischen Carnuntum und dem Nachbardorf, und ich überlegte, dass Großvater trotz seines Wahnsinns und seiner Sprichwörter und seines kroatischen Gefasels doch ein besonderer Mensch gewesen sein musste, denn warum sonst waren so viele Menschen gekommen.

Ich blickte in den Hof, und ich konnte nicht sagen, was genau sich dort unten zutrug. Ich sah Menschen in Schwarz gekleidet, manche trugen Militäruniformen, andere trugen weite, schwarze Umhänge, auf die ein rotes Wappen mit weißem Kreuz genäht oder gedruckt oder gestickt war, und da waren Feuerwehrleute, eine Blaskapelle und das Rote Kreuz, und da waren Männer in seltsamer schwarzer Tracht, und an den rechten Händen trugen diese seltsamen Männer dicke Handschuhe. Auf den Handschuhen saßen Falken, und da waren noch hunderte Menschen mehr, und sie alle standen im Hof und bewegten sich um den Brunnen, und es kam mir vor, als hätten diese Menschen dort unten kein Ziel und keine Eigenschaft mehr.

Hinter uns kamen die anderen aus dem Festsaal zu uns auf den Balkon. Mein Vater stellte sich neben mich, er blickte hinunter und sagte: »Österreich ist frei!«

»So viele Menschen?«, fragte Caroline.

»Wir haben noch Zeit«, sagte Otto.

»Mutter ist noch nicht hier«, sagte Vater und sah auf seine Uhr.

»Du bist blöd«, sagte Maximilian noch einmal zu mir.

»Ich geh schon mal«, sagte Mutter und zog Maximilian die Stiegen hinunter. Isabelle kam auf mich zu, blickte mir in die Augen und sagte leise: »Falls wir uns bis zur Messe nicht mehr hören, viel Glück mit deiner Lesung«, und sie folgte Mutter und Maximilian über die Stiegen in den Schlosshof, und das erste Mal in meinem Leben glaubte ich, dass Isabelle auf meiner Seite war, und ich war von ihren Worten tief berührt und ich überlegte, dass das Seltene eben auch das Wertvolle war, und dann rief ich noch meinem Bruder hinterher, dass er ein kleiner Hosenscheißer sei, und Vater sagte, dass ich meinen kleinen Bruder doch in Ruhe lassen solle, wenigstens heute, am Tag des Begräbnisses, und ich fragte: »Welches Begräbnis?«

Vater lachte und nahm Elsa und Caroline an der Hand und ging mit ihnen die Stiegen hinunter in den Hof, und ich konnte beobachten, wie sie durch die Menge bis auf die andere Seite zum Schlosstor gingen, wo eine unbeladene Pferdekutsche stand, vor die ein weißes und ein schwarzes Pferd gespannt waren, und auf der Kutsche saß ein Kutscher. Ich erkannte plötzlich, dass diese Menschen dort unten nach einem System aufgestellt waren.

Ich sah einen Mann, der mit einem Zettel in der Hand kreuz und quer durch den Hof ging und irgendwelche Anweisungen gab. Und der Mann, der die Anweisungen gab, war Ludwig, der sogenannte Dorftrottel. Ein paar Schritte hinter Ludwig und ihm immer hinterher ging mein Cousin Ferdinand aus dem anderen Familienzweig.

»Komm Paul«, sagte Otto, »ich will dir etwas zeigen!«

Wir gingen wieder durch die Ahnengalerie zurück in den Festsaal, und Otto blieb vor einem der großen Bilder stehen.

»Kannst du dich an das Telefonat erinnern, das wir vor Jahren geführt haben?«, fragte Otto, und natürlich konnte ich mich erinnern, denn es war das einzige Telefonat gewesen, das ich jemals mit Otto geführt hatte.

»Ja«, sagte ich, und Otto fragte, ob ich mich auch daran erinnern könne, was er damals zu mir gesagt hätte.

»Alles geht vorbei«, sagte ich.

»Richtig«, sagte Otto.

Ich betrachtete das Bild.

»Ich hab dich angelogen«, sagte Otto dann.

Ich kannte dieses Bild gut, ich hatte schon oft davor gestanden und es mir angesehen. Es zeigte einen meiner Vorfahren aus dem 17. Jahrhundert, einen Mann mit weißer langer Lockenperücke.

»Das hab ich mir gedacht«, sagte ich.

Der Mann auf dem Gemälde hatte ein bleiches Gesicht und volle und sehr rote Lippen, seine Augen waren dunkel, und er blickte auf einen schwarzen Mann, der klein und fast unsichtbar neben ihm stand. Der schwarze Mann trug ein breites goldenes Halsband, an dem eine dünne Kette befestigt war. Das andere Ende der Kette hielt mein Vorfahre in der Hand.

»Die Wahrheit nämlich ist«, sagte Otto, »dass alles wiederkehrt.«

»Ich glaube, dass nichts vergeht und auch nichts wiederkehrt, ich glaube nämlich, dass alles bleibt«, antwortete ich, und ich wunderte mich über das, was ich da gerade gesagt hatte, denn verstanden hatte ich es nicht. Ich hatte keine Ahnung, woher diese Worte gekommen waren. Vielleicht aus dem Drehsessel in meinem Zimmer, überlegte ich, eine Wahrheit und Weisheit, die er mir nachgeschickt oder unauffällig mitgegeben hatte.

»Interessant«, sagte Otto.

»Man muss nur Augen und Ohren offen halten!«, sagte ich, und langsam ärgerte ich mich über den Drehsessel, der mir heimlich so viele Wahrheiten untergejubelt hatte, denn eigentlich wollte ich hier gar nicht vor mich hin plaudern und sprühen, ich wollte schweigen und abwarten.

»Interessant«, sagte Otto noch einmal.

Ich biss mir auf die Zunge und blickte weiter auf das Bild. Der Vorfahre trug einen roten langen Umhang, er stand in einer Landschaft, in der es dämmerte, und graublaue Wolken standen am Himmel. Da waren ein Berg und kleine Häuser, und alles schien verlassen. Der schwarze Mann neben ihm hielt ein Buch in der rechten Hand.

»Aber wenn alles bleiben würde, dann wäre das Leben komplett überfüllt«, sagte Otto, und ich verstand nicht, und dann sah ich etwas auf dem Bild, das ich davor niemals gesehen hatte. Der schwarze Mann hielt etwas in seiner halbgeschlossenen linken Faust.

»Überfüllt mit der Vergangenheit!«, sagte Otto.

»Nichts ist vergangen«, sagte ich gedankenlos.

Der schwarze Mann hielt einen goldenen Schlüssel in der linken Faust, und es war derselbe goldene Schlüssel, den ich um den Hals trug.

»Alles in Ordnung?«, fragte Otto.

»Ich bin nervös, die Lesung …«, log ich, und Otto schwieg.

Am linken unteren Rand des Bildes stand: Franz Paul Graf von Lichtenperg, und die Jahreszahl 1689. Ich trat näher an das Bild heran und stellte mich direkt vor den schwarzen Mann, der abwesend wirkte und verängstigt.

»Irgendetwas Interessantes?«, fragte Otto, und ich überlegte, was ich jetzt sagen sollte, denn ich konnte nicht einschätzen, was Otto von mir wollte, und ob er sah, was ich sah, ob er wusste, was ich wusste, und ob ich wusste, was er wusste. Ich fand, dass es ab jetzt wohl kein Zurück mehr geben würde, dass sich dieser Schlüssel und dieses Bild und das Geheimnis darum und das Knarren des Holzbodens und das Schwitzen meiner Handflächen und dieses eine Leben, das ich hatte, hier in diesem Augenblick verdichteten und aufstauten. Ich stand vor dem Bild und Otto hinter mir, und ich glaubte, jetzt eine Entscheidung treffen zu müssen, und diese Entscheidung wäre dann mein erstes großes Schicksal, das ich auf mich nehmen würde. Denn ich fand, dass ich bis jetzt eigentlich kein Schicksal gehabt hatte, dass ich bis jetzt eher das Schicksal anderer gelebt und mitgelebt hatte. Ich ärgerte mich plötzlich über mein Kindsein und über die Unbeholfenheit und Planlosigkeit, die dieses Kindsein mit sich brachte. Ich starrte auf den Schlüssel in der Hand des schwarzen Mannes und fühlte den Schlüssel an meiner Brust, und es gab einen Grund, warum dieser Schlüssel hier an meiner Brust lag, einen Grund, den ich nicht kannte. Ich wollte Schluss machen, mit dieser Unbeholfenheit und dieser Planlosigkeit und mit meinem Kindsein überhaupt. Ich würde dann keinen Kinderschmerz mehr fühlen und keine Kinderscham, und der Blick meiner Mutter würde an dieser Entscheidung zerbrechen, denn ich würde voller Pläne und Schicksale vor ihr stehen. Aber meine Mutter hatte einen unbeugsamen Blick, und alles würde schwierig und sehr kompliziert werden, überlegte ich.

»Nein, nichts Interessantes!«, sagte ich, und Otto schwieg.

Ich trat einen Schritt zurück, und Otto legte seine Hand in mein Genick und drückte kurz zu, leicht nur, aber es war ein Drücken, das mir irgendetwas sagen wollte, überlegte ich. Das mir vielleicht sagen wollte, dass jede Entscheidung die richtige war, oder dass jede Entscheidung die falsche war, oder dass es hier überhaupt keine Entscheidungen gab, nur Vorsehungen und Schicksale und auch Zufälle, und dass wir alle allein und einsam waren und nur blöderweise und eigentlich unnötig gemeinsam auf einem Planeten lebten, der Erde hieß, und der uns wärmte und auch beschützte, und wir Menschen berührten uns nur und sprachen und schwiegen miteinander, und alle Entscheidungen auf dieser warmen und beschützenden Erde waren nur ein nächster Schritt in Richtung dieser Einsamkeit. Das Drücken sagte mir auch, dass es Menschen gab, die einen Schlüssel mit sich trugen und keine Ahnung hatten, was das alles sollte und wohin das alles führte.

»Ich glaube, wir sollten in die Kapelle gehen«, sagte Otto.

Wir gingen über eine Treppe ins Erdgeschoss und weiter in die Kapelle, in der sechs Männer in Jagdtracht gerade den Sarg schulterten und in den Hof hinaustrugen. Otto und ich gingen hinterher. Die Menschen schwiegen und senkten die Köpfe, und ich fand, dass es keinen Unterschied machte, ob Großvater lebte oder tot war, die Menschen schwiegen und senkten immer die Köpfe, wenn Großvater kam. Die Jäger trugen den Sarg weiter zur Kutsche, schoben ihn auf die Ladefläche und bedeckten ihn mit einem Leichentuch, das unser Familienwappen trug. Sie verschwanden in der Menge, und diese Menge aus hunderten Menschen formierte und straffte sich und kam zur Ruhe.

Hinter der Kutsche standen vier Geistliche, ein Bischof und drei einfache Priester, hinter den Geistlichen standen sechs Ministranten, dahinter in einem Rollstuhl saß Großmutter. Ihr Gesicht war geschwollen und blau, und sie erkannte mich nicht. Als ich vor ihr stand, flüstere sie nur, dass man vielleicht die Kartoffeln aus dem Wasser nehmen solle, und Otto, der neben mir stand, antwortete meiner Großmutter, dass man das schon erledigt habe und geschält wären sie auch schon. Onkel Johannes hielt die Griffe des Rollstuhls, und sein wässriger Blick war starr nach vorne gerichtet. Ich stellte mich zu Vater und meiner Tante Sophie, und Otto stellte sich neben mich. Ich blickte über meine Schultern und betrachtete den Trauerzug hinter mir, meine Geschwister und meine Mutter, die Maximilian an der Hand hielt, die Frau meines Onkels Johannes und ihre beiden Adoptivkinder Franz und Johannes, dahinter sah ich die Männer in den schwarzen Umhängen, die Jäger und dahinter eine Abordnung des Militärs, darunter alte und sehr alte Soldaten. Da waren die Männer, die Falken auf ihren Armen trugen, ein Falke flog auf und kreiste über der Menge, und die Menschen hoben ihre Köpfe, um dem Kreisen des Vogels zu folgen, und der Falke landete wieder auf dem Arm seines Besitzers. Ich war fasziniert. Hinter den Falkenmännern standen die Menschen aus dem Dorf, und da waren auch mein Urgroßvater und andere Verwandte meiner Mutter und viele Verwandte meines Vaters. Mein großer backenbärtiger Urgroßvater stach aus der Menge heraus und zwinkerte mir zu. Da war die Blaskapelle und die Feuerwehr, und ganz am Ende stand das Rote Kreuz. Ludwig stand dabei und gestikulierte durch die Luft und zeigte immer wieder auf die Turmuhr, die auf fünf Uhr stand, und über der Turmuhr auf einem der Kamine, saß der Storch.

»Hand aus der Tasche!«, sagte Vater zu mir, und ich hörte das Signalhorn eines Donauschiffes und fragte mich, wie es sein konnte, dass heute nicht die ganze Welt stillstand. Ich dachte auch an Paul Sparschwein, der an der Donau lag. Sein Finger hing um meinen Hals, und ich fühlte seine Anwesenheit und hörte seine Worte über den Tod und das Leben.

Die Kutsche rollte an, der Kies knirschte, und die Geistlichen und ihre Ministranten schritten hinterher. Johannes schob Großmutters Rollstuhl, und alles kam langsam und schweigend in Bewegung. Während wir über die Brücke durch den Hauptausgang aus römischen Mauern gingen, begann die Kapelle, ihr Stück zu spielen. Otto beugte sich zu mir herunter und sagte, dass ich mir keine Sorgen machen solle, aber ich wusste nicht, welche Sorgen genau mein Onkel meinte, denn ich hatte momentan unterschiedliche Sorgen zu bearbeiten. Die Lesung war nur eine davon.

Es war heiß, und die Sonne strahlte vom Himmel, und ich schwitzte unter meinem schwarzen Anzug, während der Trauerzug durch Carnuntum Richtung Kirche zog. Das Dorf war wie ausgestorben, alle Straßen waren für den Autoverkehr gesperrt, und die Gasthäuser und Geschäfte und der Friseur hatten geschlossen. Immer wieder sah ich die Falken auffliegen und hoch und ruhig über uns und dem Dorf kreisen und wieder landen. Es kam mir vor, als würden diese Falken nach irgendetwas Ausschau halten und dort oben am Himmel vielleicht den Geist meines Großvaters suchen. Wir bogen in die Kirchengasse ein, und die Kapelle spielte immer wieder ihre schleppende und traurige Musik, doch ich fühlte keine Trauer, und ich fand, dass hier niemand wirklich trauerte, eher fand ich, dass eine Art Versteinerung die Menschen erfasst hatte. Ich betrachtete den Sarg, der auf der Kutsche lag, und ich sah den Kutscher, der die Zügel hielt, und auch ich war ein wenig versteinert, und es kam mir abwegig vor, dass Großvater tatsächlich dort vorne in dieser Holzkiste lag, blind und taub und tot und sprachlos und ohne Atem und ohne die leiseste Ahnung, dass hier hunderte Menschen hinter ihm hergingen und seinen letzten Auftritt begleiteten und versteinert waren, und ich stellte mir vor, dass der Sarg in

Wahrheit leer war und wir alle diesem leeren Sarg und einer großen und alten Vorstellung hinterhergingen.

Die Glocken der Kirche begannen zu läuten und brachen den Rhythmus der Blasmusik. Ein plötzlicher Wind fuhr mir durch die Haare, wie eine fremde warme Hand, und ich schloss meine Augen und genoss diesen Wind. Ich ging ein paar Meter mit geschlossenen Augen und konzentrierte mich auf das Geräusch der hundert und mehr Trauerschritte, die über den Asphalt traten und schliffen, und da waren die Trauerschritte und die Musik der Kapelle und das Glockenläuten und das Knirschen der Kutschenräder, wenn die Kutsche über kleine Steine rollte, und da war der fast lautlose Wind. Sonst war da nichts, und ich dachte wieder an das Taubsein und das Blindsein, über das Vater und Otto vor wenigen Stunden gesprochen hatten, und ich war gar nicht mehr so sicher, ob ich mich im Zwangsfall für ein Taubsein entscheiden würde. Ich fühlte mich in diesen unsichtbaren Geräuschen wohl und sehr gut aufgehoben und auch zu Hause, denn im Sichtbaren, überlegte ich, lief ich immer Gefahr, mich von dieser überblickbaren Welt zu trennen, und ich ging noch ein paar Schritte mit geschlossenen Augen und fühlte mich sicher, dann öffnete ich die Augen wieder, und ich dachte, dass ich in Zukunft vielleicht öfter mit geschlossenen Augen durch die Welt spazieren sollte, einfach so, nur ein paar Meter und einmal täglich.

Die Kirchengasse führte leicht bergauf und um die Kurve bis zum Kirchenplatz, auf dem noch mehr Menschen standen. Einige dieser Menschen hatten Fotoapparate über ihren Schultern hängen, und sie begannen, Fotos von uns zu machen. Ich fragte mich, was es hier zu fotografieren gebe, denn hier wurde nur ein Mensch beerdigt. Zwar war dieser Mensch mein Großvater und sicher nicht irgendjemand, aber ich bezweifelte, dass sein Ruhm über die Dorfgrenzen Carnuntums hinausreichte, und ich dachte, dass das Interesse wahrscheinlich meinem Urgroßvater galt, meinem Urgroßvater und dessen Familie, denn immerhin stand ihr Name auf fast allen Essigflaschen und Senftuben, die wir zu Hause in unseren Schränken hatten, und ich sah diese Essigflaschen und Senftuben auch in den meisten anderen Haushalten, und überhaupt war dieser Name sogar unserem Dorfbäcker ein Begriff, aber ich war nicht sicher, ob der Dorfbäcker an den Senf oder an meinen Urgroßvater oder an den Essig dachte, wenn er sagte, wie berühmt dieser Name in Österreich sei.

Ich blickte zurück und sah meinen Urgroßvater groß und backenbärtig in der Menge stehen. Die Fotografen fotografierten, und mein Urgroßvater lächelte kurz, und plötzlich ging mein Cousin Ferdinand aus dem anderen Familienzweig neben mir her, und er winkte den Fotografen zu und blickte mich dann an und sagte: »Was für eine Nacht!«

»Es ist Tag«, antwortete ich.

»Wie bitte?«, fragte Ferdinand.

Er trug einen Anstecker auf dem »Das Leben ist hart, nimm es leicht!« stand.

»Tag«, sagte ich und zeigte in den Himmel.

Ferdinand blickte meiner Hand hinterher in den Himmel, und ich fragte mich, ob meine Geste für meinen Cousin Sinn machte und ob diese Geste überhaupt Sinn machte, denn genauso gut könnte ich mir zwischen die Augen zeigen und »Tag« sagen, denn der Tag, überlegte ich, war überall.

»Schon wieder Tag?«, fragte er.

»Ja, schon wieder«, sagte ich.

Der Trauerzug kam vor dem Friedhofseingang langsam zum Stillstand, die Blaskapelle spielte noch einmal ihr trauriges Stück, und weit hinten hörte ich Ludwig, der die Leute vom Roten Kreuz anbrüllte, dass das alles hier ein Notfall wäre, und dass man sich gefälligst zusammenreißen solle.

»Der ist lustig«, sagte Ferdinand.

»Ja«, sagte ich.

»Ruhe!«, sagte Vater, und Ferdinand legte seinen Kopf auf meine Schulter und sagte, dass es auf dieser Welt in Wahrheit keine Ruhe gäbe.

»Ruhe!«, wiederholte Vater.

»Hörst du?«, fragte Ferdinand und hob den Kopf und legte die Hand ans Ohr, und ich grinste, und die Fotografen fotografierten, während wir vor dem Tor zu Friedhof und Kirche standen, in Richtung meines Urgroßvaters weiter, und sonst tat sich nichts. Mein Onkel Johannes wandte sich um, und seine Augen waren blau und gerötet und wässrig, und er blickte über uns hinweg. Und auch der Bischof drehte sich jetzt um, und die Priester und die Ministranten. Dann blickte ich mich auch um, denn irgendetwas musste es da zu sehen geben, und ich sah, dass sich alle Köpfe umwandten. Doch da war nichts. Die Fotografen fotografierten nach hinten und Ferdinand sagte: »Die Jäger müssen den Sarg in die Kirche tragen!«, und ich sagte: »Aha«, und ich sah, dass auch die Jäger sich umgewandt hatten. Ludwig stand mit seinem großen Kopf und seinen abstehenden Ohren am Ende des Trauerzugs. Er stand nur da und starrte mich aus seinen weit aufgerissenen Augen an und winkte.

»Der ist lustig«, sagte Ferdinand und winkte zurück.

»Ja«, sagte ich.

»Aber ich bin auch lustig«, sagte Ferdinand und winkte noch einmal.

»Ruhe!«, sagte Vater.

»Hörst du?«, sagte Ferdinand.

Johannes fixierte mit dem Fuß die Bremsen des Rollstuhls, und ich blickte meinem Onkel ins Gesicht, und dieses Gesicht und dieser Ausdruck faszinierten und erschreckten mich immer wieder aufs Neue, denn er war kalt und tief und weit entfernt und trotzdem so unwiderstehlich und nah, und seine wässrigen blauen Augen waren wunderbar gespenstisch, und mein Onkel ging nach hinten zu den Jägern und sprach mit ihnen, und die sechs Jäger kamen nach vorne, legten das Wappentuch zur Seite und hoben den Sarg von der Kutsche.

»Ferdinand«, sagte Vater, »geh zurück auf deinen Platz!«

Ferdinand löste den Anstecker von seinem Anzug und stach ihn durch meine schwarze Krawatte, und dann ging er.

»Na endlich«, sagte Vater.

»Ruhe!«, sagte Großmutter aus ihrem Rollstuhl.

Die Jäger trugen den Sarg durch das Tor, die Geistlichen folgten, und alle gingen hinterher, die Kirchenglocken begannen, wieder zu schlagen und zu läuten, kleine Vögel flogen auf, und wir gingen über den Friedhof in die Kirche, und in der Kirche war es angenehm kühl, die Jäger stellten den Sarg ab, und es dauerte lange, bis alles seinen Platz gefunden hatte. Der Bischof trat hinter den Altar und hob die Arme, und ich saß in der ersten Reihe, umklammerte die Bibel und betrachtete den Anstecker auf meiner Krawatte. Ich las: »Das Leben ist hart, nimm es leicht!«

7

Ich betrat die Apsis. Ich atmete kurz und schnell. Sonnenstrahlen fielen durch die hohen runden Fenster und beleuchteten einzelne Stellen in der Kirche. Ich durchschritt das Licht. Ich ging weiter und stellte mich an das Mikrofon. Der Bischof stand neben mir und verkürzte den Mikrofonständer auf eine für mich günstige Höhe. Ich betrachtete meine schwarzen Schuhe und dachte, wie weit entfernt mir mein eigener Körper manchmal schien, wie wenig diese Füße jetzt mit mir zu tun hatten. Ich hob die Bibel vor die Brust und blätterte zur markierten Seite im Buch.

Manchmal, wenn ich abends im Bett lag, bildete ich mir ein, dass sich mein ganzer Körper in meinen Kopf zurückzog, und mein Kopf wurde dann riesig, und mein Körper lag neben mir. Ich fragte mich dann, wie es wohl wäre, nur Kopf zu sein, Gesicht und Gedanke und Wort und Frisur.

Ich klappte die Bibel auseinander und hielt sie mir mit der rechten Hand vor das Gesicht. Ich hob den Blick und sah in die Kirche, ich sah auf den Platz, auf dem ich gesessen hatte und der jetzt leer war, denn ich stand ja hier, hinter dem Mikrofon, und ich sah meine Schwester Isabelle und meine restlichen Geschwister, meine Eltern und all die anderen, die in der Kirche Platz gefunden hatten. Ich sah meinen Urgroßvater und Ferdinand, und ich vermisste Großvater, dem es immer gleichgültig gewesen war, wie gut oder schlecht ich meine Lesungen gehalten hatte. Die Bibel wog schwer in meiner rechten Hand, und ich legte auch die linke Hand unter das Buch.

Wenn ich abends im Bett lag und nur Kopf und Gedanke und bisschen Frisur war, dann lag ich nur da und fühlte und genoss die Abwesenheit meines Körpers.

Ich suchte nach dem ersten Satz der Lesung und fand ihn, ich holte Luft und sagte: »Das Leben ist hart, nimm es leicht!«

Niemand im Saal rührte sich, alle schwiegen. Der Bischof hüstelte. Irgendjemand im Saal hüstelte auch, und ich sah hunderte Augen, die mir entgegenstarrten, und Isabelle senkte den Kopf.

Die nächtliche Abwesenheit meines Körpers war immer ein Zustand sehr hoher Verletzbarkeit und gleichzeitiger Kontrolle, und ich blickte und hörte und roch dann aus meinem Bett in die dunkle Wirklichkeit hinein und hinaus, und diese Wirklichkeit kam mir dann so einfach und klar vor und wie für mich geschaffen und wie für uns alle geschaffen. Denn da gab es nur Kanten und Ecken und Rundes und Tiefes und Weites und Sichtbares und Hörbares und anderes und Fühlbares, und die Wirklichkeit war dann nur ein Ding, das ich überwinden und hinter mich bringen musste, und das wir alle hinter uns bringen mussten. Immer wieder.

»Falsch«, sagte ich, und ich hatte mich beruhigt und holte Luft und las: »Nach diesen Geschichten versuchte Gott Abraham und sprach zu ihm: Abraham!«, und ich hörte, wie der Bischof ausatmete, und ich hörte, dass alle ein wenig ausatmeten, und ich atmete auch aus und las weiter, und die Worte kamen mir leicht über die Lippen, und ich hoffte nur, dass es die richtigen Worte waren, die mir da so leicht über die Lippen kamen, denn in Gedanken war ich noch bei dieser Wirklichkeit, und während ich weiterlas, und das Lesen und gleichzeitige Nachdenken fiel mir leicht, erinnerte ich mich, dass ich einmal mit Urgroßvater im Atelier jenes Bildhauers zu Besuch war, der meinen Urgroßvater immer als »blödes Arschloch« beschimpfte und der einen eigenartigen Namen hatte. Wir standen damals vor einem riesigen Stein, der Bildhauer schlug mit seinen riesigen Händen auf diesen riesigen Stein ein, und sein Gesicht war rot, und Brocken und Splitter fielen und sprangen ab und landeten auf dem Boden. Ich betrachtete diese Brocken und Splitter, die am Boden lagen, und überlegte, dass die sogenannte Wirklichkeit nicht das unentwegte und auch manchmal endgültige Ergebnis war, sondern aus all diesen abgefallenen Splittern und Brocken bestand, die von eben dieser sogenannten Wirklichkeit absprangen und zu Boden fielen, dass diese wahre Wirklichkeit etwas Zurückgelassenes und Unauffälliges, Vergessenes und Unbeachtetes und Unverkäufliches war.

»Da stand Abraham des Morgens früh auf und gürtete seinen Esel …«, las ich. Der Bischof stand schräg hinter mir und strahlte Ruhe aus.

Und Großvater war auch von dieser sogenannten Wirklichkeit abgesprungen und zu Boden gestürzt, überlegte ich und las weiter und überlegte weiter, dass Großvater so wie die Brocken und Splitter des Bildhauersteins in die wahre Wirklichkeit eingegangen war, und diese wahre Wirklichkeit nannte ich in Gedanken das Unsichtbare und die Vergangenheit und den Untergrund, und die sogenannte Wirklichkeit, dieses unentwegte und auch manchmal endgültige Ergebnis, das aus dieser Vergangenheit hervortrat, nannte ich der Ordnung halber das Sichtbare und die Gegenwart und den Übergrund.

»Am dritten Tage hob Abraham seine Augen auf und sah die Stätte von Ferne und sprach zu seinen Knechten …«, las ich.

Ich begann, meine Fußsohlen zu spüren, wie sie durch meine Schuhe gegen den Boden drückten, und dieses Drücken fand ich sinnvoll, denn unten stand ich und oben dachte ich. Nur dazwischen war momentan nichts, und ich fragte mich, warum ich trotzdem noch stand, und ich blieb stehen und las weiter: »Und Abraham nahm das Holz zum Brandopfer und legte es auf seinen Sohn Isaak …«

Jemand schnäuzte sich, die Kirchenbänke knarrten. Ich hatte meinen Blick im Buch, und ich las, ohne darüber nachzudenken, ohne zu verstehen, was ich da las, und ich stand hinter dem Mikrofon, ohne zu wissen, warum ich noch stand, aber vielleicht reichte es, einfach nur zu wissen, dass zwischen Fußsohlen und Kopf mein übriger Körper war, um stehen zu bleiben. Vielleicht reichte es zu wissen, überlegte ich, dass dort draußen eine ganze Welt war, um sie ganz nebenbei am Laufen zu halten. Ich sah diese Welt nicht, denn ich hatte den Blick in diesem Buch, aber ich wusste, dass am Ende des Mittelgangs der Sarg stand, dass darin mein Großvater lag, oder auch nicht, dass dieser Mittelgang durch die Kirche zum Eingang führte und hinaus, dass dort draußen Carnuntum und der ganze Rest und die Donauau lagen. Eigentlich wusste ich alles, überlegte ich. Und an der Donau lag Paul Sparschwein, mein toter und guter Freund, und der wusste noch viel mehr.

Wenn ich abends im Bett lag und überlegte, dass alles aus dieser ewigen und langen Vergangenheit hervorgegangen war und hervorging, und ich selbst war nur Kopf, und ich selbst war auch nur aus dieser Vergangenheit hervorgegangen, dann fühlte ich mich getragen und gut gebettet und in großer Sicherheit.

»Und als sie kamen an die Stätte, die ihm Gott gesagt hatte, baute Abraham daselbst einen Altar und legte das Holz darauf und band seinen Sohn Isaak …«, las ich und hob für einen kurzen Moment den Kopf und sah in die Kirche. Alles war beim Alten, nur mein leerer Platz war nicht mehr leer, denn auf dem Platz saß ich selbst, und ich blickte mir selbst in die Augen, und ich hatte nie gewusst, wie blau und traurig meine Augen waren.

»… und legte ihn auf den Altar oben auf das Holz und reckte seine Hand aus und fasste das Messer, dass er seinen Sohn schlachtete …«, las ich, doch ich las nicht, ich sprach die Sätze auswendig und blickte mir währenddessen selbst in die traurig blauen Augen und sprach weiter. Der Bischof stand schräg hinter mir, und ich hörte sein Atmen und spürte seinen Atem an meinem Hals und in meinem Gesicht, und ich fragte mich, ob alle Geistlichen ein Weißweinproblem hatten, und ich fragte mich auch, ob dieses Weißweinproblem nur ein Ausläufer eines viel größeren Problems war, denn irgendwie kamen mir alle Geistlichen, die ich so kannte, ein wenig problematisch vor.

»Da rief ihm der Engel des Herrn vom Himmel und sprach: Abraham! Abraham! Er antwortete: Hier bin ich …«, sagte ich, und ich sah in meinen Augen nicht nur Blaues und nicht nur Trauriges, ich sah auch Helles und Strahlendes und Lebendiges. Ich sah einen Blick, der mir bekannt vorkam, und ich senkte die Augen wieder auf das Buch und auf die

Worte der Lesung, denn wer weiß, dachte ich, vielleicht sprach ich von ganz was anderem.

Als Kopf in meinem Bett und als ein Hervorgegangener in großer Sicherheit fühlte ich die Welt als eine Welt aus einem Guss, und ich war dann eine Feuerwerksrakete, die über dieser Welt bald in tausend Lichter aufgehen würde.

»Er sprach: Lege deine Hand nicht an den Knaben und tue ihm nichts; denn nun weiß ich, dass du Gott fürchtest und hast deines einzigen Sohnes nicht verschont um meinetwillen …«, las ich, und fragte mich, was das jetzt wieder sollte, denn wie empfindlich und ohne Selbstvertrauen mussten dieser Gott und seine Kirche sein, wenn man seine Söhne opfern oder ständig und kniend diesen Jesus anbeten musste, damit dieser Gott und seine Kirche uns Menschen den Glauben überhaupt abnahmen. Es kam mir vor, als würden eher Gott und seine Kirche diesen Glauben brauchen als wir Menschen, und ich ärgerte mich über diesen lächerlichen und überempfindlichen Gott, und überlegte, dass Gott vielleicht selbst so wie seine Geistlichen ein Weißweinproblem hatte, denn ich hatte einmal gehört, dass Alkohol bei Minderwertigkeitsgefühlen half. Ich hob wieder den Blick und sah in den Kirchenraum.

Der Kirchenraum war plötzlich menschenleer, und nur Großvater saß auf meinem Platz, und ich wunderte mich sehr und sagte: »Und Abraham hieß die Stätte: Der Herr sieht. Daher man noch heutigentages sagt: Auf dem Berge, da der Herr sieht …«

Großvater saß einfach nur da und sah mich an, und ich sah ihn an, und das alles konnte gar nicht sein.

Wenn ich abends im Bett lag und kurz davor war, als Kopf und Feuerwerksrakete in tausend Lichter aufzugehen, dann wurde es dunkel um mich und still, und mein Kopf schwebte einen Millimeter über dem Polster, und ich sammelte noch einmal Kraft für meinen Senkrechtstart.

Mein Großvater griff sich an die Brust, und ich sprach weiter von Abraham und seinem Sohn und seinem Gott und griff mir auch an die Brust, wo der Knochenfinger und der Schlüssel hingen. Wie froh war ich plötzlich über dieses Souvenir um meinen Hals und über die Sicherheit, die mir dieses Souvenir gab, denn es schien im Augenblick das einzig Wahre hier zu sein.

»... und durch deinen Samen sollen alle Völker auf Erden gesegnet werden, darum dass du meiner Stimme gehorcht hast ...«, sprach ich, und über den Kirchenboden wanderte das Licht. Die Kircheneingangstür stand offen, und ich sah ein kleines Stück Friedhof und ein kleines Stück Tag, der so hell und so warm schien. Ich senkte den Blick in das Buch und las: »... Also kehrte Abraham wieder zu seinen Knechten; und sie machten sich auf und zogen miteinander gen Beer-Seba; und er wohnte daselbst«, und ich sah in die Kirche, und da waren sie wieder alle. Großvater war wieder verschwunden, und mein Platz war wieder leer, denn ich stand ja hier, hinter dem Mikrofon. Doch ich wunderte mich nicht mehr, und ich nahm mir vor, in Zukunft vorsichtiger mit der Wirklichkeit umzugehen, und ich sagte »Amen«, und die Leute in der Kirche antworteten »Amen«, und sie taten so, als wären sie niemals weg gewesen, und ich tat auch so.

Wenn ich abends im Bett lag und darauf wartete, in tausend Lichter aufzugehen, dann kehrte mein Körper plötzlich wieder an seinen Platz zurück, und alles senkte sich wieder ins Bett, und ich wuchs in die Nacht hinein und wurde wieder Teil von ihr. Ich drehte mich dann auf den Bauch und schlief bald ein.

Ich klappte die Bibel zusammen und verließ die Apsis.

8

Wir gingen zur Rundkapelle, wo der Sarg in der Gruft versenkt wurde, und Menschen hielten Reden, die über Lautsprecher auf die Wiese um die Kapelle übertragen wurden. Auch mein Onkel Johannes hielt eine Rede, und er sagte, wie schön es gewesen wäre, der Sohn dieses großen Mannes und Vaters zu sein und so weiter. Ein Soldat mit einigen Auszeichnungen auf der Brust hielt eine Rede und sagte, wie beeindruckend es gewesen wäre, an der Seite dieses großen Mannes, des Majors Lichtenperg gekämpft zu haben und so weiter. Dann sagte ein Mann, den ich aus der Zeitung kannte, wie viel dieser große Mann, Reichsgraf Lichtenperg für dieses schöne Bundesland getan hätte und so weiter. Es sprachen noch andere über diesen großen Mann, über meinen sonderbaren Großvater, der dies und das und so weiter.

Doch ich hörte nicht wirklich zu, ich stand in der Kapelle, die von Kerzenlicht und Fackellicht erleuchtet war, und ich war noch immer von meiner Lesung beeindruckt.

Nach den Reden löste sich die Ordnung auf. Die Uniformmenschen vermischten sich, und die verschiedenen Abordnungen vermischten sich, und die Familien und die

Menschen an sich vermischten sich. Wir gingen in Unordnung zurück in Richtung Schloss, über die Brücke in den Hof, und ich verlor den Anschluss an meine Familie und den Überblick überhaupt. Ohne Ordnung, überlegte ich, wurde man zum Einzelkämpfer, und ich ging hinauf in den Festsaal, wo es eng und laut wurde, und Gläser klirrten. Ich schlängelte mich durch die dichte Menge, und die Menschen standen in kleinen Gruppen und unterhielten sich, ich drückte mich an diesen Gruppen vorbei, hörte zu und war ein Einzelkämpfer.

… *ein guter Schütze* …, sagte ein Mann, … *32 Enten an einem Vormittag* …, und ich nahm mir ein Glas Wasser von einem Tablett und drückte mich weiter durch die Menschenmenge.

… *also ich fühl' mich wie 27* …, … *schaust aber aus wie 87* …, … *bin aber 70* …, … *ich hab immer das Gefühl gehabt, als hätte Ernst etwas zu verbergen* …, … *Ernst hatte etwas Großes zu verbergen* …, sagte eine der Frauen, … *ich habe auch etwas sehr Großes zu verbergen* …, sagte ein Mann, … *ja, deine Blödheit* …, … *aber die verbirgt er nicht sehr gut* …, … *eigentlich bin ich traurig* …, sagte eine Frau, … *das ist so bei Begräbnissen* …, antwortete ein Mann in Militäruniform.

»Welches Begräbnis?«, fragte ich, doch niemand hörte mich, und ich nahm einen Schluck Wasser und ging weiter durch die Menge. Flache graue Wolken zogen auf. Ich lehnte mich an die Wand.

… *eigentlich schaust du aus wie 97* …, … *und ich freu mich schon auf dein Begräbnis* …, … *früher war ich oft hier* …, sagte eine Frau, … *vor oder nach der Geburt seinen Enkels* …, fragte ein alter Mann, … *davor, da gings noch* …, … *da war er noch halbwegs dicht …, … ich frage mich, was sein Enkel für ein Kind ist …*, sagte die Frau, und ich nahm einen Schluck von meinem Wasser und ging weiter. Ein großer, dünner Mann mit erloschener Zigarre im Mund begrüßte mich, er blickte unentwegt auf seine Armbanduhr und sagte, dass man sich auf jeden Fall nicht zu früh freuen sollte, und ich fand, dass ich mich eigentlich nie zu früh freute, und worauf denn überhaupt, fragte ich mich. Der große, dünne Mann nahm die Zigarre aus dem Mund und beugte sich zu mir herunter und flüsterte dann weiter, dass man sich aber genauso wenig nicht zu spät ärgern sollte, und ich flüsterte zurück, dass man in Wahrheit gar nichts zu früh oder zu spät machen sollte, und der Mann sah auf seine Uhr und sagte: »Zehn nach fünf!«, und ging.

Ich sah meinen Urgroßvater mit zwei Frauen stehen, und er gestikulierte mit den Armen durch die Luft, und er war mit seinem Backenbart und seinem dicken Bauch unzerstörbar. Ich sah Großmutter in ihrem Rollstuhl, und an den Griffen stand mein Onkel Johannes und starrte durch den Raum. Der große Festsaal schien mit den vielen Menschen darin noch viel größer, und durch die riesigen Fenster strahlte die Nachmittagssonne, und hunderte Schatten bewegten sich über den Steinboden, und die Fresken waren noch schöner, und die vielen gemalten Gestalten an den Wänden blickten schweigend auf uns herab, und manche dieser Gestalten grinsten und manche waren verliebt und manche waren einsam und manche waren halb nackt und einer war der Teufel, denn er hatte Hörner auf dem Kopf, einen langen Schweif und einen Speer in der Hand, und der Teufel stand mit einem Fuß auf einem Stein und hatte den Überblick.

Ich leerte mein Glas und stellte es auf ein Fensterbrett. Die Wolken schoben sich über den Himmel und über die Sonne, und im Festsaal wurde es grau und düster, und die vielen Schatten lösten sich auf. Ich verließ den Saal und ging noch einmal in die Ahnengalerie, wo das Bild hing. Ich stellte mich noch einmal davor, und betrachtete den schwarzen Mann. Ich nahm die Kette vom Hals, hielt sie vor das Bild und verglich die zwei Schlüssel. Ich fand, dass sich der Schlüssel in meiner Hand über die drei Jahrhunderte wenig verändert hatte, und eigentlich hatte sich der Schlüssel überhaupt nicht verändert. Manche Dinge, hatte mein Vater einmal gesagt, würden sich nie verändern. Ich ging in den Hof, und der Himmel lag grau und düster über mir und das Schloss und der Hof waren grau und düster und ich selbst wurde grau und düster, und über allem lag dieser Himmel.

Ich betrat die Sala Terrena, in der es noch lauter und enger als im Festsaal war, und die Menschen lachten und tranken und aßen, und an der Wand auf einem Stuhl sah ich eine alte Frau, die weinte. Ich drängte mich durch die Menschen zu dieser Frau, stellte mich vor sie hin und sie nahm meine Hand und drückte sie gegen ihren Mund und drückte und flüsterte: »Der kleine Graf!«, und drückte weiter und ich zog die Hand weg und ließ die alte Frau auf ihrem Stuhl sitzen.

Ich verließ das Schloss über die alte Außentreppe und ging den Weg hinunter Richtung Wald und Richtung Donau und Richtung Paul Sparschwein. Ich spazierte vor mich hin und blickte zu Boden und überlegte, dass so ein Begräbnis gar nicht so traurig wie sein Ruf sei, dass so ein Begräbnis nur ein guter Anlass wäre, über den Gestorbenen und sich selbst mehr zu erfahren, denn ich wusste, dass ich der Enkel war, über den dort oben gesprochen worden war, dass die Frau nach mir gefragt hatte, als sie wissen wollte, was für ein Kind dieser Enkel wäre, und ich fragte mich jetzt selbst, was für ein Enkel ich eigentlich war, denn so mir nichts dir nichts verliert man beim Anblick eines Neugeborenen nicht den Verstand. Auch wenn das Neugeborene einen Doppelkopf zu haben scheint, auch wenn das Neugeborene der Stammhalter war, auch wenn alles gleichzeitig eintrat.

Und so ein Begräbnis war auch ein Anlass, sich in Versteinerung und Wahrnehmung und Blindgang zu üben, und für den Ernstfall überhaupt.

Meine schwarzen Schuhe wurden staubig, und Schwalben flogen dicht über den Boden, und die Moskitos stiegen aus den Gräsern. Und so ein Begräbnis, überlegte ich noch, war schlussendlich nur eine Frage der eigenen Position in dieser Welt.

Jackie und Rusty kamen mir aus dem Wald entgegen und wedelten mit ihren Schwänzen. Ich kniete mich auf den Boden und streichelte die beiden Hunde, und ich war zufrieden über meine Position in dieser Welt, denn ich war ein Überlebender eines Todesfalls, ich hatte meine Lesung hinter mir, und der Ernstfall war nicht eingetreten. Die beiden Hunde schmiegten sich an mich, und wir gingen den Weg hinab, und ich warf Äste ins Gebüsch, und Jackie und Rusty verschwanden, kamen wieder zurück und ließen die Äste wieder vor meine Füße fallen.

Der Himmel wurde immer grauer und düsterer, doch der Wald war grün und satt und hellbraun, und ich sah einen kleinen Menschen, der auf einem der umgestürzten Baumstämme saß. Ich sah nur seinen Rücken, und Rusty lief ihm vor die Füße und ließ seinen Ast fallen. Der kleine Mensch sprang vom Baumstamm, und es war Joseph, der da vom Baumstamm sprang. Jener Joseph, der mir ähnlich sah und der ein paar Jahre jünger war als ich, und er warf jetzt den Ast über den Weg in eine Böschung, und Rusty hetzte hinterher. Joseph wandte sich um. Er trug einen dunkelgrauen und ein wenig zu großen Anzug, eine schwarze Krawatte und gelbe Gummistiefel, und er sah mir in die Augen und sagte: »Hallo!«

Es war jener Joseph, über den Paul Sparschwein vor sehr Langem einmal gesagt hatte, dass er mein Halbbruder sei, aber eigentlich, so dachte ich, während Josephs »Hallo« durch meinen Kopf strudelte, war das alles gar nicht so sicher. Denn außer Paul und Reinhard hatte das noch niemand behauptet, doch wer würde so etwas schon ungefragt behaupten, dachte ich. Gefragt hatte ich bis heute eigentlich niemanden, und so stand ich jetzt ahnungsvoll vor diesem Joseph, und sein »Hallo« war schon längst verhallt.

»Hallo«, sagte ich zurück, und wir standen uns eine Zeitlang gegenüber, und wer weiß, überlegte ich, was Joseph sich gerade überlegte. Jackie und Rusty saßen vor mir und wedelten mit ihren Schwänzen, und ich dachte, dass ich Joseph vielleicht auch einen Ast werfen sollte, und Joseph würde dann auch ins Gebüsch laufen und den Ast apportieren, und dann könnte ich schimpfen und ihn nach Hause schicken. Ich warf einen Ast so weit ich konnte in den Wald, und Rusty und Jackie liefen hinterher und verschwanden ihm Gebüsch.

»Dein Großvater ist gestorben«, sagte Joseph.

»Ich weiß«, sagte ich und erschlug einen Moskito.

»Wie alt bist du?«, fragte Joseph.

»Fast dreizehn«, sagte ich.

»Ich bin zehn«, sagte Joseph.

»Macht ja nichts«, sagte ich.

»Ich weiß«, sagte Joseph.

»Ich auch«, sagte ich.

»Ich kenne deine Schwester«, sagte Joseph.

»Ich auch«, sagte ich.

»Ich war mit ihr im Kindergarten«, sagte Joseph.

»Ich nicht«, sagte ich, und ich konnte mich nicht erinnern, jemals so viele Dummheiten gesagt zu haben, und ich war froh, als Rusty mit einem Ast im Mund wieder zurückkam und ihn mir vor die Füße legte.

»Wo ist Jackie?«, fragte ich, und Rusty wedelte mit seinem Schwanz und schob mit der Nase den Ast über den Boden.

»Wo ist Jackie?«, fragte ich noch einmal.

»Der kann nicht antworten«, sagte Joseph.

»Hast du auch einen Drehsessel?«, fragte ich.

»Wieso?«, fragte Joseph.

»Weil du so gescheit bist«, antwortete ich.

»Findest du?«, fragte Joseph.

»Wo ist Jackie?«, fragte ich Rusty.

»Sollen wir ihn suchen?«, fragte Joseph, und ich bekam Lust, diesen Joseph ein bisschen zu verprügeln, so gescheit kam er sich vor.

»Der Wald ist viel zu dicht«, sagte ich.

»Ich kenn mich sehr gut aus«, sagte Joseph.

»Ich auch«, sagte ich und überlegte, dass ich sicher kein besonders guter Verprügler wäre, denn ich hielt mich immer raus, wenn nach der Schule die Kraftkämpfe stattfanden.

»Du hast Angst im Wald«, sagte Joseph.

»Soll ich dich verprügeln?«, antwortete ich.

»Lieber nicht«, antwortete Joseph.

»Nur ein bisschen«, sagte ich.

»Nein«, antwortete Joseph.

»Gut«, sagte ich.

Rusty schob den Ast weiter über den Boden, und Jackie blieb verschwunden.

Es begann zu nieseln, und das Nieseln drückte die Moskitos zurück in die Wiese, und die Schwalben flogen tiefer.

»Gehen wir«, sagte ich, und ging vor, Joseph hinterher und Rusty zwischen uns, direkt durch die Gebüsche in den Wald.

»Wieso Drehsessel?«, fragte Joseph.

»Ich habe einen Drehsessel, und wenn man sich auf den setzt und sich ein bisschen dreht, wird man gescheiter«, sagte ich.

»Drehst du dich viel?«, fragte Joseph.

Am schlimmsten waren die Schlingpflanzen, die kreuz und quer durch den Wald wuchsen, die klebrig waren und an denen ich hängen blieb, während wir immer tiefer in den Wald gingen. Ich hörte das Rauschen der Donau, und die unsichtbaren Tropfen fielen sanft auf die Blätter und auf den Boden, kein Wind wehte, und der Wolkenhimmel schwebte grau und düster über uns, und es war, als würden irgendwo und gar nicht so weit entfernt dicke Glaswände stehen, die uns vom Rest der Welt trennten.

»Drehst du dich viel?«, wiederholte Joseph, der ein paar Schritte hinter mir her ging, und ich überlegte, ob mir Joseph vielleicht eine Fangfrage stellen wollte.

»Ist das eine Fangfrage?«, fragte ich.

»Was ist eine Fangfrage?«, fragte Joseph.

»Das ist viel zu kompliziert für einen Zehnjährigen«, sagte ich.

»Aha«, sagte Joseph.

Meine schwarzen Schuhe verschwanden bei jedem Schritt im Gestrüpp des Waldbodens, und meine Hosenbeine wurden erdig und schwer von den Kletten und den klebrigen Schlingpflanzen, die ich bei jedem Schritt mitnahm, und noch immer keine Spur von Jackie.

»Drehst du dich viel?«, fragte Joseph.

»Ich dreh mich eigentlich selten«, sagte ich und fand, dass meine Antwort gut überlegt war.

»Das merkt man«, sagte Joseph und lachte, und dieser Joseph, überlegte ich, war schlauer, als ich vermutet hatte.

»Jackie!«, rief ich in den Wald.

»Jackie!«, rief auch Joseph.

»Wo ist der blöde Hund?«, fragte ich, langsam machte ich mir Sorgen, denn wie sollte ich zu Hause erklären, dass ich einen Hund verloren hatte? Wie konnte man einen Hund überhaupt verlieren? So ein Hund war ja kein Matchboxauto.

Wir kamen an das steile Ufer des Donauarms und gingen am Ufer entlang. Das Wasser war hellgrün. Die unsichtbaren Nieseltropfen schlugen in die Wasseroberfläche ein und wurden als winzige Wasserkreise sichtbar.

»Jackie!«, rief Joseph noch einmal.

Die ganze Oberfläche des Donauarms bestand aus diesen winzigen Wasserkreisen.

»Warum steht auf deiner Krawatte ›Das Leben ist hart‹?«, fragte Joseph.

»Du kannst schon lesen?«, antwortete ich und lachte.

Ich überlegte, dass auch ich nicht ganz blöd war, und dass sich Joseph in Acht nehmen sollte, denn von außen wirkte ich vielleicht recht freundlich und vorhersehbar, doch von innen, überlegte ich, sah das Ganze schon wieder anders aus. In mir drinnen nämlich, überlegte ich weiter, ging es drunter und drüber und hin und her. Da war selten Ordnung und Klarheit, und da war auch Ungutes und Böses, denn manchmal und aus tiefstem Herzen wünschte ich mir den Tod meiner Eltern, aber immer nur für ein paar Tage. Joseph konnte froh sein, dachte ich, dass ich mir nicht auch seinen Tod wünschte.

»Da steht auch ›Nimm es leicht‹«, sagte Joseph.

»Damit man besser schlafen kann«, sagte ich.

»Ich schlaf eh gut«, sagte Joseph, und ich fand, dass dieser Joseph auf alles eine Antwort hatte, doch ich hatte eine sehr gute Frage für ihn, ich hatte eine Geheimfrage für ihn.

Wir kamen zur Steintraverse, der Durchlass war trocken, und wir gingen hinüber auf die andere Seite des Donauarms, wo der Wald noch dichter war.

»Hast du gewusst, dass du mein Halbbruder bist?«, fragte ich.

Joseph schwieg.

»Das hat mir jemand erzählt«, sagte ich.

Joseph schwieg weiter und warf einen Stein durch die Bäume, und Rusty sprang hinterher.

»Das ist nur ein Stein!«, rief Joseph dem Hund nach.

»Hast du mich verstanden?«, fragte ich.

»Wer hat dir das erzählt?«, fragte Joseph, und dieser Joseph hatte nicht nur auf alles eine gute Antwort, sondern er hatte auch eine Frage gestellt, die nicht leicht zu beantworten war.

»Na ja«, sagte ich, denn was sollte ich sagen.

Rusty kam mit einem Ast im Maul zurück und ließ ihn vor Josephs Füße fallen. Joseph blieb stehen, bückte sich und hob den Ast auf. Ich blieb auch stehen, und Joseph warf den Ast tief in den Wald, und ich bewunderte seine Wurftechnik und seine Kraft. Ich war froh, dass wir uns nicht geprügelt hatten, aber ich war auch froh, dass ich es ihm angedroht hatte.

»Paul Sparschwein hat es mir erzählt«, sagte ich und kniff die Augen zusammen, um meinen Worten einen geheimnisvollen Nachdruck zu verleihen. Ich beobachtete Joseph durch meine zusammengekniffenen Augen und fühlte mich selbst ein wenig geheimnisvoll, wie ich hier im Wald stand und durch meine zugekniffenen Augen kaum etwas sehen konnte, und das Rauschen der Donau und das Nieseln des Regens hüllten mich ein, und ich wäre gerne Stunden so dagestanden.

»Wer ist das?«, fragte Joseph.

»Das ist mein bester Freund«, sagte ich, und das Ganze wurde immer geheimnisvoller.

»Komischer Name: Paul Sparschwein«, sagte Joseph.

Rusty war wieder da, und Joseph warf den Ast, und diesmal flog der Ast noch weiter und höher und über die Kronen einiger Bäume. Rusty lief in den Wald, und erst jetzt hörte ich, wie der Ast mit einem dumpfen Geräusch auf dem Boden landete.

»Das ist überhaupt kein komischer Name«, sagte ich, und ich überlegte, dass ich mein Manöver gegen Joseph falsch eingeleitet hatte.

»So einen Namen gibt es doch gar nicht«, sagte Joseph.

»Doch«, sagte ich, und durch meine Schuhe und Socken kam die Feuchtigkeit des Waldbodens.

»Paul Sparschwein«, sagte Joseph und schüttelte den Kopf und verschränkte die Arme.

»Ja, Paul Sparschwein. Mein bester Freund!«, sagte ich, und ich ärgerte mich über meine nassen Füße, und ich ärgerte mich noch mehr über Josephs gelbe Gummistiefel, in denen er breitbeinig und gut ausgerüstet auf dem Boden stand.

»Stell dir vor, dein bester Freund heißt Paul Topfentorte«, sagte Joseph.

»Nein«, sagte ich.

»Paul Topfentorte«, wiederholte Joseph und blickte in den Himmel.

»Paul Sparschwein«, sagte ich und ging weiter durch den Wald und Richtung Donau. Joseph folgte mir, und Rusty kam mit dem Ast aus dem Wald und lief uns hinterher.

»Ich glaube, so einen Menschen gibt es nicht«, sagte Joseph.

»Und ob«, sagte ich. Das Rauschen der Donau wurde immer lauter.

»Was ist ein Halbbruder?«, fragte Joseph.

»Halb Bruder, halb Idiot«, antwortete ich.

»Und ich bin der Bruder?«, fragte Joseph.

»Ich werde dir Paul Sparschwein vorstellen«, sagte ich, denn ich fand, dass es jetzt reichte, dass ich mich von Joseph hier nicht länger an der Nase herumführen lassen wollte, dass es Zeit wurde, ihn mit der Wirklichkeit zu konfrontieren.

»Ich finde, dass du gar kein Idiot bist«, sagte Joseph, und ich überlegte, dass ich meine Geheimfrage niemals hätte stellen sollen, denn irgendwie war ich jetzt der Dumme. Joseph kam mir immer schlauer vor, und überhaupt hatte er diese Angelegenheit in der Hand.

»Wo ist Jackie?«, fragte ich.

»Der findet schon seinen Weg«, sagte Joseph.

»Also willst du meinen Freund Paul kennenlernen oder nicht?«, fragte ich.

»Warum nicht«, sagte Joseph.

»Na gut«, sagte ich und schob ein paar Zweige zur Seite, und vor mir lag die Donau, grau und ewig und breit, und ich blieb am Ufer stehen und blickte über den Fluss, und Joseph stellte sich neben mich, und Rusty lief zwischen unseren Beinen durch, und dann lief er zum Wasser hinunter und steckte seine Schnauze hinein.

»Und wann lerne ich deinen Freund kennen?«, fragte Joseph. Ich sah den Kirchturm und die grüne Boje weit links von uns.

»Gleich«, sagte ich.

Die Donau floss ruhig und gleichmäßig, und ihr Rauschen war überall.

»Wie gleich?«, fragte Joseph.

»Sehr gleich«, sagte ich.

Wir gingen weiter, stromaufwärts und hintereinander, und ich begann, an meinem Vorhaben zu zweifeln. Ich verlangsamte meine Schritte und überlegte, dass ich vielleicht einen Fehler machte, dass ich von Anfang an einen Fehler gemacht hatte, und ich überlegte weiter, dass man eben nur im Nachhinein jene Dinge beurteilen konnte, die man nicht mehr ändern konnte. Vielleicht war das Leben an sich ein Ding, das man im Nachhinein zwar gut beurteilen, aber nicht mehr ändern konnte, und vielleicht war man Ende seines Lebens auf jeden Fall der Dumme.

»Ist dein Freund hier?«, fragte Joseph.

Denn in den Momenten, in denen die Dinge tatsächlich geschahen, hatte ich keine Zeit und auch keine Geduld, die Konsequenz dieser Dinge abzuwägen, und so war ich schon jetzt und ganz am Anfang meines Lebens der Dumme, und es könnte noch viel schlimmer kommen. Vielleicht musste ich meine ganze Kraft zusammennehmen, um Joseph doch noch ein wenig zu verprügeln, denn der Stärkere, überlegte ich, hatte auch sein Recht auf Wahrheit und Wirklichkeit, und der Stärkere konnte auch im Nachhinein die Dinge ein wenig verändern.

»Ja, der ist hier«, sagte ich und blieb stehen. Ich wandte mich um, blickte Joseph in seine braunen Augen und sagte: »Und wenn du mir noch weiter auf die Nerven gehst, dann ...«, und wir blickten uns an.

Josephs Gesicht war fein und sehr schmal, über seinem rechten Auge hatte er eine rote Narbe, und eine Träne lief über seine Wange und dann eine zweite, und ich sagte: »... dann blasen wir die ganze Sache ab.«

»Das wäre schade«, sagte Joseph und wischte mit dem Handrücken über seine Wange. Wie konnte jemand so entwaffnend sein und mich gleichzeitig so in den Wahnsinn treiben, dachte ich, und warum weinte Joseph überhaupt? Wir gingen weiter, und auf der anderen Seite trieb eine unbemannte Zille über den Fluss, dahinter sah ich den Fischer aus dem Wald kommen und parallel zu uns die Donau stromaufwärts spazieren.

»Herr Schmid«, sagte Joseph.

»Wie bitte?«, fragte ich.

»Ich kenne den Mann, der geht immer dort fischen«, sagte Joseph.

»Wir sind gleich da«, sagte ich.

»Er ist ein Freund von meinem Vater«, sagte Joseph, und wenn die Dinge dieser Welt noch klarer wurden und noch näher zusammenrückten, überlegte ich, dann wären die einzigen Geheimnisse bald nur noch die Leichen im Keller und Paul Sparschwein und dieser breite und graue Fluss, dann wäre Schluss mit Überlegen und Grübeln und Verzweiflung und wie schade, überlegte ich, wäre das für meine Tage. Die Zille lief an einer Sandbank auf Grund, und zwei Köpfe kamen zum Vorschein. Doch dann, überlegte ich, würde ich aus mir selbst das größte Geheimnis und Rätsel machen. Und ich würde mich als größtes Rätsel vor den größten Spiegel dieser Welt stellen, und beginnen mich selbst zu lösen.

»Bitte erzähl mir nichts mehr, ich will nicht alles wissen«, sagte ich, denn würde man alles wissen und verstehen, überlegte ich, dann bräuchte man erst gar nicht auf die Welt kommen.

»Man darf nämlich auch nicht alles verstehen«, sagte ich.

»Wieso?«, fragte Joseph.

»Damit man auf die Welt kommen darf«, antwortete ich.

»Versteh ich nicht«, sagte Joseph.

»Deswegen bist du ja auch auf der Welt«, erklärte ich.

»Wieso darf man erst dann auf die Welt kommen?«, fragte Joseph.

»Woher soll ich das wissen?«, fragte ich.

»Stimmt eigentlich«, sagte Joseph.

»Hast du das jetzt verstanden?«, fragte ich.

»Ja«, sagte Joseph.

Ich sah die Stelle, an der Paul Sparschwein lag, ein paar Meter vor uns, ich sah den Fischer, der sich auf der anderen Seite auf seinen Platz gesetzt hatte und seine Angel zusammensteckte, und ich sah Jackie am Ufer auf den Steinen liegen.

»Da ist er«, sagte Joseph.

»Gott sei Dank«, sage ich.

»Ja«, sagte Joseph, und ich blieb stehen.

»Kannst du kurz hier warten?«, sagte ich dann.

»Ja«, sagte Joseph, und ich ging und setzte mich zu Paul und flüsterte, dass ich heute einen Besucher mitgebracht hätte.

»Kannst du das nächste Mal vorher anrufen, damit ich mich rasieren kann«, antwortete Paul und lachte, und ich lachte auch, denn weder das eine noch das andere war möglich.

»Du schaust schlecht aus«, sagte ich dann, denn mir fiel auf, dass Paul seit dem letzten Mal viel Material verloren hatte.

»Finde ich nicht!«, rief Joseph.

»Ich spreche nicht mir dir«, rief ich zurück.

»Ach so!«, rief Joseph.

»Das ist die Witterung«, sagte Paul.

»Darf ich dir den Besucher vorstellen?«, fragte ich.

»Natürlich, aber ich kann dir nichts versprechen«, sagte Paul, und ich ahnte nur vage, was Paul meinte.

»Joseph!«, rief ich.

»Ja!«, rief Joseph zurück und seine Stimme zitterte.

»Willst du kommen?«, rief ich.

»Ich glaube, dass ich gehen muss!«, rief Joseph zurück.

»Was?«, rief ich.

»Ich glaube, dass ich jetzt gehen muss!«, rief Joseph und die Worte kamen schnell und ruckartig aus seinem Mund.

»Warum?«, rief ich.

»Ich muss Hausübung machen!«, rief Joseph.

»Aber wir haben doch Ferien!«

»Trotzdem!«, rief Joseph und hob die Hand und rannte, und ich blickte ihm nach, und Joseph lief und lief, und ich dachte, dass dieser Joseph nicht nur Äste weit und hoch durch den Wald werfen, sondern auch ziemlich schnell davonlaufen konnte. Dann verschwand Joseph hinter einer Wegbiegung, und irgendwie war ich froh, dass Joseph davongelaufen war.

»Was war denn das?«, fragte Paul.

»Weißt du, wer das war?«, fragte ich zurück.

»Hab ich Augen im Hinterkopf?«, fragte Paul.

»Du hast überhaupt keine Augen«, sagte ich.

Jackie lag am Ufer und rührte sich nicht, und Rusty hüpfte um ihn herum, doch Jackie blieb unbeeindruckt. Er lag einfach nur da, und ich sah, wie sich sein Brustkorb senkte und hob und senkte, und manchmal zuckte sein rechtes Ohr.

»Weder hinten noch vorne«, sagte Paul.

»Das war Joseph«, sagte ich.

»Welcher Joseph?«, fragte Paul.

»*Der* Joseph«, sagte ich.

»Und warum ist *der* Joseph so plötzlich davon gelaufen?«, fragte Paul.

»Angsthase vielleicht«, sagte ich.

»Das glaube ich nicht«, sagte Paul.

»Das war Joseph, *der* Joseph, der Halbbruder-Joseph«, sagte ich.

»Aha«, sagte Paul.

»Was heißt aha?«, fragte ich.

»Wie geht es Petar?«, fragte Paul.

»Was heißt aha?«, fragte ich noch einmal.

»Was soll ich sagen?«, sagte Paul.

»Irgendetwas«, sagte ich.

»Wie geht es Petar?«, fragte Paul.

»Weiß ich nicht«, sagte ich.

Rusty hatte es aufgegeben um Jackie herumzuhüpfen und beschnüffelte einen Stein und versuchte mit den Vorderpfoten, das Geröll um den Stein wegzuschaufeln.

»Und seiner Mutter?«, fragte Paul.

»Die ist heute nackt durch den Garten gelaufen«, erzählte ich.

»Und?«, fragte Paul.

»Ich hab Angst gehabt, und dann habe ich mich ins Klo gesperrt und mir sind tausend Sachen durch den Kopf gegangen. Dann war die Polizei da und mein Vater und so weiter, und dann Begräbnis, und jetzt bin ich auf jeden Fall hier«, erzählte ich schnell, denn was hatte das jetzt mit Joseph und Halbbruder und überhaupt zu tun.

»Ianica ist schuld, hab ich recht«, sagte Paul.

»Warum weißt du das?«, fragte ich.

»Ianica und Petars Mutter kommen aus demselben Dorf«, sagte Paul.

»Was soll das wieder bedeuten?«, fragte ich.

»Ianica war die erste Frau von Petars Vater«, sagte Paul.

»Wirklich?«, fragte ich.

»Ja, wirklich«, und Paul sagte, dass es zwischen den beiden Frauen noch immer große Eifersucht und Wut gebe.

Das Nieseln hatte aufgehört, und wir schwiegen eine Zeitlang und ich beobachtete die beiden Hunde.

Rusty sprang mittlerweile über die Steine und folgte vom Ufer aus vorbeischwimmenden Ästen und Plastikflaschen, und er lief immer wieder ein paar Meter flussabwärts, kam zurück und lief wieder ein paar Meter, und sein Kopf zuckte hin und her.

Jackie atmete, und ich dachte, wie froh ich war, dass er da am Ufer lag und nicht verloren gegangen war, und ich dachte, wie gerne ich diesen Hund hatte, denn er fühlte nur seine Zuneigung zum Leben, und war so anders als ich Mensch, denn er interessierte sich nur für Futter und Äste und Rehe und andere Hunde.

»Was ist jetzt mit diesem Joseph?«, fragte ich.

»Und das Begräbnis?«, fragte Paul.

»Hör auf«, sagte ich.

»Nein«, sagte Paul.

»Na gut«, sagte ich, »also, Otto hat mir dieses Bild gezeigt, da war ein schwarzer Mann abgebildet, der den goldenen Schlüssel in der Faust hatte.«

»Und das Begräbnis?« fragte Paul noch einmal.

»Die Lesung war gut, obwohl ich glaube, dass ich ein bisschen geträumt habe«, sagte ich.

»Aus dem Westen kommt ein Schlepper«, sagte Paul.

»Ich weiß nicht, was Otto von mir wollte«, sagte ich und blickte über die Donau Richtung Wien, und ich sah einen großen Schlepper den Fluss stromabwärts kommen.

»Otto will nichts von dir«, sagte Paul.

»Was will er dann?«, fragte ich.

»Hast du Geld mit?«, fragte Paul.

»Nein«, sagte ich.

»Du solltest Petar besuchen«, sagte Paul.

»Vielleicht«, sagte ich.

»Was soll ich dir über Joseph sagen«, sagte Paul.

Der Schlepper zog eine riesige Bugwelle hinter sich her.

»Ich weiß auch nicht«, sagte ich.

»Ich bin sicher, Petar wird sich freuen«, sagte Paul.

»Vielleicht«, sagte ich.

»Ich wünsche mir, dass du Petar heute noch besuchst«, sagte Paul.

»Wieso wünschst du dir das?«, fragte ich.

»Weil ich heute Geburtstag habe«, sagte Paul.

»Du bist tot, wie willst du da Geburtstag haben?«, fragte ich.

»Schau ich wirklich so schlecht aus?«, fragte Paul.

»Alles Gute«, sagte ich.

»Versprichst du es mir?«, fragte Paul.

»Warum ist das so wichtig?«, fragte ich.

»Es ist mir nicht wichtig, aber ich habe Geburtstag und wünsche es mir«, sagte Paul.

»Na gut«, sagte ich, obwohl ich Petar eigentlich nicht besuchen wollte, denn ich hatte Angst, dass so ein Amoklauf in der Familie liegen könnte, dass so ein Amoklauf ganz plötzlich auch über Petar kommen könnte oder seinen kranken Vater oder über Petars Bruder Ante, und wie würde das wohl für mich ausgehen. Und ich schämte mich auch, Petars Mutter nackt gesehen zu haben, nackt und Ast schwingend und blutig und angebunden an einen Baum.

»Heute werde ich 35 Jahre alt«, sagte Paul.

»Alles Gute«, sagte ich.

»Was ist der Unterschied zwischen einem Storch?«, fragte Paul.

»Nicht schon wieder«, sagte ich.

»Beide Beine sind gleich lang, besonders das linke«, sagte Paul und lachte. Der Schlepper kreuzte die Linie zwischen mir und dem anderen Ufer, und Rusty stand auf einem Stein neben mir und rührte sich nicht, denn wahrscheinlich hatte er begriffen, dass der Schlepper unmöglich zu apportieren war.

Das Schiff sog das Wasser vom Ufer ab, und je mehr Wasser er ansog, desto höher würde die Bugwelle zurück an das Ufer brechen, das wusste ich. Das Wasser senkte sich fast einen Meter, und ich sah dichte, dunkelgrüne Flussgräser, die sonst unter dem Wasserspiegel lagen, und ich sah Unmengen an Gehölz und Abfall, und ich fragte mich, was man wohl alles sehen könnte, wenn der Fluss eines Tages ausgetrocknet sein würde.

Und dann kam die Bugwelle. Sie war höher, als ich erwartet hatte, und schlug über die Steine bis hinauf zu meinen Füßen. Ich zog die Füße weg und sah, wie Jackie von der Welle erfasst und in die Donau gespült wurde, und der Hund trieb bewegungslos im Wasser, und ich schrie: »Jackie!«, und sprang auf die Beine, und es sah aus, als würde ein dicker weißer Teppich die Donau hinuntertreiben, und ich brüllte noch einmal: »Jackie!«

Mich überkam Verzweiflung und eine Angst, die meinen ganzen Körper durchdrang, alles wurde langsam, und ich hatte plötzlich Zeit, mein Sakko auszuziehen und hinter mich zu werfen, und ich sah das Sakko auf dem Weg landen. Später, überlegte ich, würde ich es noch zusammenlegen, und Rusty stand noch immer neben mir und rührte sich nicht, und auch ihn würde ich später noch zusammenlegen, und ich zog die Ärmel meines weißen Hemds hinauf. Der Wald lag wie eine Mauer hinter mir, und vor mir lag der Fluss, und der weiße dicke Teppich trieb auf dem Wasser und ich dachte, dass es eben nicht nur fliegende Teppiche gab, sondern auch treibende. Paul brüllte: »Nein!«, doch ich lief über die Steine und sprang in die Donau. Rusty begann zu bellen.

Das Wasser war kalt, und die Strömung riss mich ruckartig vom Ufer weg, und ich schwamm und hörte Rustys Bellen, und ich schrie noch einmal: »Jackie!«

Doch es war kein Schreien und auch kein Wort mehr, und Jackie war viele Meter vor mir, und ich sah, dass sein Kopf unter der Wasseroberfläche trieb. Das Wasser der Donau schlug mir gegen das Gesicht, und trotzdem fühlte ich, wie mir die Tränen über das Gesicht und über die Lippen in den Mund liefen, und meine Tränen schmeckten salzig und trocken, und ich wurde schwer, und ich wurde trauriger, als je zuvor, und es ging hier nicht mehr nur um diesen Hund, es ging hier auch um mich, denn der Ernstfall könnte jeden Augenblick eintreten.

Die Wellen drückten mich vom Ufer weg, und ich hatte Jackie längst aus den Augen verloren und aus meinen Schwimmbewegungen wurden Überlebensbewegungen, und ich schluckte Wasser und Tränen und schloss meine Augen und nahm all die Kraft zusammen, die ich noch hatte, und ich erreichte das Ufer und kletterte über die Steine hinaus aus dem Fluss und setzte mich auf den Weg. Jackie war schon längst davongetrieben, und am Horizont waren die Wolken aufgerissen, und die Sonne senkte sich blutrot über Carnuntum und die ganze Welt.

9

Versprochen war versprochen, dachte ich, und Paul Sparschwein hatte heute Geburtstag, und er hatte es sich gewünscht und vielleicht war es wirklich eine gute Idee, Petar zu besuchen, denn wer weiß, wie es um ihn stand, und dieser lange und unbegreifliche Tag ging langsam zu Ende.

Ich konnte mich erinnern, dass ich heute Morgen über den Boden meines Zimmers gerollt war und mir eingebildet hatte, ich sei Araber, denn die konnten auch im Liegen rechnen oder ins Kino gehen, oder so ähnlich, und jetzt stand ich vor Petars Haustür, Großvater war begraben, und Jackie war ertrunken, und ich war durchnässt und ausgekühlt. Petars Mutter war Amok gelaufen, und ich war der Enkel mit dem goldenen Schlüssel und dem Knochenfinger um den Hals, und meine Lesung war ein seltsamer Traum gewesen, Joseph war davongelaufen und Großvater vergangen und da waren noch tausend Dinge mehr, und ich überlegte, wie ich jemals irgendjemandem von diesem Tag erzählen könnte, ohne dabei zu lachen und zu weinen, und versprochen war versprochen und überhaupt.

Rusty saß neben mir, blickte mich an, und sein Blick war ahnungslos, und der Abendstern war aufgegangen und strahlte weiß vom dunkelblauen Himmel.

Das Haus war von innen matt erleuchtet.

Ich klopfte und wartete, und ich fand, dass Warten Zeitverschwendung war, denn im Warten, überlegte ich, passierte alles immer woanders, und ich kratzte mich am Kopf und zog an meiner Nase, damit sich auch bei mir etwas tat.

Die Tür ging auf, und Ante stand vor mir. Er sagte, dass der Strom ausgefallen wäre, und der ganze Raum war vom Kerzenlicht erfüllt.

Ich wusste, dass Onkel Johannes, wenn er allein war und sich einsam fühlte, die Stromzufuhr zu den Angestelltenhäusern kappte, so lange bis Johannes Frau und seine Adoptivkinder wieder von irgendwo zurückkehrten, und manchmal konnten Tage vergehen, bis die Einsamkeit verging, und er den Schalter wieder umlegte.

»Ist Petar da?«, fragte ich.

Ante nickte und blieb in der Tür stehen. Er sah aus wie sein Bruder Petar, nur dass Ante keine Warzen auf den Händen und zwei Augen im Gesicht hatte.

»Du bist nass«, sagte Ante.

»Darf ich rein?«, fragte ich.

Ante ging zur Seite, und ich trat ein und Rusty mit mir. Das Licht der Kerzen tauchte die Wohnküche und die Menschen darin in ein gelbschwarzes und nervöses Licht. Um den Tisch saßen Petar und sein Vater, und ich erschrak, wie ich immer erschrak, wenn ich Petars Vater sah, denn ich fand, dass er wie ein dahinschmelzender Schneemann aus sehr viel Fleisch und sehr viel Blut aussah. In der Mitte des Tisches stand eine einzelne dicke Kerze und auf einem Steinsockel ein schmuckloses Kreuz.

Der Vater krächzte kroatische Worte, und Petar stand auf und ging in die hinteren Räume. Dann deutete der Vater auf einen Sessel neben sich, und ich setzte mich, und Rusty legte sich zu meinen Füßen. Der Vater krächzte noch einmal kroatische Worte, und Ante holte mir ein Glas Wasser. Petar kam mit einem Handtuch, legte es mir auf die Schulter, und wir saßen zu viert um den Tisch, und das Licht der Kerzen flackerte über die Gesichter.

»Zieh Jacke und Hemd aus«, sagte der Vater, und seine Augen quollen mir entgegen. Sein Blick war sanft, und ich zog das Hemd aus, denn ich vertraute ihm, und der Vater sagte, dass ich mir das Handtuch umlegen solle. Ich hatte nicht bemerkt, wie kalt mir war, und ich begann zu zittern.

Das Handtuch roch nach Seife, und ich wickelte mich ein, und es wärmte mich, und ich überlegte, dass so ein Handtuch über einem zitternden Körper manchmal den Nagel auf den Kopf traf, und was für ein Augenblick, wenn das Leben mit dem Finger schnippte.

»Mein Frau Spital, aber jetzt besser«, sagte der Vater.

Ich nickte und dachte, wie gut es war, die Dinge gleich anzusprechen, denn wenn man sie nicht gleich ansprach, lagen sie oft lang und schwer auf dem Herzen, und ich sagte: »Jackie Donau, aber jetzt besser.«

Der Vater nickte und grunzte und hustete in ein Taschentuch, und weil ich gerade noch etwas auf dem Herzen hatte, sagte ich: »Großvater tot, aber jetzt besser«, und der Vater grunzte und hustete lange in sein Taschentuch.

»Mein Frau, schweres Leben«, sagte der Vater dann, und ich nickte wieder, und dann saßen wir um den Tisch und schwiegen. Irgendwo und aus dem Schatten des Raumes tickte eine Uhr, und irgendwo und im Schatten dieser

Erde, überlegte ich, war das Leben noch dunkler, und ich dachte an die stromlose Insel, auf der Onkel Otto lebte. Ich hatte das Gefühl, als würde dort im Schatten, wo die Uhr tickte, jemand stehen, als würden dort all die Begräbnismenschen stehen und mich beobachten, und ich hörte sie durcheinanderflüstern und darüber reden, was für ein Enkel und Mensch ich denn sei. Ich fragte mich, wie lange Onkel Johannes noch allein sein würde, denn so ein stromloses Dasein war vielleicht der Weisheit letzter Schluss, überlegte ich, doch diese Begräbnisstimmen aus dem Schatten beunruhigten mich, und überhaupt fand ich, dass diese Stromentscheidung keine Entscheidung war, die mein Onkel Johannes mit einem Schalter und aus Einsamkeit treffen konnte.

Der Vater gab mir seine Hand, und mit der anderen Hand nahm er die Hand Petars, und Petar reichte Ante die Hand und Ante mir seine, und wir schlossen einen Kreis aus Armen und Händen, und alles was innen war, war innen, und alles was außen war, war gleichgültig. Dann begann der Vater, ein Lied zu singen, und seine Stimme war hell und klar, und Petar und Ante sangen mit, und ich hörte nur zu, denn es war ein kroatisches Lied, das die drei sangen.

Die Entscheidung über Strom oder nicht, überlegte ich, hatte etwas mit Menschenleere und Gottverlassenheit zu tun, und ich fragte mich, warum wir in unserer Familie nicht solche Kreise bildeten und solche Lieder sangen, denn so ein Inneres gab Kraft, und dann löste der Vater seinen Griff, legte seine Hand auf meine Schulter und sagte: »Du jetzt gehen!«, und ich nickte und ging, und Rusty lief durch meine Beine ins Freie.

Draußen war es Nacht, Hemd und Sakko hatte ich bei Petar vergessen, und ich stand mit dem Handtuch um meinen Körper vor dem Haus, doch ich wollte nicht zurück. Mutter würde böse sein, aber was hatte das alles noch mit mir zu tun, denn das Innere, überlegte ich, war auf jeden Fall nicht mein Zuhause, und die Kraft war auf jeden Fall woanders.

Meine Schuhe waren erdig, und meine Hose war dreckig, und oben war ich nackt. Ich zog das Handtuch fester um meinen Körper und ging durch die Gartentür in den Garten, und Rusty lief voraus und verschwand in der Dunkelheit. Vor der Küchentüre blieb ich stehen und sah meine Familie um den Küchentisch versammelt.

Mein Vater übte Golfschwünge mit einem Spazierstock, und er betrachtete dabei sein Spiegelbild in den Küchentürscheiben. Er wirkte zufrieden. Meine Mutter starrte in den Abfalleimer und zeigte hinein und zeigte dann auf meine Schwester Elsa, und Isabelle zeigte auch auf Elsa, und Elsa zeigte in die Luft, Caroline saß über einem Blatt Papier und malte und Maximilian war schon im Bett.

Meinem Vater entglitt der Spazierstock, und der Stock flog durch die Küche gegen die Glasscheibe, auf der noch Annas Blut klebte, und alle Köpfe wandten sich zur Küchentür. Ich blieb unsichtbar für meine Familie, denn ich stand draußen in der Nacht, und das Einzige, was diese Menschen dort drinnen von mir sehen konnten, war das Spiegelbild der Küche und sich selbst. Ich ging durch den Garten zum Schwimmbad, zog Schuhe und Socken aus und krempelte die Hose über die Knie. Ich setzte mich auf den Steinrand, hängte die Füße ins warme, dunkle Wasser und hörte den

Wind durch die Kastanien ziehen und das Wasser, wie es durch den Skimmer gesogen wurde und von dort weiter und durch einen Schlauch, der einen Meter unter der Gartenerde verlegt worden war, zur Schwimmbadpumpe, wo es gereinigt und wieder ins Schwimmbad zurückgepumpt wurde. Ich ließ mich in das Wasser gleiten, und ich konnte gerade noch unten stehen und gleichzeitig oben noch Luft bekommen, und ich wunderte mich, denn gestern war ich bei dem Versuch noch fast ertrunken.

7. September 1996

1

Wir küssten uns und Mattheo umarmte mich, und er sagte, dass er mich liebe, doch ich schwieg, denn was wusste ich schon von der Liebe. Dann sagte er noch, dass ich mich doch endlich von meiner blödsinnigen Kindheit lösen und diesen idiotischen Brief öffnen solle.

Ich ging durch den Zoll, und der Zollbeamte winkte mich schweigend durch. Ich holte den Brief aus meiner Sakkoinnentasche und drehte ihn durch meine Finger.

Es war ein trüber Morgen, er war so trüb und feucht, wie an jenem Tag vor mehr als zwei Jahren, an dem die Polizei die Notiz mit den Worten »Mein letztes Hole-in-one« am Nachtkasten meines Vaters gefunden hatte, und daneben hatte die Polizei meinen Vater mit einem Loch im Kopf gefunden.

Diese Abschiedsnotiz war noch ein vorletzter Unsinn, mit dem sich Vater aus dem Leben verabschiedet hatte, denn der allerletzte Unsinn war sein Testament. Ich hatte das alles nicht glauben können, denn wer konnte so etwas auf Anhieb schon glauben? Ich drehte den Brief, den mir Vater hinterlassen hatte und den ich seit zwei Jahren ungeöffnet bei mir trug, noch ein paar Mal durch die Finger und steckte ihn wieder ein.

Ich setzte mich in ein Flughafencafé, denn ich hatte noch zwanzig Minuten, und bestellte ein Bier. Die Kellnerin sah mich besorgt an, denn es war erst halb acht, und ich zündete mir eine Zigarette an und blies den Rauch über den Tisch.

Die Wochen und Monate nach Vaters Tod, über den in den Zeitungen unter dem Motto »Das letzte Loch des Golfgrafen« berichtet worden war, vergingen in Trauer und Chaos, denn der Zeitpunkt hätte nicht schlechter gewählt sein können. Überhaupt erwischte es die Familie und die Schlosskäufer auf dem falschen Fuß, und so wurden die Kaufverträge mithilfe eines Anwaltfreundes meiner Mutter mit dem seltsamen Namen Winterlaub neu ausverhandelt, und dann wurde das Schloss mit der Zusatzklausel, den Festsaal und die Schlosskapelle in den nächsten zwei Jahren einmal monatlich und unkommerziell nutzen zu dürfen, verkauft.

Die Hochzeit meiner älteren Schwester Isabelle war also unter gewissem Zeitdruck entstanden und geplant worden, denn diesen Monat lief das Nutzrecht aus, und die Umbau- und Restaurationsarbeiten am Schloss hatten längst begonnen, und wahrscheinlich, dachte ich über meinem Bier und meiner Zigarette, wollten Isabelle und Mutter der deutschen Aristokratenfamilie, aus der der Verlobte meiner Schwester entstammte, noch schnell etwas bieten und sie noch schnell ein wenig beeindrucken, weil auch in Deutschland waren Festsäle wie dieser selten. Und was, dachte ich weiter, wäre unsere Familie ohne diesen Festsaal gewesen, denn mit wunderschönen Festsälen konnte man Menschen und vielleicht speziell deutsche Aristokraten eher überzeugen, als mit wunderschönen Menschen, wie meiner Schwester Isabelle, dachte ich.

Der Flughafen war fast leer. Die Kellnerin polierte Gläser und blickte immer wieder zu mir herüber.

Die Geschwister meines Vaters protestierten damals gegen den Schlossverkauf, und Onkel Johannes sagte, dass sein Vater meinem Vater das Schloss niemals hätte vererben sollen, und Tante Sophie sagte, dass mein Vater ein »ignorantes Arschloch« sei, doch Vater erwiderte immer nur, dass man sich das Schloss ohne die dazugehörigen land- und forstwirtschaftlichen Betriebe unmöglich leisten könne, und der Protest weitete sich über die Grenzen der nächsten Angehörigen aus, denn allen Lichtenpergs lag plötzlich etwas an diesem Schloss und diesem einzigartigen Barockfestsaal, und so bestürmten sie meine Mutter, nachdem Vater Selbstmord begangen hatte, doch Mutter ließ sich nicht abbringen und nicht umstimmen. Ich hatte das Gefühl, als würde es Mutter genießen, die gesamte Familie Lichtenperg gegen sich zu haben und sie dennoch zu kontrollieren. Es war ihr Moment, überlegte ich, den arroganten Grafen, wie sie die Familie Lichtenperg nannte, ihren ganzen Stolz zu nehmen. Nur Onkel Otto hielt sich damals raus und führte sein Leben diesbezüglich wortlos weiter, und ich überlegte, wie gut es diesen »arroganten Grafen« getan hätte, wären sie einmal im Bürgerkrieg in Kolumbien gewesen oder einfach nur ein paar Monate auf einer weit entfernten und stromlosen Insel, wo das Meer so blau war, wie in der Karibik.

Ich freute mich auf Otto, der heute neben meinen Geschwistern als einziger Lichtenperg auf der Hochzeit sein würde, und ich überlegte, dass mit dem Tod meines Großvaters vielleicht eine kleine Zeit zu Ende gegangen war, aber mit dem Selbstmord meines Vaters ging die lange Zeit der Lichtenpergs zu Ende, und vielleicht, überlegte ich weiter, hatte mein Vater niemals irgendein wichtiges

Golfturnier gewonnen, aber dafür hatte er alles verloren und mit dem Entschluss, das Schloss zu verkaufen, dem Lichtenpergfisch den Lichtenpergkopf kurzerhand abgeschlagen.

Ich drückte die Zigarette aus, leerte das Glas und zahlte. Ich ging und schlenderte langsam in Richtung Gate und an den Duty-Free-Geschäften vorbei, und ich wollte nichts von den Dingen, die es da zu kaufen gab, denn die einzigen Dinge, an denen mir etwas lag, hingen unter meinem Hemd an einer Kette: der goldene Schlüssel meines Großvaters und Pauls Knochenfinger.

Ich durchschritt das Gate und den Zugangsschlauch und betrat das Flugzeug. Ich setzte mich auf meinen Platz ans Fenster und blickte über die feuchten Rollbahnen, auf denen kleine Einsatzwägen und Gepäckfahrzeuge hin und her fuhren. Unter mir beluden Flughafenarbeiter mit Ohrenschutz den Bauch des Flugzeugs mit Gepäck, die Steuerruder wurden bewegt, und Menschen kamen ins Flugzeug und verstauten ihre Taschen. Ein kleiner Mann in einem dunkelblauen Anzug und mit rundem Gesicht setzte sich neben mich und sagte: »New York–Wien!«, und er klang erschöpft, und ich wusste nicht, ob der Mann mit mir redete oder nicht, und ich schwieg, denn auch wenn er mit mir gesprochen hätte, würde ich nicht wissen, was ich dazu sagen sollte, denn wir flogen von Berlin nach Wien, und ich sah weiter aus dem Fenster und überlegte, dass Fliegen auch immer eine Frage des Sitznachbarn war, denn sollte man mitten im Flug plötzlich abstürzen, dann wäre das Gesicht des Sitznachbars das letzte Gesicht gewesen, das man vor Augen gehabt hätte.

Das Flugzeug löste sich mit einem Ruck aus dem Stillstand und rollte über den Flughafen in Richtung Startbahn.

»New York–Wien«, wiederholte der Sitznachbar, und jetzt war ich sicher, dass er mit mir sprach, denn er blickte mich an und sagte noch einmal: »New York–Wien«, und ich blickte zurück, und das runde Gesicht meines Sitznachbars war von winzigen Adern durchzogen, und die Augen waren geschwollen und die Lippen dunkelrot, und ich prägte mir das Gesicht ein, denn wer weiß, dachte ich, vielleicht würde es das letzte Gesicht sein.

Das Flugzeug beschleunigte über die Startbahn, und ich wurde in den Sitz gedrückt, das Flugzeug hob ab, und ich zog die Beine an. Ich hörte, wie das Fahrgestell eingeklappt wurde und streckte die Beine wieder aus. Unter mir wurde Berlin kleiner, und ich überlegte, dass ab einer gewissen Distanz zur Erde die Vorgänge dort unten wie von einem einzigen Uhrwerk angetrieben wirkten und ab einer noch größeren Distanz zum Stillstand kamen. Das Flugzeug stieg durch die dichte Wolkendecke unter die Sonne, und ab dieser Distanz dachte ich nur noch, wie unsinnig es war, jemandem in die Augen zu sehen und zu sagen: »Ja, ich will!«, aber welche Worte waren in dieser Höhe schon sinnvoll, überlegte ich.

Das Flugzeug vibrierte. Das Anschnallzeichen erlosch, einige Passagiere erhoben sich und kramten in ihrem Gepäck, gingen aufs WC oder streckten sich.

»Die Erde«, sagte der Sitznachbar plötzlich, »sollte man wie einen Salzstreuer schütteln.«

Er hatte einen leicht amerikanischen Akzent, und vielleicht, dachte ich, war in dieser Höhe nur noch das Sinnlose sinnvoll.

Eine Flugbegleiterin fragte, ob ich oder mein Sitznachbar etwas zu trinken wünschten. Ich verneinte. Mein Nachbar bestellte einen Whisky mit Eis.

»Und alles Trockene würde hinausfallen«, sagte mein Sitznachbar, »und alles Feuchte und Klebrige würde im Salzstreuer bleiben«, und er wackelte mit seiner Hand, und die Eiswürfel schlugen gegeneinander.

»Und den Salzstreuer mit den klebrigen und feuchten Menschen darin sollte man versenken«, sagte der Sitznachbar weiter.

»In der Donau zum Beispiel«, sagte ich.

»Zum Beispiel«, sagte der Sitznachbar und nahm einen Schluck von seinem Whisky.

»Und das Trockene?«, fragte ich.

»Das Trockene würde sich fortpflanzen und die Erde neu besiedeln«, sagte der Sitznachbar und er sagte weiter, dass er selbst leider zum Feuchten gehöre, und dabei hob er sein Whiskyglas, und abgesehen von seinem amerikanischen Akzent sprach mein Sitznachbar ein fehlerloses Deutsch, und ich fand dann, dass man erst einmal und irgendwie in diesen Salzstreuer meines Sitznachbarn rein müsse, damit man als Trockenes rausgeschüttelt oder als Feuchtes drin bleiben könne.

»Ich verstehe, was Sie meinen«, sagte ich, doch ich bezweifelte, dass wir alle von Beginn an und grundsätzlich Einwohner dieses Salzstreuers waren.

»Jeder versteht das«, sagte mein Sitznachbar und leerte sein Glas und blickte sich um.

Das Flugzeug flog eine weite Kurve, und die Morgensonne strahlte durch die Fenster. Ich schloss die Blende bis zur

Hälfte und blickte hinunter auf die Wolkendecke, und so, dachte ich, sah Schlechtwetter also von oben aus.

An dem Tag, an dem die Polizei meinen Vater in seiner Wohnung in Wien gefunden hatte, trat ich innerhalb eines außerordentlichen und abschließenden Termins zu meiner mündlichen Matura in den Fächern Psychologie und Philosophie an, und Professor Wiata fragte mich nach der Religionskritik von Feuerbach, Nietzsche, Marx und Kierkegaard, und ich blühte auf, denn ich hatte viel über dieses Thema gelesen, und ich war informiert. Ich verabscheute damals diesen Gott und dessen irdische Machenschaften, und mit den an den vollbärtigen Vorsitzenden gerichteten Worten »Rasier dich selbst, dann rasiert dich Gott!« beendete ich mein Plädoyer für die Materie.

Ich ging damals die Stufen hinunter und durch den Hauptausgang aus der Schule, und ich fühlte mich gut, denn ich ging, und die Maturakommission und Professor Wiata saßen noch immer dort oben, und in meiner Vorstellung würden sie für immer dort oben sitzen bleiben, und dieses Kapitel meines Lebens hatte ich abgeschlossen.

Vor der Schule stand meine Mutter, und ihre liebevollen und eiskalten blauen Augen leuchtete durch die trübe und feuchte Luft, und zum ersten Mal in unserem Leben umarmte sie mich. Sie umarmte mich und flüsterte in mein Ohr, dass Vater Selbstmord begangen hatte und dementsprechend tot sei, und ich dachte damals nur, dass ich mir überlegen sollte, welchen Ausgang ich in Zukunft nehmen würde, denn hinter einem stand immer meine Mutter mit dem Tod in ihren Worten.

»Und so kam das Salz in die Flüsse«, sagte mein Sitznachbar.

Die Flugbegleiter schoben ihre Wägen durch den Gang und servierten Frühstück. Mein Sitznachbar lehnte das Frühstück ab und bestellte noch einen Whisky, und diesmal schloss ich mich an.

»Prost«, sagte mein Sitznachbar.

»Prost«, sagte ich, und wir schwiegen und tranken, und ich sah aus dem Fenster, und unter mir riss die Wolkendecke auf.

»Ich war über ein Jahr nicht mehr in Wien«, sagte ich dann.

»Ich war noch nie in Wien«, sagte mein Sitznachbar, und ich fragte, warum er Deutsch spreche, und er erzählte mir die »lange Geschichte« seiner österreichischen und jüdischen Großeltern und von anderen Verwandten, die vor den Nazis nach New York geflohen waren und dennoch nie aufgehört hatten, Deutsch zu sprechen und überhaupt ihre österreichische Kultur zu pflegen und zu leben. So hätte es in ihrem Zuhause in New York viel Schubert und Nestroy gegeben, und er selbst, erzählte er weiter, schreibe Theaterstücke. Ich erzählte von mir und meinem Leben, von meinen Eltern, und von meinem toten Vater, und dass ich vor sechzehn Monaten von Wien nach Berlin geflohen sei und mit einem Freund dort lebe, dass ich als Kellner in einem Café arbeiten würde, denn die Erbschaft meines Vaters bekäme ich erst nach einem abgeschlossenen Studium, doch ich wolle nicht studieren, also würde ich Kellner bleiben, erzählte ich, und überhaupt würde ich so schnell wie möglich wieder nach Berlin zurückkehren, denn zu Hause fühle ich mich unwohl. Und wie angenehm war es, mit einem Wildfremden über mein Leben zu sprechen.

Wir tranken unseren Whisky und schwiegen, und ich hatte das Gefühl, als würden wir uns über unsere Geschichte selbst anschweigen und nicht gegenseitig.

»Ich heiße Henry«, sagte mein Sitznachbar dann.

»Paul«, sagte ich, und wir stießen an.

Das Flugzeug begann den Sinkflug. Der Himmel war jetzt wolkenlos und die Landschaft dort unten könnte überall sein, doch die Landschaft dort unten war Österreich, das Land, aus dem ich geflohen war, und obwohl ich nicht vor den Nazis geflohen war, sondern vor meiner Familie und meiner Mutter, würde ich mit meinen Kindern auch Deutsch sprechen und Schubert hören und Nestroy lesen, aber auch Janosch, und diese Kinder würden auch irgendwann einmal zurück nach Wien kommen, in die Hauptstadt meiner Kindheit, und vielleicht würden sie auch einmal zurück nach Carnuntum kommen.

Doch eigentlich, überlegte ich, während das Flugzeug weiter sank, war ich gar nicht geflohen, denn ich war ja von meiner Familie oder meiner Mutter nicht verfolgt oder gejagt worden, und meine Abreise aus Österreich war eher unter starkem Verfolgungswahn erfolgt, und Mattheo hatte gesagt, ich könne immer bei ihm wohnen. So war ich gegangen und hatte mir vorgenommen, nie mehr zurückzukommen.

Das Anschnallzeichen leuchtete auf und in meinem Kopf stieg der Druck an, das Fahrgestell wurde ausgefahren, und ich sah Wien und die Donau, die fast gerade durch die Außenbezirke floss, und da war wieder dieser Stillstand, und dann wurde alles wieder von einem einzigen Uhrwerk angetrieben. Ich blies Luft in meine Ohren, und der Druck löste sich, die Landschaft stieg auf Augenhöhe, und dann setzte das Flugzeug auf, und die Bremsklappen stellten sich auf, mein Magen verkrampfte sich, und ich dachte, wie schnell mich die Heimaterde wieder in ihren Bann ziehen konnte, sobald ich mitten auf ihr landete.

»Wieder nicht abgestürzt«, sagte Henry.

»Seltsam«, sagte ich.

»Ja«, sagte Henry.

Das Flugzeug parkte, und das Anschnallzeichen erlosch, und die Menschen hatten es eilig, ihr Handgepäck aus den Gepäcksträgern zu holen und sich mit ihrem Handgepäck in den Gang zu stellen, und sie warteten, bis der Ausgang freigegeben wurde. Henry stand auch schon im Gang und wartete, und er reichte mir die Hand und sagte: »Schönes Leben!«, und ich nickte und lachte, denn so etwas hatte ich noch nie gehört.

2

Ich kaufte mir eine österreichische Zeitung und einen Fahrschein für die Schnellbahn Sieben, die von Wien über den Flughafen nach Carnuntum und weiter bis fast an die slowakische Grenze fuhr und die ich während meiner Schulzeit fast täglich genommen hatte. Ich spazierte über das Flughafengelände, denn der nächste Zug fuhr erst um zehn vor elf. Ich spürte das frühe Bier und den Whisky danach, und dieses Herumgehen und der Alkohol halfen mir beim Ankommen.

Am Tag, an dem die Polizei meinen Vater gefunden hatte, und ich mein Schulleben abgeschlossen hatte, gingen Mutter und ich in ein nahes Café. Ich überlegte damals, dass Mutter diese Nachricht insgesamt fünfmal überbringen musste, und wir saßen an einem Kaffeehaustisch, und ich blickte durch die Fenster auf die Fußgänger und den Verkehr davor. Alles schien ungerührt weiterzumachen und zu funktionieren, denn da blinkten die Autos und wechselten die Spur, und die Menschen gingen hin und her, und niemand sah mich an, und ihre Gesichter waren mit sich selbst, und die Gesichter waren weit entfernt, denn die Menschen dort draußen hatten keine Ahnung, und während ich durch die Fenster auf die Straße sah, und meine Mutter in ihrem Tee rührte, und der Löffel unangenehm über den Tassenboden kratzte, überlegte ich, dass das Leben so viele Absichten hatte und der Tod nur eine.

Über dem Flughafen von Wien strahlte die Sonne.

Um mich war viel Bewegung, und die Flughafenmenschen hatten eigene Pläne, und das Licht war klar und herbstlich, und ich wünschte, ich wäre auch so klar und herbstlich wie dieses Licht und so gut orientiert wie diese Menschen, denn ich fühlte mich planlos und schwer und nicht gut angekommen und unklar. Dieses Berlin lag plötzlich schon so lange zurück, und Mattheo war so weit entfernt, und mein Leben war zerpflügt. Ich ging in die Untergeschosse des Flughafens in Richtung der unterirdischen Bahnsteige und setzte mich auf eine Bahnsteigbank, auf die jemand mit schwarzem Stift »Auf dieser Bank macht Sitzen glücklich« geschrieben hatte, und ich dachte im Sitzen, dass mich Sitzen noch nie glücklich gemacht hatte, doch ich war auch noch nie davon ausgegangen und ich hatte auch noch nie auf *dieser* Bank gesessen. Und so saß ich und wartete auf den Zug und wartete auf das Glück, und ich überschlug die Beine, denn warum nicht, dachte ich.

Am Bahnsteig stand eine Gruppe junger Männer mit Rucksäcken und einer Landkarte, in der sie nach irgendetwas suchten.

Ich schlug die Zeitung auf und durchblätterte sie und überflog die Schlagzeilen, und da gab es Tote und glücklich Überlebende einiger Katastrophen, und die Zeitung gab mir das Gefühl, als wäre ich selbst einer dieser glücklich Überlebenden. Doch vielleicht war die Bahnsteigbank dafür verantwortlich, dass ich so fühlte, aber eigentlich, überlegte ich jetzt, hatte ich immer schon das Gefühl, ich wäre der glücklich Überlebende einer permanenten Katastrophe, und da gab es sogenannte Politik, eine Katze war in einem Aquarium ertrunken, und der ausländische Arbeitslose war zum Familien- und Selbstauslöscher geworden, und die Nachbarin hatte es schon lange kommen sehen, denn es war die Art gewesen, wie sie der Ausländer immer angesehen hatte, und irgendjemandem auf irgendeinem Inselstaat war die Amtsausübung untersagt worden, und ich wartete auf das Glück und blätterte weiter, und ich las, dass bei Umbauarbeiten in den Kellern von Schloss Carnuntum vor zwei Tagen über hundert Skelette gefunden worden waren, doch das hatte keine Nachbarin kommen sehen, und ich fragte mich, wo dieses andere Schloss Carnuntum wohl stand. Aber da gab es auch ein halbseitiges Weitwinkelfoto, und auf dem Foto sah ich einen bekiesten Schlosshof und eine Turmuhr, die auf fünf Uhr stand, und auf der Schlossfassade waren römische Kaiser abgebildet, und ein von Rosen umwachsener Brunnen lag in der Mitte dieses Hofes, und eine breite Feststiege, die ich so oft hinauf- und hinuntergegangen und gelaufen war, führte hinauf zum Festsaal, in dem ich so oft gewesen war.

In dem Artikel stand, dass viele dieser Skelette aus der Zeit des Zweiten Weltkriegs stammen würden, doch einige Skelette, stand in dem Artikel, wären älter und auch viel älter, und noch wäre unklar, was und wer und warum. Der »Tatort«, stand da, war von der zuständigen Behörde gesperrt worden, denn Historiker und Archäologen und andere Experten wären jetzt am Werk. Auf dem Weitwinkelfoto schien die Sonne, und auf einem Kamin, klein und am oberen Rand des Bildes, saß der Storch.

Die jungen Männer auf dem Bahnsteig begannen zu diskutieren, und sie sprachen eine Sprache, die ich noch nie gehört hatte.

Ich hatte mir schon vorher gedacht, dass diese jungen Männer auf dem falschen Bahnsteig standen, denn von diesem Bahnsteig aus fuhren die Züge nach Carnuntum, und die Männer diskutierten weiter, und ich betrachtete das Foto in der Zeitung und hörte den Männern bei ihrer Diskussion zu.

Auf dem Foto war der Kies im Hof gleichmäßig verteilt und aus dem Brunnen stieg ein Wasserstrahl, und ich dachte, dass über hundert Skelette im Keller unseres ehemaligen Schlosses meine bisherige und noch nicht so lange Reise durch das Leben rückwirkend verändern und neu beleuchten konnten, und ich fühlte mich, als hätte man bei Umbauarbeiten diese Leichen unter dem Bett meines alten Kinderzimmers gefunden. Ich stellte mir vor, wie Historiker und Archäologen und andere Experten unter meinem Bett ihre Arbeit machten, und ein Polizist würde mit verschränkten Armen und bösem Blick vor meinem alten Kinderzimmer stehen und mich zurückhalten und sagen: »Halt, das ist ein Tatort!«

Auf dem Foto würde man mein altes Kinderzimmer sehen, vom Kasten in Richtung Bett fotografiert, und der Teppich wäre frisch verlegt und das Bett frisch gemacht worden, und die Expertenfüße würden unter dem Bett hervorlugen, und unter dem Foto würde stehen: »Hier wütete Paul Lichtenperg«, und bei genauerer Betrachtung des Fotos würde man auf dem Fenstergriff Paul Sparschweins Knochenfinger hängen sehen, und die Indizienlage wäre erdrückend, doch das vermeintliche Verbrechen längst verjährt.

Der Artikel füllte zwei Zeitungsseiten, und der Name Lichtenperg wurde erwähnt, und der Name meines Großvaters, Franz Lichtenperg, und auch Vater und dessen Selbstmord standen da plötzlich in Zusammenhang, und überhaupt stand die Familie Lichtenperg unter Generalverdacht, und die Dorfbevölkerung schwieg, und auf einem kleineren Foto auf der zweiten Seite war eine Eisentüre abgebildet, und unter dem Foto stand: »Dahinter liegt das Grauen.« Ich sah mir diese Eisentüre näher an, und ich sah, dass das Schloss aufgebrochen worden war, denn der einzige Schlüssel zu der Tür, dessen war ich mir sicher, hing um meinen Hals, und ich griff mir an die Brust, und ich schloss die Augen und hörte den Zug quietschend in den Tunnel einfahren.

Der Zug hielt, ich faltete die Zeitung und klemmte sie unter den Arm. Ich zitterte, als ich aufstand und über den Bahnsteig zum Zug ging. Ich setzte mich ans Fenster und sah auf den Bahnsteig.

Der Zug stand, und jemand hörte Radio.

An dem Tag, an dem die Polizei meinen Vater gefunden hatte, hatte meine Mutter lange nicht aufgehört, mit dem Löffel über den Tassenboden zu kratzen, und ich hatte lange nicht aufgehört, aus dem Fenster auf die Straße zu sehen. Dann zog sie den Löffel aus der Tasse, und ohne dieses Kratzen fehlte plötzlich der Ton zu meinen Straßenbildern, und Mutter holte einen Brief aus ihrer Handtasche und schob ihn über den Tisch zu mir herüber.

»Der war heute im Briefkasten«, sagte sie.

Ich betrachtete den Brief und erkannte die verschlungene Handschrift meines Vaters, mit der er den Adressaten »Seine Hochwohlgeboren Paul Graf von Lichtenperg« und die Adresse »Gutshof Nummer 5, 2404 Carnuntum« geschrieben hatte, und ich hatte mich schon immer gefragt, wessen Hochwohlgeboren ich nun eigentlich war, denn »Seine Hochwohlgeboren« klang so, als wäre ich meine eigene Hochwohlgeboren, doch wie konnte ich meine eigene Hochwohlgeboren sein, und auf der anderen Seite des Briefes stand als Absender schlicht »Der Golfgraf«, als wäre damit alles gesagt.

Mutter sagte, dass alle Kinder und auch sie selbst so einen Brief von Vater bekommen hätten, und ich steckte den Brief ein und überlegte, wie schleichend der Wahnsinn über meinen Vater gekommen war, und dann vor einigen Monaten hatte er den Geist plötzlich ganz aufgegeben. Vater hatte nur noch von Golfschlägen und Golfplätzen und Golfspielern gesprochen, und Mutter hatte dazu gemeint, dass dieser ganze Lichtenpergfamilienwahnsinn wohl in den Lichtenpergfamiliengenen liegen müsse, und sie hatte auch gemeint, dass sie mir diesbezüglich beide Daumen halten würde.

»Aber mach dir keine Hoffnungen wegen dem Brief«, sagte meine Mutter, denn sie wusste nicht, dass ich schon vor tausend Jahren aufgehört hatte, mir Hoffnungen zu machen und Erwartungen und Vorstellungen, und was sollte ich schon hoffen, außer, dass der Golfgraf persönlich aus diesem Brief hüpfte. Ich antwortete, dass ich meine Matura bestanden hätte, und ich dachte damals an meine Matura und an Nietzsche und antwortete weiter, dass nicht nur Vater tot sei, und dass es in Wahrheit keinen Gott gäbe, und was sollte dieser ganze Unsinn mit Selbstmord und Golfgraf überhaupt, sagte ich.

»In meinem Brief steht auch nur Unsinn«, sagte Mutter und begann wieder, mit dem Löffel über den Tassenboden zu kratzen, und jemand mit gelbem und aufgespanntem Regenschirm war vor den Kaffeehausfenstern stehen geblieben und sah hinein, und ich war plötzlich froh, dass es diesen Nietzsche und keinen Gott gab, denn wenn schon tot, dann ganz, überlegte ich. Und erst recht im Falle meines Vaters, denn mein Vater war schon sein ganzes Leben lang eine halbe Sache gewesen, und wenn man über das Leben hinaus noch als Toter so eine halbe Sache bleiben würde, denn einerseits tot und begraben, anderseits Geist und Seele und allgegenwärtig, überlegte ich, dann hätten weder die Lebenden noch die Toten ihre Ruhe.

»In meinem Brief steht etwas über Regenwürmer, und wie wichtig die für die Erde wären«, sagte Mutter und schüttelte den Kopf.

Der Löffel kratze über den Tassenboden und meine letzte Hoffnung war in diesem Brief, denn so einfach war es auch wieder nicht, ohne Hoffnungen und Vorstellung und Erwartungen zu leben, überlegte ich, und besonders dann nicht, wenn der Vater Selbstmord begangen hatte.

»Und diese Regenwürmer«, schreibt dein Vater, »haben irgendetwas mit dir zu tun«, sagte Mutter, »einfach nur Unsinn!«

»Alles hat irgendetwas mit mir zu tun«, sagte ich.

»Du hast wohl zu viel Nietzsche gelesen«, antwortete Mutter, und ich nickte, denn sie hatte recht, und wir lachten, denn wer brauchte schon einen Vater oder einen Ehemann oder einen Golfgrafen oder einen Gott.

Die Türen schlossen sich, und der Zug fuhr mit einem Ruck ab und durch den Tunnel hinaus in Richtung Carnuntum, und das Radio spielte die Beatles. Ich öffnete das Fenster, und Zugluft wehte in den Waggon, und der Radiobesitzer drehte sein Radio lauter, und die Beatles spielten »Yesterday«.

Der Zug fuhr durch die Landschaft und an den Feldern vorbei, die ich vor Kurzem noch vom Flugzeug aus gesehen hatte und die von oben irgendwo hätten sein können. Sie hatten sich seit meiner Schulzeit wenig verändert, da war das windschiefe Holzhaus, das unbewohnt schien, obwohl manchmal Licht brannte, und das Haus war schon wieder außer Sicht, denn der Zug hatte Höchstgeschwindigkeit erreicht, und da war das hohe Feuerwehrhaus von Fischamend, der Zug pfiff sein Signal, und wir fuhren in Fischamend ein, in diese Kleinstadt aus vielen Neubauten und einem Turm, an dessen Spitze ein grüner Kupferfisch aufgespießt war, und dieser Kupferfisch war der Namensgeber dieses Ortes. Irgendwo in dieser Kleinstadt, erinnerte ich mich, lebten englische Freunde meiner Eltern in einem gelben Haus mit Garten und einer Haushälterin und Kindern ähnlich unserem Zuhause, und im Radio sagte ein Nachrichtensprecher: »Es ist elf Uhr, am Samstag, dem 7. September. Das Vormittagsjournal!«

Der Zug hielt in der Station, einige Menschen stiegen aus, ein alter Mann mit Gehstock stieg zu. Er hob den Arm samt Gehstock und schwang ihn durch die Luft, die Türen des Zuges schlossen sich, und der Nachrichtensprecher sagte: »Ludwig der Zweite wird von Papst Johannes dem Achten in Troyes zum König von Frankreich gekrönt«, und der Radiobesitzer fragte: »Was?«

Der Zug fuhr an, Carnuntum kam näher. Die Felder bogen sich über das römische Land, der Mais und die Sonnenblumen standen noch, sonst waren die Felder abgeerntet und kahl, und ein paar hundert Meter links floss die Donau durch die Auwälder, unsichtbar und lautlos von hier aus, doch da war sie und schob ihr Wasser in weiten Bögen und Biegungen durch die Gegend, vorbei an Paul Sparschwein, der am Donauufer von Carnuntum lag, und den ich heute noch besuchen würde, denn bald würde Paul endgültig verwest und verschwunden sein, und eine lange Freundschaft würde durch Verwesung und Verschwinden zu Ende gehen. Wir fuhren durch die Landschaft, und meine Spannung und meine Unruhe stiegen, denn in meiner Vorstellung war ganz Carnuntum wegen Expertenarbeit von den Behörden gesperrt worden, wie damals, als man Großvater begraben hatte und Versteinerung über dem Dorf gelegen hatte, und die Polizei würde mich zum Verhör festhalten und den goldenen Schlüssel finden, und ich würde zum Mitwisser werden, und ein alter Schaffner kam in den Waggon und sagte: »Fahrscheine bitte«.

»Während des Dritten Kreuzzuges besiegt Richard Löwenherz Sultan Saladin in der Schlacht von Arsuf«, sagte der Nachrichtensprecher.

Ich holte meinen Fahrschein aus der Hosentasche.

»Dich gibt es noch«, sagte der alte Schaffner.

»Ebenfalls«, sagte ich, und der Schaffner entwertete meinen Fahrschein.

»Brasilien erklärt seine Unabhängigkeit von Portugal«, sagte der Nachrichtensprecher.

»Willst du den Brief nicht aufmachen?«, sagte meine Mutter damals.

»Später«, sagte ich, und Mutter zahlte, und wir verließen das Café. Zwei Tage danach ging ich in die Donauauen und besuchte Paul, von dem nicht mehr viel übrig war. Er erzählte mir den Witz von Papst Johannes Paul dem Zweiten und seinem Chauffeur, und ich lachte, denn am Ende glaubte die Polizeistreife, dass Gott persönlich hinten saß, denn Chauffeur und Papst hatten vorher Platz getauscht.

»Mein Vater ist tot«, sagte ich dann.

»Ich weiß«, sagte Paul.

»Und was mache ich jetzt?«, fragte ich.

»Pass gut auf dich auf«, sagte Paul.

»Wie meinst du das?«, fragte ich und ich dachte an die Lichtenpergfamiliengene, von denen meine Mutter gesprochen hatte, und an den Wahnsinn, der mit diesen Genen verbunden war, und an die Geheimnisse, die mit diesem Wahnsinn verbunden waren. Ich dachte an meinen Vater, der mit all den Genen und dem Wahnsinn und den Geheimnissen verbunden gewesen war, und als Golfgraf wahrscheinlich nur versucht hatte, bei Trost und Gesundheit zu bleiben und dabei so ungesund und trostlos gescheitert war. Vielleicht hätte ich meinem Vater, damals vor tausend Jahren, als er nackt und schwitzend und schlafend vor mir gelegen hatte, doch ein

Messer in die Brust rammen sollen, aber damals war damals, und ich hatte statt meinen Vater zu töten nur einen mit dem Blut meines Vaters vollgesogenen Moskito an der Wand zerquetscht, und der Blutfleck war vielleicht heute noch auf dieser Wand, nur blasser und wahrscheinlich nicht mehr lang.

»Und der Brief?«, fragte ich.

»Der richtige Zeitpunkt wird kommen«, antwortete Paul Sparschwein und er sagte noch, dass dieser richtige Zeitpunkt hoffentlich noch in diesem Buch kommen würde. Aber ich verstand nicht, doch Paul liebte sein Kauderwelsch.

Und dann sprachen wir nichts mehr, und ich ging und dachte weiter an meinen toten Vater. Ein Reh stand auf dem Waldweg, und das Reh dachte vielleicht auch an meinen toten Vater, denn es blickte mich an, als wäre ich und dieser Wald und diese Welt voll Abwesenden ein trauriges Wunder, das einem nicht alle Tage über den Weg lief und vor dem man schnell und ansatzlos flüchten musste. Das Reh verschwand im Wald, und ich ging weiter und dachte weiter an meinen Vater, und ich dachte auch an meine Mutter, die mir zwecks Gesundheit und Trost ihre beiden Daumen hielt und mir andernfalls wahrscheinlich nur zusehen würde, wie ich den Geist aufgebe, so wie sie Vater dabei nur zugesehen hatte, als er vor einigen Monaten seinen aufgegeben hatte. Ich spazierte damals noch Stunden durch die Au, und über die Bäume legte sich der Abend, und aus dem Wald kam die Nacht.

»Erstmals wird im amerikanischen Unabhängigkeitskrieg von den amerikanischen Revolutionären ein U-Boot zum Einsatz gebracht. Der Versuch, eine Schießpulver-Zeitbombe an einem britischen Kriegsschiff zu befestigen, scheitert aber«, sagte der Nachrichtensprecher.

Ich holte den Brief aus meiner Sakkoinnentasche und drehte ihn durch die Finger und steckte ihn wieder ein.

Die ersten Felder meines Onkels Johannes zogen vorbei, ich sah den Lagerhausturm von Carnuntum, die Schlosstürme, deren Dächer neu gedeckt worden waren, denn die, das hatte mein Vater schon gesagt, mussten dicht sein.

»Das Wichtigste sind die Dächer«, hatte er gesagt und den Finger gehoben, und er hatte auch gesagt, dass das Zweitwichtigste ein riesiges Putting-Grün im Schlosshof sei, und ein Übungsbunker direkt unter der Feststiege. Der Festsaal sollte sein Clubraum werden, das Donaumuseum einem Golfmuseum weichen, und die römischen Kaiser sollten durch die Gesichter aller British-Open-Sieger ersetzt werden. Aber zuerst, hatte mein Vater gesagt, würden die Dächer erneuert werden, weil ohne dichte Dächer kein Golfschloss. Er hatte es mit erhobenem Finger gesagt, und ich hatte damals das Gefühl, als wäre Vater besonders stolz auf sich und seine raffinierten Pläne, denn zuerst dichte Dächer und dann erst Einlieferung. Isabelle hatte dazu gesagt, dass ihrem Phantasievater offensichtlich die Synapsen durchgebrannt wären, und niemand kümmerte sich damals um unseren Phantasievater und seine Phantasiepläne, denn wir wussten alle, dass das Geld für ein neues Dach nicht reichte.

Kurz vor Carnuntum hielt der Zug auf der Strecke, wie jedes Mal, wenn die Bahnschranken im Dorf noch nicht geschlossen waren, und der Zug pfiff sein Signal. Es würde ein paar Minuten dauern, bis der Stationsvorsteher die Schranken schloss und die Ampel auf Grün schaltete. Ich sah das Amphitheater und das sogenannte Heidentor, dessen Bedeutung und Geheimnis bis heute nicht geklärt worden war, denn manche sagten, es wäre eine Opferstätte, andere sagten es wäre ein Siegesdenkmal gewesen, doch ich sagte immer, dass man dort am besten und schönsten und am heimlichsten Zigaretten rauchen konnte, denn setzte man sich an eine bestimmte Stelle, konnte man die Sonne zwischen den Torbögen und hinter den Feldern untergehen sehen.

»Die deutsche Luftwaffe beginnt mit ihren Tag- und Nachtangriffen auf London und andere britische Städte«, sagte der Nachrichtensprecher, und der Zug stand noch immer zwischen den Feldern, denn an manchen Tagen war der Stationsvorsteher betrunken eingeschlafen, und der Zugführer musste mit seinem Zug stehen bleiben, bis einer der am Bahnsteig von Carnuntum Wartenden den Stationsvorsteher weckte.

»Der Staatsvorsitzende der DDR, Erich Honecker, besucht die Bundesrepublik Deutschland«, sagte der Nachrichtensprecher.

Eine Woche nachdem die Polizei Vater in seiner Wohnung in Wien gefunden hatte, saßen wir zur Testamentseröffnung bei einem Wiener Notar, und er sprach uns sein Beileid aus und kaute an einer erloschenen Zigarre, und dann las er aus dem Testament, dem allerletzten Unsinn meines Vaters. Mein Vater vererbte seiner Frau seine fünf Kinder, und Mutter sagte: »Das ist nett von ihm!« Und der Schlüssel zum Siegerzimmer ging auch an Mutter, und das ging ja gut los, dachte ich. Den Inhalt des Siegerzimmers jedoch vererbte er mir und meinem Bruder Maximilian, und das Schloss Carnuntum ging an unsere Mutter, das Schlossdach aber ging an seine Töchter, denn die würden sicher wissen, wohin damit, las der Notar und lachte, denn das, so sagte er, hätte er noch nie erlebt. Ich überlegte, dass dieses Testament vor mindestens einem halben Jahr von Vater aufgesetzt worden war, denn damals war noch keine Rede vom Schlossverkauf gewesen, und das zweite Schloss, Schloss Lichtenperg – Vater hatte nach Großvaters Tod auch das zweite und kleinere Familienschloss geerbt – ging samt Dach an seinen erstgeborenen Sohn Paul Lichtenperg. Und so würde das Schloss Lichtenperg, las der Notar weiter, nach Ablauf des Pachtvertrages, geschlossen zwischen Ernst Lichtenperg und der Gemeinde Lichtenperg, also in 98 Jahren, in den Besitz seines Erstgeborenen oder dessen Nachkommen zurückfallen. All das Bargeld und die Sparbücher und auch die Tantiemen aus dem Verkauf des Buches »Ein Graf spielt Golf« würden unter den Kindern aufgeteilt werden. Jedoch erst nach abgeschlossenem Studium eines Studiums ihrer Wahl, nämlich entweder der Landschaftsplanung oder der Archäologie, andernfalls ginge alles an den Golfclub Saint Andrews in England, und seine Frau würde ohnehin keinen Groschen sehen, denn die, las der Notar, würde nun wirklich kein Geld benötigen. Dann wurden noch alle Golfschläger unter uns aufgeteilt. Vaters komplette Golfballsammlung, las der Notar zu Ende, sollte mit Vater begraben werden, und der Notar musste wieder lachen, und seine erloschene Zigarre fiel ihm vor lauter Lachen auf seinen Notartisch. Er sagte noch einmal, dass ihm das alles sehr leidtue, aber so etwas hätte er wirklich noch nie erlebt, und ich dachte, dass der Notar da nicht der Einzige war. Dann gingen wir, und ich überlegte, wie froh ich war, nur diesen einen Vater gehabt zu haben, denn mehr solcher nahen Verwandten könnte ich nicht ertragen, und ich überlegte damals auch, dass ich also mit 115 Jahren, mit fast sechzehneinhalb Hundejahren, Besitzer des Schlosses Lichtenperg sein würde, doch es würden meine Enkelkinder sein, an die der Besitz zurückfallen würde, und damit das eintreten konnte, müssten eigene Kinder oder zumindest ein Kind her, doch mit Mattheo an meiner Seite würde das beim besten Willen nicht passieren.

Wir setzten uns in ein nahes Restaurant, und Mutter ging aufs WC, und wir Kinder blickten uns eine Zeit lang schweigend an. Ich dachte, dass wir hier nicht nur schwiegen, sondern auch sprachlos und verzweifelt waren, denn das, was uns Vater in Wahrheit hinterlassen hatte, waren wir selbst, und Caroline sagte dann: »Ich wollte schon immer Landschaftsplanung studieren«, und Isabelle sagte: »Ich bin fast schon mit Psychologie fertig«, und Maximilian sagte: »Ich will aber Basketballspieler werden«, und Isabelle antwortete: »Du bist doch ein Zwerg«, und Maximilian sagte: »Du bist selber ein Zwerg«, und Elsa sagte: »Schöne Scheiße!«, und wir lachten, als Mutter vom WC zurückkam.

Der Zug fuhr an.

»Überschwemmungen in Indien machen etwa 45 Millionen Menschen obdachlos, die Anzahl der Toten ist unbekannt«, sagte der Nachrichtensprecher.

Langsam rollte der Zug über die Gleise in das Dorf, und das Dorf wirkte still, und ich sah auf die Straßen und die Häuser, die ich so lange nicht gesehen hatte, und der Zug hielt in der Station von Carnuntum. Ich stieg aus, der Lagerhausturm ragte vor mir auf, und das Stationshaus war noch immer nicht renoviert worden, und hinter mir führte die Umfahrungsstraße um das Dorf, und es war, als wäre ich nie weg gewesen.

3

Ich ging die Bahnhofstraße hinunter und nach links die Hauptstraße entlang und war froh, ohne Gepäck zu reisen. Die Kirschbäume am Weg verloren ihre Blätter, und kein Auto fuhr durch das Dorf, und auch kein Mensch war auf der Straße, denn die Umfahrungsstraße, so zumindest hatte das Mutter bei unseren wenigen Telefonaten zwischen Carnuntum und Berlin immer wieder erzählt, hatte nicht nur wie geplant zur Verkehrsberuhigung beigetragen, sondern im Endeffekt, so Mutter, zu einem schleichenden Verkehrsaussterben geführt und zu einem Aussterben überhaupt. Ihre Stimme hatte dabei immer geklungen, als hätte man Carnuntum durch den Umfahrungsstraßenbau vor zwei Jahren aus allen Straßenplänen und Atlanten ausradiert und dieses Dorf an sich abgeschafft, und wie erleichternd, überlegte ich, wäre eine Dorfabschaffung gewesen, denn so würde es weder eine Hochzeit noch die Leichen und erst recht keine Vergangenheit geben.

Aber Carnuntum stand, und Carnuntum war heute das Auge des Orkans, und meine Vergangenheit war hier. Mutter, überlegte ich, war wahrscheinlich nur älter und einsamer und pessimistischer geworden, und ich ging weiter die Hauptstraße entlang, und diese Leere war unheimlich, denn vielleicht war die Angst, früher oder später auch von einem Mitglied der Familie Lichtenperg eingekellert zu werden, wirklich über die Dorfbewohner gekommen, so wie es der Zeitungsartikel andeutete.

Die Hauptstraße zog sich in Kurven durch das Dorf und vorbei am Friseur und an der Bäckerei, und ich sah ein graues

Gesicht an einem Fenster, und es verschwand wieder, und Angst kam plötzlich auch über mich, und ich sah auf meine Schuhe und auf den Asphalt, und ich wollte nicht erkannt werden, denn möglicherweise, überlegte ich, wartete die Dorfbevölkerung nur auf den richtigen Zeitpunkt, um Rache zu üben und über mich herzufallen, was der Zeitungsartikel zwar nicht andeutete, was ich mir aber im Augenblick heftig einbildete, und ein Mann kam mir entgegen und hob die Hand, und ich dachte, dass diese erhobene Hand das Zeichen zum Angriff war, und der Mann sagte: »Grüß Gott!«, und ich antwortete: »Gott sei Dank!«

Der Gasthof Marc Aurel an der Hauptstraße war geöffnet.

Ich hatte Zeit, denn die Trauung meiner Schwester fand erst um drei Uhr statt. Ich war müde und ging in den Gasthof, setzte mich, ohne in den Gastraum zu blicken, an die Bar und bestellte ein Bier und einen Schnaps und zahlte gleich, und der alte weißhaarige Besitzer des Gasthofs, der so wie früher selbst hinter der Bar stand und arbeitete, erkannte mich nicht, obwohl ich oft als Kind mit Großvater hier gewesen war, und manchmal auch mit Vater, wenn er am Wochenende zu Hause war, und sich die Familie meiner Mutter mit großem Getöse und Urgroßvater und Chauffeur und Leibarzt wieder einmal angekündigt hatte. Vater sagte dann, dass er die Juden und ihre philharmonischen Musikvereinskonzerte nicht jedes Wochenende ertragen könne, auch wenn der Oberjude, wie er meinen Urgroßvater einige Male nannte, sehr reich und sehr einflussreich und deswegen einigermaßen interessant wäre, sagte mein Vater. Und Vater ging ins Wirtshaus, und manchmal nahm er mich mit. Wir saßen dann an einem der Gasthoftische, Vater rauchte eine Zigarette nach der anderen und trank Wein. Er zeigte auf den Gasthofbesitzer und sagte: »Schau, das ist dein Großonkel«, denn der Besitzer hatte dieselben hellblauen Augen wie Großvater, und während ich jetzt an meinem Bier trank und dazwischen den Schnaps in einem Zug hinunterstürzte, besah ich mir diesen Besitzer, der hinter der Bar durch eine Zeitung blätterte, und ich fand, dass er nicht nur die Augen meines Großvaters hatte, sondern auch ein ähnliches Kinn und eine ähnliche Nase und überhaupt ein ähnliches Gesicht. Ich kniff die Augen zusammen, und mit verschwommenem Blick sah ich meinen Großvater hinter der Bar stehen und in der Zeitung blättern, und ich dachte, dass bis heute kaum ein Tag vergangen war, an dem ich nicht an Großvater gedacht hatte. Manchmal träumte ich von ihm, und in diesen Träumen tat mein Großvater Dinge, die mir meine Traumproblematiken immer erleichterten und manchmal lösten, und ich vermisste ihn, denn bei Großvater war ich vor all den Menschen, die meine Kindheit in Geschichten und in Wirklichkeit bevölkert hatten und jetzt wie losgekettet durch meinen Schädel spukten, immer in Sicherheit gewesen.

Der Gasthofbesitzer starrte in seine Zeitung und sagte: »Die Lichtenpergs sind alle verrückt!«, und aus der Küche rief eine Frauenstimme: »Sei nicht immer so streng mit dir!«

Der Besitzer blickte in den Raum, und dann sah er mich an.

»Noch einen Schnaps?«, fragte der Besitzer, ohne die Miene zu verziehen, und er erkannte mich noch immer nicht.

Ich schüttelte den Kopf.

Der Gastraum war dunkel, und der Geruch von Zwiebeln und Knoblauch lag in der Luft. An den Wänden hingen

Hirschgeweihe und Rehbockgeweihe und diverse Gastronomieauszeichnungen, dazwischen Fotos der siegreichen Fußballmannschaft, und über der Kaffeemaschine hing ein Foto meines Großvaters mit Jagdgewehr. Er blickte aus dem Bild heraus und grinste, und zu seinen Füßen lag ein toter Hirsch. Eine Weinvitrine surrte, und ich trank an meinem Bier. Der Gasthofbesitzer stand hinter der Bar über seiner Zeitung und schüttelte den Kopf und fragte in den Raum, warum dieses Menschenverschwinden eigentlich sonst niemandem aufgefallen wäre.

Aus der Küche kamen Küchengeräusche. Draußen fuhr ein Traktor, dahinter ein Auto, und die Samstag-Mittag-Sirene wurde auf Probealarm geschaltet. Das Sirenengeheul stieg an, blieb fünfzehn Sekunden auf derselben Tonhöhe, fiel dann wieder ab und verklang, und die Weinvitrine surrte, und die Frau rief: »Weil dir nicht einmal auffallen würde, wenn mir ein zweiter Kopf wachsen würde!«

»Aha, du hast schon einen?«, fragte der Besitzer in die Küche.

»Ja, sonst würde ich nicht so brüllen können«, brüllte die Frau aus der Küche.

Küchenmetall schlug gegeneinander, und die Flaschen, die kopfüber hinter der Bar hingen, waren verstaubt und leer.

»Jeder hat es gewusst«, rief die Frau.

Zwei Fliegen liefen über das Glas der Weinvitrine.

»Wenn es jeder weiß, dann muss es auch niemandem mehr auffallen«, sagte eine Stimme aus dem Gastraum, und ich drehte mich um. Ein Mann saß da mit dem Rücken zu mir an einem Tisch, er putzte seine Brille, deren rechtes Glas verdunkelt war, und er hatte schwarze, schulterlange Haare.

Sonst war der Gastraum leer. Auf den Tischen standen blumenlose Vasen.

»Meinem Mann muss es auch dann noch auffallen«, rief die Frau aus der Küche.

»Ich weiß das schon seit siebzig Jahren«, sagte der Besitzer.

Das Surren der Vitrine setzte aus, und die zwei Fliegen flogen auf.

»Endlich können wir darüber reden«, rief die Frau aus der Küche.

»Ja, endlich«, sagte der Besitzer, und er blickte mich an und flüsterte: »Hätte sie gerne.«

»Das habe ich gehört«, brüllte die Frau aus der Küche.

»Ohren wie ein Adler«, sagte der Besitzer.

Mit einem unregelmäßigen Ticken fing die Vitrine wieder zu surren an, und die Weinflaschen schlugen gegeneinander. Der Gasthofbesitzer zapfte sich ein Bier, er ließ immer wieder ein wenig Bier in sein Glas laufen, wartete bis sich der Schaum gesetzt hatte und zapfte weiter. Es dauerte, bis das Glas voll war, und ich überlegte, dass man im Auge des Orkans die meiste Zeit hatte, und der Besitzer nahm einen langen Schluck, und seine Trinkgeschwindigkeit stand in keiner Relation zu seiner Zapfgeschwindigkeit. Er trank weiter und leerte das Glas, knallte es mit dem Boden voran vor sich auf den Tresen, und sagte: »Na gut, reden wir!«

»Ich komm gleich«, sagte die Frau.

»Musst nicht kommen, reden reicht«, sagte der Besitzer.

Irgendetwas unter der Bar vibrierte. Die zwei Fliegen waren wieder auf der Weinvitrine gelandet. Der Besitzer zapfte sich noch ein Bier, und die Frau aus der Küche rief, dass ihr aus dem Dorf niemand abgehe, und sie lebe immerhin schon seit fast achtzig Jahren in Carnuntum, und der Besitzer flüsterte, dass er froh wäre, wenn ihm jemand abgehen würde, und er bedaure, dass man in der Gräflich Lichtenpergschen Schlossverwaltung keine Zehnerblöcke für lästige Verwandte kaufen könne. Die Frau brüllte, dass sie alles höre, und ich dachte, dass man im Auge des Orkans nicht nur viel Zeit, sondern offensichtlich auch andere Sorgen hatte.

Ich trommelte mit den Fingern auf dem Tresen und war froh, dass Paul Sparschwein vor den Journalisten und den Behörden und den Dorfmenschen in Sicherheit war.

Ich trank an meinem Bier und trommelte weiter und betrachtete meine verbrannte Hand, mit der ich trommelte, und ich betrachtete die überlangen Fingernägel und die rissige Haut, und ich konnte mich nicht entscheiden, was ich von dieser Hand halten sollte, denn einerseits, überlegte ich, wer hatte schon so eine Hand, andererseits, überlegte ich weiter, wer wollte schon so eine Hand.

Der Besitzer blätterte wieder in der Zeitung und trank von seinem Bier, und die Frau aus der Küche rief, dass sie nicht nur alles höre, sondern auch die Schnapsflaschen hinter den Tellern gefunden hätte.

»Du sollst doch keinen Schnaps mehr trinken«, rief sie.

Der Besitzer schwieg, schüttelte den Kopf und meinte dann, dass die Wettervorhersage um einiges schlimmer als diese Leichen im Schlosskeller wäre.

»Morgen soll es bis auf sechshundert Meter schneien«, sagte der Besitzer.

»Wir sind eh auf hundertfünfzig«, rief die Frau aus der Küche.

»Die Nachrichten gelten erst ab einer Höhe von sechshundert Metern«, sagte ich, und ich wurde immer müder.

»Oder ab Kellertiefe«, sagte der Besitzer, und wir lachten. Die Frau aus der Küche lachte auch und verschluckte sich und hustete. Der Besitzer kniff die Augen zusammen, und die Frau erholte sich langsam.

»Fast!«, sagte der Besitzer.

»Ich weiß das erst seit dreizehn Jahren«, sagte der Mann aus dem Gastraum.

»Vor dreizehn Jahren hab ich meinen ersten Herzinfarkt gehabt«, erzählte der Besitzer.

»Siehst du«, rief die Frau aus der Küche.

Draußen fuhr ein Traktor vorbei.

»Aber dafür weiß ich es aus erster Hand«, sagte der Mann aus dem Gastraum, und ich drehte mich nach ihm um, und der Mann drehte sich nach mir um. Ich sah eine Hakennase und eine Augenklappe in seinem schmalen Gesicht, und es war Petar, der da am Tisch saß und seine Brille putzte, und ich sagte: »Petar?«, und Petar sagte: »Paul?«

Ich stand auf und reichte ihm die Hand, und es waren fast sieben Jahre vergangen, seit ich Petar das letzte Mal gesehen hatte.

»Wie geht es dir?«, fragte ich und setzte mich, Petar nickte und sagte: »Danke gut.« Er trank an einem Tee, und unsere Kindheit war so lange her. Ich erinnerte mich, dass ein paar Monate nach dem Amoklauf seiner Mutter Petar und seine Familie nach Kroatien zurückgekehrt waren, und sie waren damals gegangen, wie sie gekommen waren, leise und plötzlich, und niemand wusste so recht, warum, und Paul Sparschwein behauptete damals und lange, nachdem Petar verschwunden war, dass die Familie illegal hier gewesen wäre, und dass Ianica sie bei der Polizei angezeigt hätte. Vater fragte mich, von wem und wovon ich eigentlich spreche, und Mutter sagte, dass Petar irgendwann schon wieder zurückkommen werde, und außerdem gebe es wichtigere Dinge. Da saß Petar nun und sah mich an und rückte seine Augenklappe zurecht, als hätte es diese fast sieben Jahre niemals gegeben.

»Und heute die Hochzeit«, sagte der Besitzer.

»Oben Hochzeit, unten Leichen«, rief die Frau aus der Küche, und die beiden lachten, und ich dachte, dass man im Auge des Orkans gut informiert war.

Es hatte damals nicht lange gedauert, bis ich Petar und seine Familie vergessen hatte, und mein Leben kam bald ohne Petar und seine Familie und unsere gemeinsame Vergangenheit aus, denn ich war damals mit mir und dem Kontrollieren meiner Schamhaare beschäftigt.

»Seit wann bist du wieder hier?«, fragte ich Petar.

»Seit einem Monat«, antwortete Petar und nahm einen Schluck von seinem Tee.

»Und was machst du hier?«, fragte ich Petar.

»Ich grabe die Römer aus«, antwortete Petar und erzählte, dass er im Zuge seines Archäologiestudiums in Zagreb ein Arbeitssemester in Carnuntum absolviere, und ich fragte Petar, ob er das Vermögen meines Vaters erben wolle.

»Wieso?«, fragte Petar zurück, nahm einen Schluck von seinem Tee und rückte seine Augenklappe zurecht, und seine Ruhe wollte ich haben, überlegte ich, und Petar gefiel mir, mit seiner Hakennase und seiner Augenklappe, seinen scharfen Gesichtszügen und seinen dunklen, schulterlangen Haaren.

»Egal«, sagte ich.

»Dein Vater ist gestorben«, sagte Petar, und sein einäugiger Blick war ernst, und er sagte, dass ihm der Tod meines Vaters leidtue und legte seine Hand auf meine Schulter, und ich nickte und fragte mich, ob ich wegen Vaters Tod eigentlich jemals geweint hätte und ob jetzt der richtige Zeitpunkt dafür wäre. Ich sagte, dass ich jetzt gehen müsse, denn Isabelle würde heute heiraten, und der Besitzer rief in die Küche: »Gabi, hier sitzt ein Lichtenperg!«

Ich ging die Hauptstraße entlang und war froh, dass Petar in Carnuntum war, denn so war ich als Rückkehrer nicht allein in diesem Dorf. Wir hatten ausgemacht, uns morgen noch einmal zu treffen, und Petar hatte mir die Hand gereicht und seine Augenklappe zurechtgerückt.

Die Hauptstraße fiel ab, und links auf einem Hügel stand die Rundkapelle, in deren Grabraum man vor zwei Jahren Vater versenkt hatte, und rechts lagen die römischen Hauptausgrabungen von Carnuntum und eine Wiese, und dahinter ragte das Schloss aus der Landschaft. Ohne die Kastanien davor, die Onkel Johannes vor Jahren hatte fällen lassen, schien das Schloss riesig und übermächtig und kahl, und es stand still und wie gestrandet an seinem Platz, und die Dächer waren neu gedeckt, um die Fassade stand ein Gerüst, und die Rauchfänge waren restauriert, der Storch war restauriert, und die ganze Landschaft und der Himmel darüber waren auch restauriert.

Ich ging den Hügel hinauf und drehte eine Runde um die Rundkapelle und um die toten Lichtenpergs. Ich dachte an das Begräbnis meines Vaters und an Otto, der eine kurze Grabrede gehalten hatte. Er hatte gesagt, dass das Band zwischen Geschwistern unsichtbar und dennoch stark wäre, denn was Geschwister verbinden würde, wären die vielen unaussprechlichen Geheimnisse aus der Kindheit. Er hatte mich dabei angeblickt. Außer der engsten Familie waren wenige Menschen gekommen, und ich hatte kaum jemanden dieser wenigen Menschen gekannt. Isabelle sagte damals, dass diese Menschen wie gemietet und gebrieft aussähen, denn diese Menschen waren die Einzigen gewesen, die geweint hatten. Ich dachte damals, dass man getrost ein paar Menschen mehr hätte mieten können und dazu noch eine Handvoll Golfspieler und Verwandter, denn die echten Verwandten waren alle wegen des geplanten Schlossverkaufs weggeblieben, und die echten Golfer spielten an diesem Wochenende das 125. British Open in Royal Lytham & St. Annes.

Bei unserem letzten Treffen vor seinem Selbstmord hatte mir Vater davon erzählt, und er hatte es mir eingebläut, denn dieses Turnier, hatte Vater gesagt, wäre das älteste und wichtigste Golfturnier überhaupt, und jeder würde von einem Sieg dort träumen, und wir saßen damals in einem italienischen Restaurant im Zentrum Wiens, und es war einer der letzten Frühlingstage dieses Jahres.

Es war windig, und es war warm, wenn die Sonne schien, und es war kalt, wenn sie verschwand. Sehr weiße und aufgeblähte Wolken zogen über den Himmel, und Vater trug eine englische und karierte Jagdkappe und rauchte. Seine dunklen Augen glühten und zuckten durch den Raum und über mein Gesicht. Der Kellner kam, und mein Vater bestellte eine Buttersemmel mit echter Butter, wie er sagte, und zwei weich gekochte Eier mit echten Eiern, wie er auch sagte.

»Bei uns ist alles echt«, sagte der Kellner, und ich dachte, dass genau diese Frage zwischen der Welt und meinem Vater stand. Echt oder nicht, und ich bestellte eine Pizza, und der Kellner ging. Vater holte einen weißen und bekritzelten Golfball aus seiner Hosentasche, legte ihn auf den Tisch und fragte, ob ich wisse, was das wäre.

»Ein von dir signierter Golfball«, sagte ich.

»Nein, Paul«, sagte Vater, »das ist der Golfball, mit dem Johnny Miller 1976 ein paar Tage vor deiner Geburt die British Open gewonnen hat«, und Vater rollte den Ball auf meine Seite des Tisches, und er ließ ihn nicht aus den Augen.

»Und den schenkst du mir?«, fragte ich.

»Du spinnst wohl«, sagte Vater und lachte.

Er sagte, dass er diesen Ball mit in sein Grab nehmen würde, und ich fühlte mich trotz allem von Vater ein wenig geschätzt und wahrgenommen, denn dieser Golfball war immerhin ein British-Open-Siegesball aus meinem Geburtsjahr.

Ich betrat die Kapelle, denn es war erst halb eins, und ich hatte noch Zeit. Es war dunkel und kühl in der Kapelle, und ich blieb nach ein paar Schritten stehen und gewöhnte mich an die Dunkelheit und Kühle und wartete, bis sich die Ahnenbilder und die Banner, die gekreuzten Schwerter und die Petroliumfackeln, die an den Wänden hingen, aus der Dunkelheit lösten. Dann entzündete ich eine der Fackeln und blickte in den runden Raum mit dem kleinen Erker und dem schweren schmucklosen Steinaltar gegenüber dem Eingang. Die Decke lief in einem Gewölbe zusammen, und die Fackel warf ihr gelbes Licht über die Gesichter meiner Ahnen und über das weiß-schwarze Wappen, das im Erker über dem Altar hing. Das Licht flackerte über den Steinboden, in den Symbole und Jahreszahlen gemeißelt waren. In der Mitte des Raums, dort wo sonst die schwere Eisentür den Weg in die Gruft verschloss, sah ich ein dunkles Loch, und ich überlegte, dass vielleicht auch hier Historiker und Archäologen und andere Experten am Werk waren, und deshalb die Eisentür entfernt worden war. Ich ging näher, und Holzstufen führten hinab in den Grabraum. Ich schloss die Tür der Kapelle und schob den Holzriegel vor, und mit der Fackel voran blickte ich dann in den Grabraum hinunter, und ich erinnerte mich, dass Onkel Johannes immer wieder gesagt und gedroht hatte, dass seit Anbeginn der Lichtenpergschen Geschichtsschreibung der Zutritt für alle lebenden Lichtenpergs untersagt wäre, doch Johannes, überlegte ich jetzt, liebte seine Zutritts- und Betretungsverbote und die dazugehörigen Schilder, und er verteidigte diese Verbote und Schilder mit Händen und Füßen und Kugelgewehren.

Mit der Fackel in der Hand stieg ich die Stufen hinab. Die Stufen knarrten, und ich fragte mich, warum sich Onkel Johannes die Worte »Betreten verboten« noch nicht auf seine Stirn hatte tätowieren lassen, denn seit dem Tod meines Großvaters war es trotz Frau und Adoptivkindern immer düsterer und einsamer um meinen Onkel geworden, und so wurden sein Schädel und seine Landbetriebe und seine Forstbetriebe zum Sperrgebiet für die gesamte Außenwelt.

Vater nahm den Golfball zwischen Daumen und Zeigefinger, zeigte mir die Kritzelei darauf und sagte: »Unterschrift: Johnny Miller, Datum: 13. Juli 1976.«

Ich nickte und sagte: »Toll!«

Vater nickte auch und sagte, dass er damals erst 25 Jahre alt gewesen wäre, und ich hatte keine Ahnung, was Vater von mir wollte. Ich erzählte ihm von meinem Plan, im Sommer die Donau hinunter ins Schwarze Meer zu schwimmen, und Vater sah mich an und merkte nicht, dass ich Unsinn redete.

Im Grabraum wurde es noch kühler, ich sah meinen Atem, und der Raum schien leer und riesig, und die Wände lagen jenseits des Fackelscheins, und ich ging wahllos in eine Richtung und ein paar Schritte über den sandigen Steinboden, und einige Zentimeter über meinem Kopf war die Decke durch den Raum gezogen.

Das Flackern der Fackel war das einzige Geräusch, und ich sah die Wand vor mir in der Dunkelheit, und da waren Schächte wie übergroße Bücherregale, und einige dieser Schächte waren leer, in den anderen lagen verstaubte Holzsärge. Ich ging die Wand entlang, und der Raum bog sich durch den Untergrund. Ich entstaubte die Messingschilder und las die Namensschilder und die Jahreszahlen dazu. Ich dachte, dass es all diese Toten und ihre Leben davor gebraucht hatte, um mich und mein Schicksal hervorzubringen, und ich fühlte mich plötzlich schuldig, dass ich in Berlin als Kellner und in einer Beziehung mit Mattheo lebte, und dass ich nicht Feldherr oder Kanzler oder wenigstens Hausmeister war, doch selbst Vater hatte einmal gesagt, dass man als Graf sonst keine Pläne hätte, und er hatte es auch damals in jenem italienischen Restaurant gesagt, und mit dem Golfball zwischen den Fingern hatte er gemeint, dass ich da gar nicht blöd ins Tote Meer schwimmen müsse, denn alles, was über Schlossleben und Jagdleben und vielleicht Ehefrau und Kinder hinausgehe, einen den einfachen Menschen und erst recht den sogenannten Proleten, wie Vater sagte, näherbringe, und auf meine Frage, warum er denn dann Golf spiele, antwortete Vater nur: »British Open!«, und hielt mir den Golfball vor das Gesicht.

Ich las die Namen an den Särgen, da stand Adam von Lichtenperg, 1721–1757, und ich las Heinrich von Lichtenperg, 1788–1851, und ich ging weiter, entstaubte die Schilder und suchte nach dem Sarg meines Vaters. Die Fackel erhellte immer nur wenige Meter um mich, und ich überlegte, ob ich Petar holen sollte, denn diese Stille und diese Toten und dieses Fackellicht wurden mir unheimlich. Und ich las Alexander von Lichtenperg, 1821–1872, und es wäre dann mit Petar so wie früher, überlegte ich, als wir auf der Suche nach Geheimgängen den Dachboden und die vielen unbewohnten Zimmer und Säle des Schlosses durchgingen und erforschten. Die große Entdeckeraufregung hielt bei diesen heimlichen Spaziergängen durch das Schloss immer genau bis zur totalen Enttäuschung am Ende an. Wir standen dann wieder im Hof, und der Brunnen sprudelte sein Wasser durch die Gegend, und die römischen Kaiser blickten auf uns herab, und am Himmel gab es Wetter, und das Leben war so langweilig wie davor.

Ich ging weiter, die Wand und die Särge entlang und durch die Gruft, und ich trug die Fackel vor mir her, und das Licht leuchtete gegen die Dunkelheit und gegen die Angst. Ich entstaubte die Schilder und las den Namen Herzeleid von Lichtenperg, und die Jahreszahlen 1951–1951, und ich dachte, dass man mit so einem Vornamen froh sein konnte, möglichst kurz zu leben und sonst gut versteckt hier unten zu liegen.

Vater und ich aßen schweigend, und der Golfball lag zwischen uns in der Mitte des Tisches, und ich überlegte, dass aus diesem Ball jetzt gleich die Zukunft steigen würde, wie aus einer dieser Glaskugeln. Und diese Zukunft wäre weit weg von hier und meinem Vater und von dieser italienischen Pizza, und mein Vater kaute an seiner Buttersemmel mit echter Butter, das hatte ihm der Kellner versichern müssen, und nahm den Golfball vom Tisch, steckte ihn ein und sagte: »Damit du nicht auf dumme Gedanken kommst.«

Doch ich fand meine dummen Gedanken und meine Zukunftsvisionen interessant, und während ich meine Pizza aß, dachte ich, dass ich nicht nur dumme Gedanken hatte, sondern an und für sich ein dummer Gedanke war, und dass diese ganze sogenannte Welt überhaupt ein dummer Gedanke war, den irgendjemand sehr Mächtiger vor Jahren ins Dasein gedacht und gesetzt hatte. Ich musste grinsen, denn die Vorstellung als dummer Gedanke unter vielen anderen dummen und komplett aussichtlosen Gedanken ins Dasein gedacht und gesetzt worden zu sein, war beruhigend und absurd und barg darüber hinaus die leise Hoffnung, mich irgendwann einmal selbst zu Ende denken zu können, und der dumme Kellnergedanke kam und fragte, ob wir Kaffee wünschten, und der komplett aussichtslose Vatergedanke sagte: »Gute Idee!« In meinem Kopf sprühten die Funken, denn auch als dummer Gedanke, überlegte ich, konnte man gute Ideen haben.

Ich las Franz von Lichtenperg, 1912–1989, Großvater, und der Sargdeckel ließ sich leicht abheben. Ich blickte hinein und dachte, dass über Paul Sparschwein der Neid kommen würde, wenn er meinen Großvater so sehen könnte, denn da waren noch ein wenig Haut und Gesichtszüge, und ich erinnerte mich an den Tag, an dem Großvater gestorben war und ich an seinem Sterbebett gesessen hatte. Ich betrachtete meinen toten Großvater, und er sah noch immer so aus, als würde er an sich selbst saugen, und ich dachte, dass Großvaters Tod noch nicht ausgestanden war. Sein Todestag kam schlagartig zurück, und ich erinnerte mich an meine weißen Turnschuhe und an den Regen, der keine Absichten gehabt hatte, und daran, dass ich mich gegen Großvaters Tod gewehrt hatte, und ich war jetzt froh, dass Großvater noch immer an sich saugte und kämpfte.

Vater zahlte, und wir gingen gemeinsam die Straßen entlang, und die dummen Gedanken spazierten kreuz und quer durch das Zentrum von Wien, und einer der dummen Gedanken stolperte über einen Randstein und wunderte sich, und zwei dummen Gedanken grüßten sich, und die beiden dummen Gedanken freuten sich, einander zu treffen, und ein anderer dummer Gedanke erklärte drei dummen Touristengedanken mit Fotoapparaten um den Hals den Weg, und die dummen Gedanken waren überall und gingen durch den dummen Weltgedanken, und ich grinste und lachte.

Vater sagte, ich solle ja nicht glauben, dass er nicht wüsste, was hier so komisch sei, und er erzählte mir dann von seiner Idee vom Supermarkt für Legastheniker.

»Nimm eins, zahl zwei«, sagte er, und er zeigte mir noch einmal den signierten Golfball, und dann reichte er mir die Hand.

Ich blickte meinem Vater nach, und dachte, dass ich diesen Menschen mit der englischen Jagdkappe und dem wehenden Sakko trotz allem liebte. Zwei Wochen später fand ihn die Polizei mit einem Loch im Kopf in seiner Wiener Wohnung, und mein komplett aussichtsloser Vatergedanke hatte sich von selbst erübrigt.

Ich schloss den Sargdeckel wieder und leuchtete mit der Fackel die Wände entlang, und entstaubte die Schilder und suchte weiter, und schließlich fand ich den Sarg und las Ernst von Lichtenperg, 1951–1994, und erst jetzt fiel mir auf, dass Vater und Herzeleid dasselbe Geburtsjahr hatten. Ich hob den Sargdeckel ab, und als hätte ich eine Schleuse geöffnet, kamen mir Dutzende Golfbälle entgegen, und sie rollten und hüpften über den sandigen Steinboden und verschwanden in der Dunkelheit, und hunderte weiße Golfbälle waren im Sarg zurückgeblieben, und es sah aus, als wäre Vaters Sarg eines dieser Vorsicht-zerbrechlich-Pakete, das man mit weißen Schaumstoffkugeln gefüllt hatte. Ich steckte die Hand in den Sarg und drückte sie durch die harten Golfbälle bis zum Boden, und ich dachte, dass Vaters Testament noch lange nicht sein letzter Unsinn gewesen sein würde.

Ich stand vor dem Sarg und blickte auf die Golfbälle, und ich hielt die Fackel in der rechten Hand, und mit der linken wühlte ich in den Bällen, und ich überlegte, dass sich Vater vielleicht in Golfbälle verwandelt oder aufgelöst hatte, denn eine andere Erklärung hatte ich nicht.

Ein Golfball fiel zu Boden und sprang vor meine Füße und in die Dunkelheit, ich leuchtete hinterher, und er rollte in einen Durchgang, und ich folgte dem Ball und stieß an eine hölzerne Wand, auf der das Templerkreuz mit seinen geraden und breiten Kreuzenden gemalt war. Am Boden vor der Holzwand lag der weiße Golfball. Ich hob ihn auf, und auf dem Ball stand: »Johnny Miller, 13. Juli 1976.« Ich dachte, wenn es wirklich Zufälle geben sollte, dann war dieser hier der Jackpot. Ich steckte den Golfball ein und trat mit dem Fuß gegen das Holz, doch die Wand gab nicht nach, und noch einmal leuchtete ich mit der Fackel über das Holz, und da war ein Schloss in der Mitte des Kreuzes, und ich zog den goldenen Schlüssel und den Knochenfinger vom Hals, steckte den Schlüssel in das Schloss, und die Zufälle, überlegte ich, sprengten in diesem Moment das Casino.

Die Holzwand öffnete sich. Dahinter lag Dunkelheit. Ein kalter Wind blies mir entgegen, und ein Traktor fuhr vorbei. Jemand sagte, dass das Wetter eine Woche schlecht und kalt bleiben würde, und ich lag mit dem Kopf auf dem Tresen im Gasthof, und die Frau aus der Küche rief, dass das schlecht für die Weinbauern wäre.

Ich hob den Kopf. Mein Mund war trocken, die Gasthofuhr zeigte kurz vor zwei Uhr, und im Gastraum saß ein Mann mit schwarzen, schulterlangen Haaren, und ich rief: »Petar«, und Petar drehte sich um, und er trug seine Augenklappe und putzte an einer Brille, deren rechtes Glas verdunkelt war.

»Was machst du hier?«, fragte ich, und Petar erzählte, dass er Freunde hier besuche, und jetzt zwei Wochen hier bleiben würde, und er rückte seine Augenklappe zurecht.

»Und wie geht es dir?«, fragte mich Petar, und ich antwortete, dass es mir gut gehe, ich aber leider keine Zeit hätte, mich länger zu unterhalten, denn Isabelle würde in einer Stunde heiraten.

»Gabi«, rief der Besitzer in die Küche, »hier sitzt ein Lichtenperg!«

»Treffen wir uns morgen«, sagte ich, und Petar nickte und rückte die Augenklappe zurecht. Ich gab ihm die Hand und sagte: »Morgen um drei Uhr, hier.« Dann ging ich, und ich war froh, dass Petar hier war, denn so war ich als Rückkehrer nicht allein in diesem Dorf.

Links auf einem Hügel stand die Rundkapelle, rechts lagen römische Ausgrabungen und eine Wiese und dahinter stand das Schloss. Ich ging den Weg hinunter Richtung Schloss und vorbei am Schloss und die Kastanienallee entlang, und alle Kastanien waren gefällt, und wer, überlegte ich, würde sich in hundert Jahren noch daran erinnern können, dass am Tag, an dem Großvater gestorben war, auch die Kastanien zu sterben begonnen hatten. Mein seltsamer Traum im Gasthof flimmerte durch meinen Kopf, und ich ging durch die Einfahrt und über den Parkplatz, auf dem sieben Autos und ein Motorrad standen, und auf der grünen Tür zu unserem Garten stand »zum Garten«.

4

»Na endlich«, sagte Mutter, und ihr Blick blieb nur einen Moment auf mir und schweifte dann über den Küchentisch und über die vielen weißen und hellblauen Blumen darauf. Die Blumen müssten alle noch in den Festsaal, sagte sie, und jemand müsste das jetzt bald organisieren, und ich dachte, dass ich hier fehl am Platz war, und ich dachte auch an Mattheo und seine Wohnung in der Rheinstraße in Berlin, gleich bei der Kaisereiche und bei der S-Bahnstation Friedenau, und ich dachte an die Ruhe dort, denn die Wohnungsfenster waren alle hofseitig.

»Und was ist mit den Leichen?«, fragte ich.

»Sollen wir jetzt wegen ein paar Leichen die Hochzeit absagen«, antwortete Mutter, und ich dachte, dass Mutter nicht nur älter und einsamer und pessimistischer, sondern auch hysterischer und sensibler geworden war, und sie sagte, dass ich mich beeilen solle, denn meine Geschwister und Großmama und Otto wären schon unterwegs in die Schlosskapelle. Ich dachte an Otto und an Großmutter, und ihre immer wiederkehrenden Fragen nach meinen Zukunftsplänen und nach meiner Einstellung zum Sozialismus, und dann ging Mutter aus der Küche, und sie trug ein gelbes Kleid, das sie vorne zusammenraffte und hochzog.

Ich nahm eine Weinflasche aus dem Kühlschrank und füllte ein Glas bis zum Rand.

Ich stand vor der Küchentür und trank.

Eine fremde Frau mit hoher Frisur und Stäbchen und bunten Fäden in den Haaren kam in die Küche, klatschte in die Hände und sagte, dass ich die Blumen jetzt in den Festsaal bringen könne, denn man brauche sie dort für das Fest heute Abend, und ich blickte durch die Küchenfenster hinaus in den Garten, und ich sah unseren Hund Rusty unter der Weide sitzen.

»Wir haben keine Zeit mehr«, sagte die Frau und klatschte in die Hände, und ein Stäbchen fiel ihr aus den Haaren, und die Küchenuhr zeigte Viertel nach zwei.

»Ein Stäbchen«, sagte ich und trank.

Die Äste der Weide bogen sich und hingen bis zum Boden, und die dicken Wurzeln wuchsen aus der Wiese und wieder in die Erde und wuchsen weiter durch den Garten fast bis zur Sandkiste, und die Frau klatschte noch einmal in die Hände, und ich sagte, dass ich weiter nichts mit dieser Hochzeit zu tun hätte, und die Frau antwortete, dass sie aber die Chefdekorateurin wäre, und die Zeit würde knapp.

Ein zweites Stäbchen fiel ihr aus dem Haar. Ich sagte, dass sie vielleicht weniger Zeit dafür aufwenden solle, sich selbst zu dekorieren, und ich ging mit dem Glas in der Hand durch den kleinen Salon, in dem sich in den Regalen neben den Fotoalben Dutzende Exemplare von Vaters Buch »Ein Graf spielt Golf« stapelten, denn Vater hatte damals wirklich Ernst gemacht und fast die komplette Auflage selbst aufgekauft, und er hatte die Bücher in seiner Wohnung in Wien und im Schloss und zu Hause verteilt, und manchmal hatte er mit ihnen den Kamin eingeheizt.

Doch es war noch seltsamer gekommen, denn manchmal war er nachts durch die Gegend gefahren und hatte seine Bücher zwischen den drei Orten hin und her transportiert, als wollte er einzelne und ganz bestimmte Exemplare vor irgendjemand verstecken, und er hatte diese bedenklichen Nachtausflüge immer mit den Worten erklärt, dass man ihm auf den Fersen sei.

Vater schenkte damals, nachdem das Buch erschienen war, jedem seiner Kinder in theatralischen Einzelgesprächen ein signiertes Exemplar. Er riet uns jedoch davon ab, das Buch zu lesen und es weiterzuempfehlen, denn »sicher ist sicher« sagte er immer. Doch wir Kinder lasen das Buch zumindest in Teilen, und es überraschte mich nicht, dass Vater in keinem der Kapitel seine Kinder erwähnte oder überhaupt nur darauf anspielte, dass er nicht allein auf dieser Welt war. Die Widmung ging an einen Walter Hagen, 1892–1969, und die Kapitelüberschriften lauteten »Der dritte Putt« oder »Mein kurzes Leben mit dem Quick Hook« oder »Kopf unten«, und so weiter. Während ich das Buch las, bewunderte ich Vater für seine Liebe zum Detail und für sein Talent zur Selbstverschleierung.

Im Speisezimmer auf dem Sekretär lag die Familienpost, unter dem Sekretär der Hundekorb, und auf der nackten Tischplatte war ein Plan ausgebreitet, auf dem in großen Kreisen als Tische und in kleinen Kreisen als Stühle die Sitzpositionen der Hochzeitsgäste eingezeichnet waren. Ich fuhr mit dem Finger über den Sitzplan und suchte nach meinem Namen, und die Gäste hießen Bismarck und Castell und Müllner und Liechtenstein, und auch mein Halbbruder Joseph war eingeladen, und ich fand meinen Namen zwischen Rahel Messerli und Helga von Steinpeiss, und die Gesamtzahl der Gäste stand rechts unten auf dem Papier. Ich merkte mir die Namen meiner Tischnachbarn und ging die Stiegen hinauf in mein Zimmer, wo es stickig war und nach Mottenkugeln roch.

Ich öffnete das Fenster, blickte hinaus, und die Aussicht war ein Nichtsmehr und ein Himmel dahinter, denn auch die Kastanie vor unserem Haus hatte Johannes vor Jahren, kurz nach Großvaters Tod, fällen lassen, und die Aussicht war nun kastanienlos. Vielleicht würde mein Onkel Johannes, wenn er könnte, auch den Himmel entfernen und ihn so aus der Aussicht radieren, dachte ich und dachte, dass dieser Geruch von Mottenkugeln meine kurze Rückkehr in mein altes Kinderzimmer und diese fast entleerte Aussicht auf den Punkt brachte, und ich setzte mich auf meinen Drehsessel und drehte mich im Kreis.

Auf dem Bett lagen die Anzüge für die Hochzeit und das Fest heute Abend, und auf dem Boden standen zwei Paar schwarze polierte Schuhe, und all die Kleidungsstücke und die Schuhe hatten einmal Vater gehört. Ich drehte mich weiter und trank an meinem Wein, und ich dachte an die Aussicht auf Garnichtsmehr, und statt der Kastanie wäre nur noch Himmel und statt dem Himmel wäre später nur noch Nichts, und dieses Nichts wäre bloß himmellos und kastanienlos und würde mich immer an das erinnern, was früher einmal war, so wie mich der Himmel jetzt an die Kastanie, die früher vor dem Himmel gestanden hatte, erinnerte, und ich drehte mich und leerte das Glas, und meine Gegenwart war bloß das Nachschimmern von Ausradiertem und Gefälltem.

Ich drehte eine letzte langsame Runde auf meinem Sessel. Mutter hatte in meiner Abwesenheit das Zimmer gelb ausmalen lassen, der Teppich war neu verlegt und die Kästen frisch lackiert worden. Ich brachte den Sessel zum Stillstand, öffnete die Kästen und warf die Fußball-T-Shirts und Fußballschals und Fußballhosen durchs Zimmer, und hinter all den Fußballgeschenken, die mir Vater von seinen Golfreisen mitgebracht hatte, lag das Geld, das ich Mutter und manchmal auch Isabelle gestohlen hatte, und ich zählte das Geld, und es waren fast dreitausend Schilling.

Mutter trampelte durch das Erdgeschoß und schlug Türen zu und rief »Paul!«, und trampelte weiter und in die Küche, die Küchentür fiel zu, und ich zählte das Geld noch einmal und steckte es ein, und ein Auto startete und fuhr weg. Wind wehte durch mein Zimmer, und ich vermisste Mattheo und seine Wohnung, vor deren Fenster eine Kastanie stand, und die Baumkrone ragte bis fast über das Haus, und die Äste wuchsen bis an die Hauswände, und vom Küchenfenster aus konnte man die Äste berühren.

Unter dem Baum stand eine Bank, und Mattheo und ich hatten gestern Abend auf dieser Bank gesessen, und ich hatte Bier und er hatte nichts getrunken. Mattheo hatte von seiner kolumbianischen Kindheit und seinem Vater, der im Gefängnis gestorben war, erzählt.

Mattheo sagte dann, dass ich eben nicht der Einzige wäre, der etwas über seine Kindheit zu erzählten hätte, und er erzählte weiter. Mattheo war von Kolumbien über Spanien nach Deutschland und Berlin gekommen, und sein Leben wäre nicht einfach und teilweise hart gewesen, sagte er, und ich antwortete, dass ich meine Kindheit lang unter Aufklebern aufgewacht wäre, die über eine Sprechblase die Worte »Das Leben ist hart, nimm es leicht!« zu sprechen vorgaben, und überhaupt empfände ich meine Kindheit als etwas sehr Eigenartiges und Befremdliches.

»So geht es jedem«, hatte Mattheo gesagt, und ich hatte geantwortet, dass mich jeder aber nicht interessiere.

Ich zog mich um und steckte Vaters Brief in den dunkelgrauen Anzug und ging, und ich ging die Kastanienallee entlang und über die Brücke durch das Schlosstor, und wenn Carnuntum das Auge des Orkans war, überlegte ich, dann betrat ich jetzt das Schwarz in dessen Mitte, und Wasser sprudelte aus dem Brunnen im Hof, und um den Brunnen blühten die Rosen, und es gab hier weder Zeit noch andere Sorgen, denn hier, überlegte ich, gab es nur noch eine innerste und zeitlose Wirklichkeit, in der heute meine Schwester heiraten würde, und in der seit Jahrhunderten Leichen verwesten, in der Großmutter im zufriedenen Grinsen eines Menschen den Sozialisten entlarvte – denn die Sozialisten, sagte Großmutter immer, waren zu dumm, um zu leiden –

und hier in der Mitte, dachte ich, wurde Mutter einsam und hysterisch, und Vater war gestorben, und die Polizei hatte zwecks Tatortsicherung und Expertenarbeit um all das eine Absperrung gezogen. Ich betrat den Hof, doch nichts deutete auf einen Tatort hin, und die Turmuhr stand auf fünf Uhr.

Mein Anzug roch nach Mottenkugeln. Vor dem Eingang zur Schlosskapelle standen Frauen in hellen Kleidern und Männer in dunkelgrauen knielangen Sakkos, so wie ich eines trug, und die Männer hatten weiße Blumen am Revers und standen, fand ich, als hätten sie ein Messer im Rücken, und die Frauen standen, als hätten sie ein Messer im Bauch. Ich kannte keinen dieser Männer und keine dieser Frauen, die da nach vorn oder hinten gekrümmt vor der Kapelle standen und miteinander plauderten und lachten, als würden sie die freudige Überraschung ihrer eigenen Existenz besprechen und bejubeln, überlegte ich, und mir wurde vom Anblick dieser Menschen mit einem Mal übel, und von der Flasche Wein, die ich zu Hause noch in einem Zug und plötzlicher Gier ausgetrunken hatte, und ich übergab mich in den Schlosshof und auf meine schwarzen Schuhspitzen, und das Erbrochene war gelb und flüssig und sickerte durch den Kies in den Boden, und die Männer und Frauen unterbrachen ihre Gespräche, als wären die Überraschung ihrer Existenz und damit auch ihre Gespräche darüber mit meinem Erbrochenen durch den Kies in den Boden gesickert, überlegte ich, während ich mich noch einmal übergab und meinem Erbrochenen beim Versickern zusah.

Die Frauen und Männer standen schweigend und gekrümmt im Hof herum und gingen dann in die Kapelle, und ich spuckte den Rest aus und wischte mit dem Handrücken über meinen Mund. Ich sah den Storch einen weiten Kreis über das Schloss fliegen, und der Storch war einsam und mit seinem Himmelreich verbunden, und er landete auf einem der Kamine, flatterte mit seinen Flügeln und zog sie ein.

Ich brach eine Rose vom Stiel und steckte sie an mein Revers. Ich wankte ein wenig, während ich über den Kies in Richtung Kapelle ging.

»Dorthin!«, sagte Großmama, und deutete auf eine Bank, auf der Mutter, Maximilian und Elsa und Caroline saßen, und ich blickte durch die kleine Schlosskapelle.

Der Bräutigam stand mit dem Gesicht in Richtung Altar, wo der Priester in einem Buch blätterte, und ein Ministrant von einem Bein aufs andere trat, und der Bräutigam war groß und dick. Auf der linken Seite der Kapelle saßen die Männer und Frauen, die vorher noch im Hof gestanden hatten, und rechts saßen meine Geschwister und die zwei Schwestern meiner Mutter. Ich setzte mich zwischen Elsa und Caroline und dachte, dass man die eigenen Geschwister am besten daran erkannte, dass sie einander auch nach einer über einjährigen Abwesenheit ignorierten, und wahrscheinlich, dachte ich weiter, lag das an derselben Gebärmutter, die wir vor Jahren zwar einzeln und hintereinander, jedoch mit derselben neun Monate währenden Aussicht bewohnt hatten, und so hatten sich Geschwister nichts Interessantes mehr über das Leben zu sagen.

»Du stinkst nach Kotze und Mottenkugeln, und du schaust aus wie Vater nur mit blauen Augen«, flüsterte Elsa, und ich fragte zurück, was davon das Schlimmste wäre.

»Dass du wie Vater ausschaust«, flüsterte Elsa.

»Finde ich auch«, flüsterte Caroline von der anderen Seite.

»Was findest du auch?«, fragte ich.

»Dass du nach Mottenkugeln stinkst«, antwortete Caroline, und der Orgelspieler begann zu spielen, und Isabelle kam in die Kapelle. Sie war wunderschön in ihrem schulterfreien Kleid, und ihr Hals war zart und bleich, ihre Arme hingen steif von den nackten Schultern, und ihr Gesicht war schmal und ungeschminkt. Sie sah aus, als wäre sie für diesen Anlass neu erschaffen worden, denn da war keine Spur ihrer Angriffslust und Gefährlichkeit, die ihr sonst aus den Augen glühte, und an ihrer Seite ging Otto, und er lächelte mir zu und begleitete Isabelle an die Seite ihres Bräutigams.

Der Orgelspieler spielte den Schlussakkord, und Otto setzte sich zu uns auf die Bank. Der Priester hob die Arme und begann, auf die Hochzeitsgäste einzureden, und ich schloss die Augen und legte meinen Kopf auf die Rückenlehne, denn ich war müde und betrunken.

Mattheo umarmte mich gestern auf der Bank unter der Kastanie, ich spürte seinen Bart in meinem Gesicht, und seine Lippen waren trocken. Er sagte, wie froh er sei, mich in Wien kennengelernt zu haben, und ich wusste nicht, was ich antworten sollte, und wohin das alles führte, denn wie oft hatte ich erlebt, dass mein Leben den falschen Abgrund eingeschlagen hatte, und wir saßen noch lange unter der Kastanie, und der Abend war mild. Mattheo sagte weiter, dass ich meine Kurzrückkehr nach Hause entspannter sehen solle, und dass sich die Vergangenheit nicht ausschließlich um mich kümmern könne, sondern genug anderes zu tun hätte, und ich lachte, denn ich hatte mir schon viele Gedanken über die Vergangenheit gemacht, aber auf diesen war ich noch nie gekommen, und ich antwortete, dass ich aber nicht warten würde, bis sich die Vergangenheit um mich kümmern könne, denn auch ich hätte genug anderes zu tun, und diesmal lachte Mattheo.

Die Hochzeitsgäste standen im Hof, und in der Mitte standen Isabelle und ihr Mann, und alles war gut. Ich ging in die Sala Terrena, in der es dunkel war und kühl, und die Mosaikfresken lagen fast unsichtbar im Dunkel. Ich ging weiter durch einen Seiteneingang und in die breiten Gänge des Erdgeschosses, vorbei an der Wand, wo früher der Stammbaum gehangen hatte, die Tür zu den Kellern war vernagelt, und auf dem Holz hatte man ein Betreten-verboten-Schild angebracht, und ich ging an der Kapelle vorbei und ins Casino, und ich stellte mich an das große Fenster. Der Schlossgarten wucherte, das Schwimmbad war ausgelassen, und ein altes sattelloses Fahrrad lag darin.

Ich zündete mir eine Zigarette an, warf die leere Packung in den Raum und blies den Rauch gegen die Fensterscheibe. Ich ging durch den Vogelgang und in die hinteren Zimmer und in das Sterbezimmer meines Großvaters, und überall war Leere und Stille, und ich rauchte und blies den Rauch durch den Raum und dachte, dass so ein Schloss nur dann Sinn machte, wenn es einen Großvater dazu gab.

Im Festsaal wurde schon für das Fest gearbeitet, und da waren weiß und hellblau dekorierte Tische und riesige Kerzen standen an den Wänden, und jemand sagte, dass diese Situation eigentlich unmöglich wäre, denn immerhin würden Leichen im Keller liegen, und jemand antwortete, dass solange das Geld stimme, man hier arbeiten würde, und die Freskengesichter blickten auf mich herab.

Ich ging weiter und durch die Ahnengalerie, und alle Bilder waren abgehängt und weggebracht worden, meine

Schritte hallten durch den breiten Gang, und die Wände waren dort heller, wo die großen Ahnenbilder gehangen hatten, und das Helle setzte sich vom Dunklen ab und wirkte, als würde es einen Zentimeter vor der Wand schweben. Ich wusste noch genau, welches Bild wo gehangen hatte, und ich betrachtete die helle und rechteckige Stelle, vor der ich vor Jahren mit Otto gestanden und das Bild mit dem goldenen Schlüssel betrachtet hatte. Ich griff mir an die Brust und war froh, dass ich meine eigenen Sorgen hatte und mich nicht gemeinsam mit den Hochzeitsgästen für meine Schwester und ihren dicken, großen Mann freuen musste, denn so eine Hochzeit, fand ich, war auch nur ein Zeittotschlagen und ein stumpfsinniges Dabeisein und Zuschauen, und dazwischen hatte Mutter ein wenig geschluchzt, und Großmutter hatte ihren Finger in den Rücken meines Bruders gedrückt, damit der gerade sitzen blieb, und meine Schwester und ihr Mann hatten »Ja« gesagt, und ich hatte »Nein« gedacht.

Es war still, und nichts deutete auf einen Tatort hin, und das Helle an der Wand begann zu flimmern, und das Dunkle verschwand im Hintergrund, und ich konzentrierte mich auf das Flimmern und auf die wässrigen Fäden und Blasen, die das Helle durchzogen. Meine Augen tränten, und jemand sagte, dass ich nach Mottenkugeln rieche, und ich antwortete, dass meine ganze Kindheit nach Mottenkugeln stinken würde.

Otto stand hinter mir, und sein Bart war grau. Er umarmte mich und sagte: »Schön dich wiederzusehen.«

»Danke«, antwortete ich, und wir standen vor der leeren Wand. Otto fragte mich, ob ich mich an damals erinnern könne, als wir vor dem Bild gestanden hatten, und natürlich erinnerte ich mich, denn es war das einzige Mal gewesen, dass wir beide hier gestanden hatten.

»Und kannst du dich erinnern, was ich dir damals gesagt habe?«, fragte Otto.

»Alles kehrt wieder«, sagte ich.

»Richtig«, sagte Otto, und wir schwiegen, und ich dachte, dass die Dinge nicht wiederkehren würden, sondern dass sie immer da waren und auf Abruf sichtbar und greifbar wurden, dass mein Leben das Ausblenden des Ganzen und das Einblenden eines Teils war, und diese Ausblendung passierte nur zu meiner Erleichterung, denn der Teil war kompliziert genug.

»Was sagst du zu dem Leichenfund?«, fragte ich.

»Für mich ergibt das alles einen Sinn«, antwortete Otto, und wir standen, und Otto legte seine Hand in mein Genick, und er drückte kurz zu.

»Ich hab den Schlüssel«, sagte ich.

»Ja«, sagte Otto.

»Großvater hat ihn mir kurz vor seinem Tod gegeben«, sagte ich.

»Das ist jetzt alles egal«, sagte Otto, und wir gingen durch die Ahnengalerie und durch die Goldenen Zimmer, und Otto sagte, dass der Fund dieser Leichen nur gut sei, und der Verkauf des Schlosses auch, und überhaupt sei alles nur gut, denn sein Leben wäre dadurch wieder auf null gesetzt worden, und wahrscheinlich, dachte ich, fand Otto auch den Selbstmord meines Vater gut, und sagte es nur mir zuliebe nicht, und ich dachte weiter, dass mein Leben noch weit unter null stattfand, und der Nullpunkt war noch lange nicht in Sicht.

»Wie ist es in Berlin?«, fragte Otto.

»Gut«, sagte ich.

»Schön«, sagte Otto, und ich erzählte von meinem Leben in Berlin, und während ich erzählte, überlegte ich, dass Mattheo meinem Onkel sehr ähnlich war, denn auch Mattheo hatte diesen dunklen Blick, der leuchtete, wenn er über das Leben sprach. Außerdem waren Otto und Mattheo fast gleich alt, und da war auch der Bart und die Ruhe und diese Ernsthaftigkeit, die ich an Otto schon als Kind so bewundert hatte, und ich erzählte, dass ich als Kellner arbeiten und gemeinsam mit einem Freund leben würde und ich sagte, dass dieser Freund nur fünf Jahre jünger als er sei, und dieser Freund wäre eigentlich mein Freund, und jetzt hatte ich es gesagt. Otto schwieg und fragte dann, ob ich denn glücklich sei, und jetzt schwieg ich, denn das Glück war für mich wie die Katastrophennachrichten aus der Zeitung, und fast immer war ich nicht betroffen.

»Ich weiß nicht«, sagte ich, und wir gingen durch das ehemalige Donaumuseum, die Zimmer und Säle waren leergeräumt, und Gerüste standen an den Wänden, der Verputz war teilweise entfernt worden, und darunter kamen Fresken zum Vorschein, und Otto sagte: »Siehst du«, und ich nickte, denn ich verstand, warum Otto den Schlossverkauf und den Leichenfund und überhaupt alles nur gut fand, doch jeder, überlegte ich, hatte eben seinen eigenen Nullpunkt.

Mattheo sagte gestern unter der Kastanie, dass sich nämlich die Vergangenheit die meiste Zeit um sich selbst kümmere, dass sie sich selbst freilege und befreie, und alles würde irgendwann einmal gut und auch schön werden.

»Aber es ist mir egal, ob mein Leben gut und schön wird, oder nicht«, sagte ich.

»Und um was geht es dir dann im Leben?«, fragte Mattheo, und ich spürte seinen geruchlosen Atem in meinem Gesicht, und ich sagte, dass ich das noch nicht so genau wisse, und dass ich mein Leben vielleicht als eine Möglichkeit sehe, die aus einem riesigen Möglichkeitenraum gefallen wäre, und dass mein Leben diese unausweichliche Möglichkeit, nämlich die Möglichkeit Paul Lichtenperg, also ich selbst, zu sein sei, und dass »gut und schön« nicht zählen würden, denn das wären Begriffe aus einer konkreten Möglichkeitenwelt, mich aber fasziniere das Gut und das Schön in der vorkonkreten Möglichkeitenwelt, aus der ich vor zwanzig Jahren herausgefallen sei, und aus der immer neue Dinge fallen, aber eigentlich, sagte ich, würde ich mich nur noch über mich selbst wundern.

»Ich frage mich zum Beispiel«, sagte ich, »warum erstens eine Hose in der Auslage hängt, und ich zweitens ins Geschäft gehe, diese Hose drittens kaufe und viertens sie später auch noch anziehe, und fünftens frage ich mich, wie genau das in meiner Vorwelt aussehen würde?«

»Aber du hast dir sechstens noch nie eine Hose gekauft«, sagte Mattheo, und wir lachten.

»Und genauso fallen die Dinge wieder zurück«, sagte ich dann, »denn würde ich die Hose drittens nicht kaufen, wäre diese Möglichkeit vergangen und würde viertens wieder in den großen Möglichkeitenraum zurückfallen.«

Am nächsten Morgen begleitete mich Mattheo zum Flughafen und küsste mich zum Abschied, und er sagte, dass ich mich doch endlich von meiner blödsinnigen Kindheit lösen und diesen idiotischen Brief öffnen solle.

Otto und ich gingen weiter und hinauf in den zweiten Stock und durch die Gänge, und alles war verstaubt und brüchig, und Tauben flatterten durch die Räume. Geweihe und löchrige Tierfelle und einige von Vaters Büchern lagen auf den Böden herum, über die Fenster krochen Insekten, und Spinnweben hingen in den Ecken und unter den Decken.

»Das wird alles neu«, sagte Otto.

Wir stellten uns an ein Fenster und blickten hinunter in den Hof, wo die Hochzeitsgäste noch standen, und es wurden Fotos gemacht, und Mutter lief in ihrem gelben Kleid von einer Seite zur anderen, und Isabelle und ihr Mann posierten für die Fotografen, und ich war froh, hier oben zu sein, und ich war auch froh, dass Otto meine Beziehung zu Mattheo unkommentiert gelassen hatte.

»Weißt du, wo dieser Keller ist?«, fragte ich.

»Nein«, sagte Otto, »und ich bin auch froh darüber.«

»Warum?«, fragte ich.

»Weil das nichts mehr mit mir zu tun hat, und ich nicht will, dass es wieder dazu kommt«, sagte Otto, und im Hof löste sich die Gruppe auf, und die Hochzeitsgäste schlenderten durch das Schlosstor. Isabelle blieb mit ihrem Mann zurück, und die beiden küssten und umarmten sich, und dann gingen auch sie, und ich blickte ihnen nach, bis sie in der Einfahrt verschwanden.

»Hast du eine Zigarette?«, fragte ich.

»Ich rauche nicht mehr«, antwortete Otto.

»Meine Familie ist mir egal«, sagte ich.

»Das vergeht«, antwortete Otto, und wir gingen die Stiegen wieder ins Erdgeschoß, und durch die Einfahrt und die

Kastanienallee entlang, und auf dem Parkplatz vor unserem Haus sagte Otto, dass er jetzt leider abreisen müsse und am Abend nicht hier sein würde, denn er fliege heute nach Kolumbien.

»Nein!«, sagte ich, und Otto umarmte mich und sagte, ich solle auf mich aufpassen, und irgendetwas in mir verlor den Halt, und Tränen liefen mir über die Wangen, und Otto sagte, dass ich ihn an ihn selbst erinnere, als er noch jung war.

»Obwohl du noch immer keinen richtigen Bartwuchs hast«, sagte Otto und löste sich von mir, stieg in ein Auto und hob den Arm zum Abschied. Er winkte durch die Scheibe, und hätte ich gewusst, dass ich Otto sehr lange nicht sehen würde, hätte ich ihm noch gesagt, dass ich den Selbstmord meines Vaters auch gut fände, denn er hätte mich meinem Nullpunkt nähergebracht.

5

Der Festsaal war von hunderten Kerzen beleuchtet. Ich trank Wein in großen Schlucken, und die Gesichter schienen im Kerzenschein gelb und rötlich, und sie wurden dunkel und schattig, wenn jemand den Festsaal betrat oder verließ, und Wind über die Tische und die Kerzen wehte. Ich beteiligte mich nicht an den Gesprächen der Tischmenschen, denn ich war damit beschäftigt, gerade sitzen zu bleiben und nicht auf die Tischplatte zu kippen, denn ich hatte schon während des Essens viel getrunken, und der DJ hatte angefangen, seine Musik zu spielen, und die Freskengesichter blickten hoch über mir aus dem Schatten auf mich herab.

Die Gespräche erreichten mich in Bruchstücken, und die Musik und das Licht und die Menschen und ihre Blicke und die ganze Welt erreichten mich in Bruchstücken.

Mir gegenüber saßen zwei Männer, deren Namen ich mir gemerkt hatte, der linke hieß Franziskus Karpfenbrauer und hatte einen gestutzten Dreitagesbart, und der rechte hieß Andreus von Maibach. Sie besprachen das Erweiterungsprojekt einer Firma, bei der offenbar beide angestellt waren, und der Linke zog seine Worte beschwichtigend und affektiert, wie ich fand, in die Länge, als würde er mit einem Hund reden, überlegte ich, und sein Blick war unstet und wirkte ängstlich, denn vielleicht hatte er Angst vom Rechten gebissen zu werden. Plötzlich stritten die zwei, und die hübsche Frau zwischen ihnen hatte ihre Hand auf der Hand des Linken und schwieg und sah mich an, und der rechte Mensch bezeichnete sich als einen diplomatischen Freigeist, und er wiederholte diese Selbsteinschätzung immer wieder, und der Linke sagte zum Rechten, dass er kein diplomatischer Freigeist, sondern ein charakterloser Spießer und überhaupt ein kleiner Zwerg sei, und der Rechte antwortete, dass es besser wäre, ein charakterloser Spießer zu sein, als ein hirnloser, hinterhältiger Hasenfuß, und ich murmelte, dass weder das eine noch das andere günstig oder besser wäre. Die beiden Männer einigten sich dann darauf, dass sowohl der eine wie auch der andere ihre Leben als Hampelmänner und Kleinstbürger beenden würden, und das Ganze wurde mir zu blöd und zu kompliziert, denn der Streit wallte erneut auf, und ich war nur froh, morgen in keines dieser zwei Leben zurückkehren zu müssen.

Die hübsche Frau an der Seite des Linken tat mir leid, und sie sagte, dass es vielleicht an der Zeit wäre, das Thema zu wechseln. Sie hatte die Hand immer noch auf der Hand des Linken, und ich goss mir Wein nach und leerte das Glas in einem Zug.

»Ich habe gedacht, es kommen keine Deppen«, murmelte ich.

»Du trinkst aber viel«, sagte die Frau links neben mir. Ihr Dekolleté war tief und ihr Busen groß.

»Rauchen kann ich auch gut«, antwortete ich.

»Ich auch«, sagte die Frau auf der anderen Seite und zündete sich eine Zigarette an.

Irgendwo saßen meine Geschwister, und irgendwo saß meine Mutter, und irgendwo saß Isabelle und war glücklich, und ich blickte in den Saal, und der Saal bog sich in die Tiefe, und die Gesichter der zweihundertvierundfünfzig Menschen bogen sich über die Tische und die Kerzen, und das Licht begann mich zu blenden.

»Du bist der Bruder, oder?«, fragte die Rechte und blies Rauch in mein Gesicht.

»Nein«, sagte ich.

»Aber da steht doch dein Name«, sagte die Rechte und zeigte auf die Tischkarte auf meinem Platz.

Ich stand von meinem Platz auf und ging auf den Balkon, wo eine Bar aufgebaut worden war. Ich schloss die Festsaaltür und blickte in den Schlosshof, die Fassaden wurden von Scheinwerfern angeleuchtet, und der Hof war unbeleuchtet und schwarz und bodenlos, die Musik kam dumpf aus dem Saal, und an der Bar stand ein kleiner Mann mit rundem und aufgeblähtem Gesicht, und er lächelte, als er mich sah und sagte: »Hallo Paul«, und es war Henry aus dem Flugzeug.

»Was machst du hier?«, fragte ich, und er hob sein Glas und sagte: »Ich trinke.«

»Ich auch«, sagte ich und bestellte einen Wodka an der Bar, und Henry und ich stellten uns an die Brüstung, und wir standen nur da und sprachen nichts. Ich schloss die Augen, und in meinem Kopf begannen sich die Dinge zu drehen, und der Tag und mein Traum im Gasthof wirbelten durch meinen Kopf, und die Bilder waren grell und plötzlich, und das alles war so wirklich und unmöglich. Ich fühlte die Luft in meinem Gesicht und ich fühlte den Boden unter meinen Füßen, und meine Finger waren leicht gespreizt, und meine Nase ragte für mich unsichtbar aus meinem Gesicht, und das Herz schlug, und die Knie wurden schwach. Aus dem Festsaal hörte ich Gespräche und Gelächter und Gläserklirren, und ich fragte mich, wie all das in diesen einen Augenblick passen konnte, denn es hörte nicht auf, und ich fühlte das Ende meines Körpers, dort wo der Rest auf mich traf und sich in die Weite zog, und an Henry vorbei und über die Schlossdächer in die Nacht und über die Donau und weit weg, und ich knickte kurz ein und öffnete die Augen. Henry blickte in den Hof, und aus seinem Mund lief Speichel.

»Mein bester Freund ist eine Leiche und liegt in der Au«, sagte ich.

»Und meiner ist ein Musiker und lebt in Malibu«, sagte Henry, und er klang traurig und betrunken, und ich dachte, dass Freunde eben verschieden waren, denn der eine war ein Musiker in Malibu, und der andere war eine Leiche in der Au, doch meiner war heute zumindest nicht weit entfernt, und wir standen an der Brüstung und schwiegen.

Da war etwas, das mich mit Henry verband, denn neben ihm zu stehen und zu schweigen war so ungewollt und unsinnig, am Nachthimmel leuchteten Sterne, und neben Henry zu stehen, war auch so einsam und vertraut, und kein Wind wehte, und wir tranken an unseren Getränken, und ich leerte mein Glas und warf es in den Hof. Neben Henry zu stehen und zu trinken war so unaufregend und gleichgültig, als würde irgendwo eine Sternschnuppe unverglüht vom Himmel fallen.

»Wie heißt dein Freund?«, fragte Henry.

»Paul Sparschwein«, sagte ich, und Henry lachte, und ich lachte auch, denn wie, überlegte ich, konnte man nur so heißen.

»Warum bist du hier?«, fragte ich.

»Ich habe mit Helmut in New York studiert, und dort sind wir gute Freunde geworden«, antwortete Henry.

»Wer ist Helmut?«, fragte ich.

»Der Bräutigam«, antwortete Henry.

»Und seine Frau ist meine Schwester«, sagte ich.

»Es ist schön hier«, sagte Henry und kippte zur Seite und kippte auf mich, und wir fielen zu Boden.

»Ich finde es auch schön hier«, sagte ich, und wir lachten und blieben liegen.

»Und warum ist dein bester Freund tot?«, fragte Henry.

»Das weiß ich nicht, das weiß ich nicht, das weiß nicht einmal Paul«, sagte ich, und Henry versuchte zu sprechen und zu antworten, doch es kamen nur noch gestammelte Wortfetzen aus seinem Mund, und dazwischen kicherte er, und ich blickte in den Himmel, und der Himmel drehte sich, und die Fassade schwankte, und die Gesichter der römischen

Kaiser verzogen sich, alles verschwamm, und Henry sagte »Paul Sparschwein« und kicherte, der Barmann lehnte sich über die Ausschank und schüttelte den Kopf und grinste, und die Frage war, was es hier zu grinsen gab.

Der Steinboden des Balkons war weich und warm, und meine Beine waren irgendwo, und um meinen Hals hingen der Schlüssel meines Großvaters und der Knochenfinger meines besten Freundes Paul Sparschwein, und neben mir lag Henry.

Ich wälzte mich über den Steinboden und zog mich an der Brüstung hoch, und ich ging und ließ Henry auf dem Boden liegen, und er stammelte und kicherte vor sich hin, und ich ging die Stufen hinunter in den Hof und setzte einen Fuß vor den anderen, und jeder Schritt war ein fester Vorsatz, und unter meinen Schritten knirschte der Kies, und über mir sackte der Himmel zusammen und blähte sich wieder zu seiner vollen und dunklen Größe auf, und ich stellte mich unter das Tor und den Durchgang. Mein Atem ging leicht und schnell. Im Durchgang hingen noch immer Hirschgeweihe und Rehbockgeweihe aus der Zeit meines Großvaters, und eine erloschene Laterne hing von der Decke. Ich ging über die Brücke. An den Geländern brannten Fackeln, und sie warfen ihr Licht und meinen Schatten über den Weg, und ich ging weiter und wankte durch den äußeren Durchgang aus römischen Mauern, und es wurde finster, und aus dem Kiesboden wurde Asphalt, und die Luft wurde kühler, und der Himmel wurde weit, und der Himmel und die Sterne wurden zur letzten Andeutung dieser Nacht.

Der Weg führte steil bergab an den Weinkellern der Bauern vorbei, und ich fiel auf meine Knie, und irgendwo riss mein Anzug, der Weg drehte und flachte ab, und aus dem Asphalt wurde Schotter, und aus dem Schotter wurde Erde, und ich hatte keine Ahnung mehr, woher ich gekommen war, und ich wusste weder von der Hochzeit noch von Henry und dem grinsenden Barmann. Ein Licht blinkte am Himmel, und es verschwamm und löste sich auf, und ich stolperte und fiel auf meine Hände, und meine Ellbogen gaben nach, und mein Gesicht landete auf der Erde, und ich wusste nur noch, dass ich heute keinen Schmerz fühlte, und ich hörte die Büsche und Sträucher am Wegrand stehen, und ich hörte ein Flugzeug im Landeanflug oder Überflug, und ich hörte den dumpfen Bass einer Musik.

Ich erinnerte mich an die Blicke meiner Geschwister und meiner Mutter, und ich schmeckte trockene Erde, und ich erinnerte mich an den Nachmittag zwischen Hochzeit und Fest, und da waren diese Blicke meiner Geschwister und meiner Mutter, und das Herbstlicht war so klar gewesen, und das Herbstlicht hatte den Garten entzaubert und entwirrt. Der Garten war plötzlich nur ein Ort voller Kindheitsverstecke und Aussichtsäste und ehemaliger Sandgruben und unreifer Kirschen geworden, und meine Geschwister waren nur noch langjährige Zufallsbekanntschaften gewesen und der Blick meiner Mutter nur noch eine Anspielung auf eine Zeit, in der dieser Blick mein Ein und Alles war.

Ich war heute Nachmittag in diesem Garten gestanden, und der Anzug hatte zu jucken begonnen, und ich schluckte trockene Erde und schmeckte Blut, und ich rappelte mich hoch, und der Weg wurde uneben und tückisch. Ich fiel und stand auf, und der Anzug riss weiter, und unser Hund hatte heute Nachmittag im Garten gelegen, unter der Weide, und er hatte seinen Kopf nur kurz gehoben und mit seinem Schwanz nur kurz gewedelt, als er mich gesehen hatte.

Der Weg führte rechts ab, vor mir lag noch dunkler und kühler als die Nacht der Wald, und je kühler, desto besser, dachte ich, und das Dunkelste war mir gerade dunkel genug, dachte ich auch, und ich ging direkt in den Wald, und es wurde kalt.

Ich erinnerte mich jetzt, dass ich und meine Geschwister uns bei der Weide zu einem Hochzeitsfamilienfoto zusammengestellt hatten und irgendein Fotograf hatte fotografiert, und er hatte gesagt, dass er selten so eine hübsche Familie gesehen hätte, und ich hatte gedacht, dass das Bild wieder nur an der Klowand enden würde, so wie alle Kinderbilder nur an der Klowand geendet hatten.

Ich schob die Äste von mir weg, und dieser Wald, überlegte ich, war ein Raum für sich, und die Äste schlugen zurück und peitschten mir übers Gesicht. Dieser Wald, dachte ich, mochte keine Fremden, und ich stolperte durch das Dickicht, und mein Weg war geradeaus und eisern, und er war nur Wurzeln und Schlingpflanzen, und dieser Wald war ein Hinterhalt, denn er griff nach mir und zog mich tief in seine Ecken und Winkel, wo ich einmal schon gewesen war, als mich Onkel Johannes mit den Worten »Als Stammhalter der Familie musst du dich beweisen« zurückgelassen hatte, und ich schlug mich weiter durch das Holz, und ich strauchelte und fiel auf den Boden, und der Boden fing mich auf, und der Wald legte sich über mich, und ich grub die Finger in die Erde, und irgendetwas verhakte sich in meiner Wange. Eine Eule heulte, und Fledermäuse oder andere Nachtflieger flatterten über mich hinweg, und ich atmete und atmete, und es wurde dunkel, wie noch nie zuvor, und der Boden war hart getreten. Mein Kopf wurde schwer, und das Heulen der Eule wurde zu einem langen Ton, und es klang, als würde jemand eine Jagdtrompete blasen, und plötzlich war ich wieder in meinem Traum aus dem Gasthaus, und die Wände des Gangs waren feuchte Erde.

Das Licht der Fackel hüllte mich ein, und es war, als würde ich eingeschlossen in einer Lichtkugel durch diesen Gang gehen, und hinter mir fiel eine Holztür zu. Mit der Fackel in der Hand ging ich den Gang entlang. Pfeile, die in verschiedene Richtungen deuteten, und verschiedene Kreuze waren in die Wand geritzt worden, von der Decke baumelte ein Schild mit der Aufschrift »Eltern haften für ihre Rinder«, und in meiner Hosentasche lag der Golfball meines Vaters.

Die Luft roch schlammig. Das Jagdhorn spielte die Melodie, die an Großvaters Begräbnis gespielt worden war und die damals so schleppend und traurig gewesen war und jetzt so leicht und verlockend klang. Es zog mich zu dieser Melodie und zu diesem Jagdhorn, und ich ging weiter, und da waren verschlossene Türen, an denen ich vorbeiging, und an denen Türglocken und Türschilder angebracht waren, und ich las »Vater Unser« an einem Schild, und ich läutete, doch niemand öffnete, und ich ging weiter und las »Weltzeituhr« und eine Tür weiter »Ressortleitung«, und plötzlich erlosch die Fackel.

Ich blieb stehen. Der Gang war schulterbreit. Die Begräbnismelodie war weit entfernt, und ich dachte plötzlich an Petar, der im Gasthaus saß und niemals Angst vor der Dunkelheit gehabt hatte, und der immer gesagt hatte, dass er sich halbseitig an die Dunkelheit gewöhnt hätte, und er hatte auf seine Augenklappe gezeigt, und ich hatte geantwortet, dass er sich aber gleichzeitig auch halbseitig an Bäume und andere Hindernisse gewöhnt hätte.

Ich ging ein paar Schritte durch den Gang, und der Gang fiel ab, und ich dachte noch ein letztes Mal an Petar, der im Gasthof saß, bei seinem Tee, und an seine schwarzen, schulterlangen Haare, und vielleicht sollte ich zurückkehren, vorbei am Sarg meines Vaters, und die Stufen hinauf und aus der Kapelle zurück ins Gasthaus, und ich würde Petar sagen, dass wir uns morgen nicht würden treffen können, denn ich müsse noch weiter zurückkehren, mit dem Zug und dem Flugzeug in Mattheos Arme, und ich würde Mattheo sagen, dass ich ihn nicht liebe, und dass ich nicht mehr wiederkommen würde, denn ich müsse zu Hause und irgendwo in meiner Kindheit meinen Nullpunkt wiederfinden, und wahrscheinlich würde ich noch viel weiter zurückkehren müssen, durch meine Schulzeit und durch die vielen Tage in Carnuntum, bis zu jenem Tag, an dem ich Petar zu meinem Großvater mitgenommen und meinen besten Freund in den Donauauen gefunden hatte.

Ich müsste sehr weit zurückkehren, um den Schalter umzulegen, überlegte ich, und ich machte kehrt, doch der Gang wurde steil und rutschig, und ich schlitterte, und meine Finger rutschten an den Wänden ab, und ich schlitterte tief und lange, und dann war da plötzlich eine markierte und blinkende Landebahn, wie ich sie von Flughäfen kannte, und ich landete weich, und da war eine Tür.

Der goldene Schlüssel passte, und ich öffnete die Tür und betrat einen hohen und fensterlosen Freskensaal, in dem bis zur Hüfte in Menschenknochen mein Großvater stand. Er hielt eine Jagdtrompete in der Hand und lachte, als er mich sah, und er rief: »Willkommen in den Kellern«, und seine Augen leuchteten, und Großvater fragte, warum ich denn so lange gebraucht hätte, doch ich konnte nicht antworteten, denn mein Mund war voller Erde, und dann blies er auf seiner Trompete, und er blies nur einen einzigen Ton.

Ich hörte das Signalhorn eines Donauschiffes, und dann verstummte es. Es dämmert in grauem und blauem Licht, und ein dünner Nebel zog durch die Bäume.

Mein Körper schmerzte, und da war das Rauschen der Donau, und jeder Gedanke war ein Schrei nach Hilfe. Ich wälzte mich über den Boden, meine Hände waren blutig, und der Anzug war zerrissen.

Ich stemmte mich auf alle viere und kroch dem Rauschen entgegen. Jeder Schritt tat weh, und jeder Gedanke nach Hilfe verfehlte das Ziel. Der dünne Nebel lichtete sich, sobald ich näherkam, und so war das eben mit dem Nebel und der Vergangenheit, überlegte ich, während ich weiterkroch und das Rauschen näherkam und das Licht heller wurde. Der Wald tauchte aus dem Nebel, als würde er sich mit jedem meiner Schritte selbst aus dem Nichts in die Wirklichkeit porträtieren, überlegte ich, und nur für mich. Und nur für mich war dieser Wald und das Rauschen dahinter, und dieser Weg und dieser Mund voll Blut und Erde, und ich kroch weiter. Vor mir lag die Donau, und über breiten feinen Wolken lag der Himmel.

Dort drüben stieg die Sonne über den Horizont, und am anderen Ende der Dämmerung, ein paar hundert Meter rechts von mir verweste Paul Sparschwein am Ufer. Gegenüber sah ich den Fischer gebückt den Fluss stromaufwärts gehen. Ich stand auf. Meine Schuhe hatte ich verloren, und ich humpelte beidseitig.

»Einen wunderschönen guten Morgen wünsche ich dir«, sagte Paul.

»Na ja«, sagte ich, und ich hatte das Gefühl, als hätte ich schon lange nicht mehr mit jemandem gesprochen.

»Schon lange nicht gesehen«, sagte Paul.

»Ja, schon lange nicht gesehen«, sagte ich.

Ich setzte mich auf die Steine und streckte die Beine von mir.

»Keine große Aufregung wegen der Leichen, was?«, fragte Paul.

»Irgendwie ist es jedem egal«, sagte ich.

»Das dachte ich mir«, sagte Paul.

»Im Traum war ich in den Kellern«, sagte ich.

»In Wirklichkeit wirst du sie nie finden«, sagte Paul, und ich griff mir an die blutigen Knie und dachte, dass ich in Wirklichkeit gar kein Interesse mehr an den Kellern und den Leichen hatte, dass das alles in eine andere Vergangenheit eingehen würde, und nicht in meine.

Der Fischer hatte seinen Platz gefunden und setzte sich. Er legte seinen Rucksack neben sich auf den Boden und begann, ihn langsam auszupacken.

»Was ist der Unterschied zwischen dem Tod?«, fragte Paul, und seine Stimme war plötzlich leise und klang dünn.

»Weiß ich nicht«, sagte ich.

»Umso früher, desto länger«, sagte Paul.

Der Fischer packte seine Angel aus und steckte sie zusammen.

»Viel ist nicht mehr von dir da«, sagte ich.

»Warst du im Krieg?«, fragte Paul.

»Ich war auf der Hochzeit meiner Schwester«, antwortete ich und blickte an mir herab. Mein Hemd war zerrissen, und der Schlüssel und Pauls Finger baumelten von meinem Hals. Meine Brust war erdig.

»Was machst du hier?«, fragte Paul. Sein Schädel hatte sich fast aufgelöst, ein paar Zähne lagen zwischen den Steinen.

»Ich will mit dir den Brief von Vater lesen«, sagte ich.

Das Wasser der Donau schimmerte weißlich im Morgenlicht, die nicht mehr grüne Boje schwamm zwischen mir und dem Fischer und markierte die unsichtbare Linie zwischen Schifffahrtsspur und dem Rest der Donau. Dahinter stand der Kirchturm, spitz und einsam.

»Vorher will ich dir noch etwas sagen«, sagte Paul, »denn ich weiß nicht, wie lange ich es noch mache.«

»Muss komisch sein, zweimal zu sterben«, sagte ich, und ich sagte, dass ich traurig wäre, wenn es ihn nicht mehr gebe, und Paul sagte nichts, und ich sah über meine Fußspitzen das Ufer hinunter, wo die Donau gegen die Steine schwappte und wo das Treibholz feststeckte. Ich sah an die Stelle, wo Jackie gelegen hatte, bevor er vom Wasser fortgeschwemmt worden war, und von wo aus ich in den Fluss gesprungen war, um ihn zu retten.

»Am 1. August 1976«, begann Paul dann, »um circa kurz vor fünf, im Augenblick des Reichsbrückeneinsturzes, bin ich mit dem Auto über die Brücke gefahren und mit den einstürzenden Trümmern in der Donau versunken«, erzählte Paul, »vor ein paar Tagen ist mir alles wieder eingefallen.«

»Das ist ungefähr meine Geburtszeit«, sagte ich.

»Ich weiß, ich weiß«, sagte Paul«, »das alles kann kein Zufall sein«, sagte Paul weiter, und seine Stimme wurde noch leiser und noch dünner, und er sagte, dass das Schicksal sein müsse, höhere Macht, die uns hier zusammengebracht hätte, und ich dachte, dass zwischen Schicksal und Zufall kein Unterschied sei, denn zu beiden gab es keine Alternative, und von beiden gab es immer nur die eintretende Wirklichkeit. Es war nur Haarspalterei und eigentlich gleichgültig, wie man das Eintretende nannte, überlegte ich, und Paul Sparschwein sagte, dass er über die Zeit viel hätte nachdenken können. Er sei zu dem Entschluss gekommen, dass erstens täglich Wetterverhältnisse herrschen würden, und dass zweitens Seelen wandern könnten. Ich fragte, ob es denn auch Wanderkarten für Seelen gebe, und wenn ja, wo man die bekommen könnte, denn sicher sei sicher, sagte ich, und ich fragte Paul, ob Seelen auch bei Nichtwetter wandern würden, doch ich dachte, dass ich von Seelen rein gar nichts hielt, und von Wanderungen noch viel weniger.

Ein Schiff kam stromaufwärts geschwommen, und der Fischer zog an seiner Angel, und die Angel bog sich.

»Ich merk schon, das ist jetzt nichts für dich«, sagte Paul.

»Ja, Gott sei Dank«, sagte ich.

Die Sonne war jetzt aufgegangen, eine Fliege schwirrte um mein Knie, landete und kroch über das trocknende Blut. Die Sonne stieg schnell und rot über die Landschaft und über den Fluss.

»Dennoch bitte ich dich, deine Seele gut zu pflegen«, sagte Paul, und ich überlegte, wie man sich so eine Seelenpflege vorstellen solle, und überhaupt fragte ich mich, was Paul in den letzten sechzehn Monaten so erlebt hatte, dass er hier kurz vor seinem zweiten und wahrscheinlich endgültigen Tod die Nerven verlor und mir seine Seele unterjubeln wollte.

»Ja, ja«, sagte ich.

»Und jetzt zu deinem Vater«, sagte Paul und kicherte, und er kicherte und begann zu lachen.

»Was ist so komisch?«, fragte ich.

»Noch nichts«, sagte Paul.

»Sehr komisch«, sagte ich und zog den Umschlag aus meinem zerfetzten Sakko und hielt ihn gegen den Himmel und die Morgensonne, und Vaters Briefbeschriftung war fast verblichen, und der Brief war zerknittert und braun.

»Was glaubst du?«, fragte ich.

»Wir werden alle enttäuscht sein«, sagte Paul, und ich öffnete den Brief und holte die Zettel aus dem Umschlag, und es waren zwei handgeschriebene Seiten.

»Warum, glaubst du, habe ich ihn so lange nicht geöffnet?«, fragte ich und begann zu lesen.

Mein lieber Sohn Paul, las ich und irgendetwas schmerzte, und aus der Handschrift meines Vaters hörte ich seine Stimme, und die Stimme war sanft und tief, wie immer, wenn er vorlas oder erzählte, und aus seiner Stimme stieg sein Gesicht, und das Gesicht war dunkel und rund und nahe, und dann verschwand es wieder, und ich kniff die Augen zusammen und las weiter:

Wenn du diesen Brief liest, bin ich schon tot. Hoffentlich!

Ich möchte dir von einem Traum erzählen, der mich seit Langem quält: Ich stehe am ersten Abschlag von Saint Andrews. Das Turnier heißt British Open und mein Flightpartner ist Tom Watson, der fünffache British-Open-Sieger. Er trägt eine Ritterrüstung, was aber nur mir auffällt. Mit Ritterrüstung Golf spielen ist so wie mit einem Golfschläger in den Krieg ziehen, denk ich mir in diesem Traum dann immer. Egal. Tom schlägt seinen Ball hunderte Meter über den Platz, ich sehe ihn nicht landen, doch das Publikum klatscht und kreischt, und Tom klappt sein Visier hoch. Der Starter, John McNeill, jener Mann, der die Spieler aufruft und dem Publikum vorstellt, sagt: »On the tee, from Austria, Örnst Liktenbörg.« Alle Augen richten sich auf mich. Es kommt mir vor, als würde ich diese Menschen kennen.

»Eigentlich heiße ich Ernst Lichtenperg«, sage ich, verbeuge mich und das Publikum lacht mich aus. Mir fällt auf, dass ich karierte Gummistiefel trage, auf deren Spitzen violette Plüschbommeln kleben, doch das Einzige, was ich mir in diesem Moment immer denke, ist, dass beim Bäcker um die Ecke wenigstens das Brot frisch ist.

Seltsam, denn ich esse eigentlich nur Semmeln.

Ich mache dann Probeschwünge, und jemand ruft meinen Namen: »Örnst!«

»Eigentlich heiße ich Ernst«, antworte ich und blicke ins Publikum.

Dort steht die komplette Familie. Der Feldmarschall zum Beispiel. Er sitzt auf seinem Pferd und putzt sich die Zähne. Dort stehen deine Mutter, meine Geschwister, meine Eltern, Großeltern und Urgroßeltern und tausende Vorfahren und Lichtenpergs mehr. Alle halten Transparente in die Luft. Sie wollen mir etwas mitteilen.

Auf dem Transparent deiner Mutter steht zum Beispiel: »Ich will kein Kind von dir!« Zu spät, denke ich dann insgeheim. Auf dem Transparent des Feldmarschalls steht: »Ich führe keine Kriege mehr«, dein Großvater: »Alles Gute kommt von oben«, und so weiter. Tausende Transparente mit sinnlosen Sätzen wie: »Bitte links gehen«, oder »Wegen Gesundheit geöffnet«, oder »Bitte nicht aus dem Fenster lehnen« und ganz hinten steht unser Urahn, Paulus Pernhardus von Lichtenperg, und auf seinem Transparent steht: »Leider bin ich im Moment nicht zu erreichen, aber bitte hinterlassen Sie eine Nachricht nach dem Pfeifton«, und kleingedruckt darunter: »Überlass das Spielen deinem Sohn Paul.«

Am Ende des Traums sehe ich dann dich. Du stehst in der Mitte einer großen Wiese. Du hältst etwas in der Hand. Es ist ein Gegenstand, der glänzt. Ich kann ihn nicht erkennen, doch ich weiß trotzdem ganz sicher, dass dieser Gegenstand eigentlich mir zusteht, und ich laufe auf dich zu, versuche dich zu erreichen, um dir den Gegenstand zu entreißen. Wenn du zum Greifen nahe bist, wache ich auf. Immer an derselben Stelle.

Und gerade bin ich aufgewacht, und gerade hatte ich diesen Traum.

Was sonst kann ich dir noch sagen, so kurz vor dem Ende? Jetzt habe ich das Schrotgewehr geladen, denn unser Urahn hat recht. Ich werde dir das Spielen überlassen.

Machs gut, geliebter Sohn,

dein Vater.

PS. Ich rate dir, mit dem Schlüssel und deiner Vergangenheit vorsichtig umzugehen. Nicht alles ist es wert, aufbewahrt zu werden.

»Na ja«, sagte ich.

Paul schwieg.

Ich faltete den Brief zusammen, steckte ihn in das Couvert und legte ihn zu Pauls Zähnen zwischen die Steine.

Ich nahm die Kette von meinem Hals, nahm den Schlüssel ab und betrachtete ihn, dann holte ich das Geld aus der Tasche und legte es zu den Zähnen und dem Brief. Mein Kopf schmerzte, und ich warf den Schlüssel in die Donau. Mit einem kurzen Gluckser verschwand er im Wasser, kleine kreisförmige Wellen schlugen nach. Den Knochenfinger hängte ich wieder um den Hals.

»Was sagst du zu dem Brief?«, fragte ich.

Paul schwieg.

Der Fischer packte seine Fischersachen, stand auf, blickte lange zu mir herüber und winkte. Ich winkte zurück und beobachtete ihn, wie er das Ufer stromabwärts entlangging, in den Wald einbog und verschwand. Ich rollte den Stein über Pauls Knochen.

Es war warm geworden, zwei Fliegen schwirrten um meine offenen Knie, ich stand auf, ein Schwarm Enten überflog den Fluss.